I0821778

Robert Leicht · *In Wahrheit frei*

Robert Leicht

In Wahrheit frei

Protestantische Profile und Positionen

Mohr Siebeck

ISBN 3-16-148929-2
ISBN-13 978-3-16-148929-7

Die Deutsche Bibliothek verzeichnet diese Publikation in der Deutschen Nationalbibliographie; detaillierte bibliographische Daten sind im Internet über *http://dnb.ddb.de* abrufbar.

Das Buch wurde von Computersatz Staiger in Rottenburg/N. aus der Bembo-Antiqua gesetzt, von Gulde-Druck in Tübingen auf alterungsbeständiges Werkdruckpapier gedruckt und von der Buchbinderei Spinner in Ottersweier gebunden.

Der Evangelisch-Theologischen Fakultät
der Westfälischen Wilhelms-Universität zu Münster
in dankbarer Erinnerung an die Promotion
zum Doktor der Theologie ehrenhalber

Inhalt

Vorwort

»Die Wahrheit wird euch frei machen« – dieses Wort aus dem Johannesevangelium verweist uns auf den ultimativen Zusammenhang zwischen Freiheit und Wahrheit. Freilich geht es dabei um eine Dimension sowohl von Wahrheit als auch von Freiheit, die den Horizont unserer alltäglichen Erfahrung weit überschreitet, gleichzeitig aber auf unsere Lebenswelt reflektiert, in sie einbricht als ein aufklärender Vorschein letzter Wahrheit und Freiheit. Doch schon in unseren gewöhnlichen Umständen und in unserem beschränkten Erfahrungshorizont, in dem wir doch höchstens durch einen Spiegel dunkle Bilder sehen, leuchtet dieser Zusammenhang ein. Zunächst darin, dass die Wahrheit jeden falschen Machtanspruch dementiert und in seiner Nacktheit zeigt, wie das Kind auf den unbekleideten Kaiser; damit ist die nackte Macht zwar noch nicht beseitigt, aber ihre Anmaßung bereits offengelegt. Sodann aber, und da wird die Sache schon etwas schwieriger, bleibt auch die Freiheit letztlich auf die Wahrheit verwiesen. In der Lüge kann man sich zwar wohl, aber niemals frei fühlen – denn man hat stets die Wahrheit und deren Aufdeckung zu fürchten. Vor der Wahrheit braucht sich nur der zu fürchten, der etwas zu verbergen hat. Wer nichts zu verbergen hat und frei heraus die Wahrheit sagt, hat zwar sehr wohl und nicht selten die verlogene Macht anderer zu fürchten, niemals aber die Wahrheit selber: Denn er ist darin frei.

Damit wird einem banalisierten Freiheitsverständnis widersprochen, das unter Berufung auf die Freiheit die Wahrheitsfrage insgesamt suspendiert: Wenn wir denn schon frei sind, was brauchen wir dann noch Wahrheit? Kann denn nicht jeder nach seiner Fasson selig werden – oder eben zur Hölle fahren, so es ihm denn beliebt und so sie es denn gibt? Selbst in dieser ausgelaugten und verarmten Form behält der Ruf zur Freiheit immer noch ein relativ starkes Recht, weil die gesamte Geschichte – insbesondere, und Gott sie's geklagt, auch die Kirchengeschichte, selbst die protestantische bis in die jüngere Zeit – nur zu krass anzeigt, wie oft der Besitz der absoluten Wahrheit (in Wirklichkeit aber: der absolute Besitz der vermeintlichen Wahrheit) Freiheit unterdrückte.

Wahrheit ist eben nur unter der Bedingung der Freiheit erträglich. Nur als freie Überzeugung kann Wahrheit – wahr sein, und zwar für den, der sie frei äußert, ebenso wie für den, der sie aus freien Stücken annimmt, korrigiert oder verwirft und seine Überzeugung dagegen setzt. Andererseits kann zwar jeder für sich selber denken, glauben, sich einreden und vormachen, was immer er für richtig hält. Sobald wir aber in Gemeinschaft mit anderen leben, brauchen wir Regeln und Worte, Kriterien also für richtiges und falsches Verhalten – Regeln, Worte und Kriterien, die das Licht der Wahrheit nicht zu scheuen brauchen. Wenn es wahr ist, dass wir nach der letzten Wahrheit stets nur suchen, sie also nie besitzen (und gegen andere einsetzen) können, so heißt dies nichts anderes, als dass wir auch die letzten Freiheit nie besitzen, sondern stets nur suchen können – in der Wahrheit. Deshalb ist also streng zu unterscheiden zwischen jenem nicht nur unvermeidlichen, sondern geradezu höchst verteidigungswürdigen *Pluralismus*, in dem ein jeder, wenn auch nach seiner Fasson, nach Wahrheit und Freiheit suchen und leben kann, und einem *Relativismus*, der die Wahrheit und damit letztlich die Freiheit selber zur Disposition stellt. *Fundamentalismus* hingegen ist an und für sich wahrheits- wie freiheitsfeindlich und nur als Fundamentalismus *für sich selber* erträglich, also als fundamentale Überzeugung, der man zwar selber folgt, die man aber anderen niemals aufzwingt – schon gar nicht mit Gewalt und Terror. Für den Protestanten sind die fundamentalen Kriterien, an denen er sich in seiner Suche nach Wahrheit und Freiheit verbindlich orientiert (und immer wieder in Frage stellen und also nie in einem Besitzdenken erstarren lässt), in dem lutherischen Vierklang angegeben: *sola scriptura, solo verbo, sola fide, sola gratia*.

Die in diesem Band versammelten Texte sind allesamt ausgelöst worden durch Anfragen, die andere an den Autor gerichtet haben und die ihn dadurch zu Denkversuchen, Essays also im Wortsinne freundlich eingeladen, sachlich aber genötigt haben. Auch wenn diese Fragen aus den unterschiedlichsten Situationen und Motiven gestellt wurden – Dank sei den Fragestellern! – , so fügen sich die Antworten, wenigstens im Rückblick betrachtet, zusammen als Variationen des einen Themas: In Wahrheit frei. Die ursprüngliche, situationsbezogene, eher pointierte als systematisierte Form – Vorträge zumeist, die zu Diskussionen einluden – wurde durchgehend beibehalten, auch dort, wo sich leitmotivische Berührungen und Verknüpfungen ergaben. Da und dort mag es sinnvoll sein, sich bei der Nachlese den jeweiligen Anlass aus den Nachweisen zu vergegenwärtigen. Versuche bleiben es allemal – auf der Suche nach Wahrheit und Freiheit gleichermaßen.

Hamburg, im Januar 2006 Robert Leicht

»Das Wort sie sollen lassen stahn …« – oder: Was ich dem Wort heute noch zutraue

Sie fragen mich in Ihrer Einladung, was ich dem Wort heute noch zutraue. Dabei haben Sie gewiss auch im Auge, dass ich als Journalist und deshalb aus alltäglich-beruflichen Gründen mit Wörtern als Rohstoff hantiere. Allerdings würde kein Journalist es wagen, seinen handwerklichen Umgang mit der Sprache in Vergleich zu setzen mit den beiden Namenspatronen jener Institutionen, die so freundlich waren, mich heute an diese Stelle zu zitieren – also mit Martin Luther und Johann Wolfgang von Goethe, den beiden uneingeholten deutschen Leitfiguren, einerseits der Theologie, andererseits der Literatur. Journalismus ist von dieser Warte aus gesehen dann doch nur ein Nebenerwerbszweig der holzverarbeitenden Industrie – unbedrucktes Papier aus Fichtenholz verkauft sich einfach schlechter. Und so wie heute viel Zeitungspapier recycelt wird, geschieht dies oft auch mit den darauf gedruckten journalistischen Erzeugnissen.

Hätte ich Ihnen nur als Journalist Rede und Antwort zu stehen, fiele die Antwort auf die Frage: »Was trauen sie dem Wort heute noch zu?« kurz und doppeldeutig aus. Am Ende verlangen Sie aber mehr, und dann wird die Antwort ebenfalls kurz, aber eindeutig sein.

Zunächst aber, als Präludium, die Antwort des Journalisten auf Ihre Frage. Seine Antwort lautet: Alles und nichts! Gutes und Schlechtes! Und die eigentliche Aufgabe eines (kommentierenden) Journalisten, wäre die des Unterscheidens: Was ist gut (und guten) Sinnes gesagt – was hingegen nicht? Was ist wahr – und was gelogen? – Aber was ist das Kriterium dieser Unterscheidung? Steckt es in den Worten selbst – oder tief dahinter? Liegt es nicht gänzlich jenseits der Worte in den Absichten des Redners? – Wie dem auch sei: Jedenfalls das Ergebnis der Unterscheidung teilt sich seinerseits auch in sprachlicher Gestalt mit.

Es mag also sehr wohl so sein, dass Worte der schamlosen Lüge dienen und dienstbar gemacht werden – häufiger als uns lieb ist; aber es gibt auch keine Wahrheit ohne Worte. Ja, selbst die schamloseste Lüge verweist unfreiwillig auf die Wahrheit, weil sie nur als Verfehlung und Verfälschung der Wahrheit auf der Welt ist. Das ist der tiefere Sinn des Satzes: Lügen haben kurze Beine! Wenn die Lüge zum Vorschein gebracht wird, ist sie zerstört; kommt die Wahrheit zum Vorschein, kommt sie erst richtig zur Geltung. Die Lüge muss sich vor der Wahrheit fürchten – nicht umgekehrt. Die Angst vor der Wahrheit kann sehr mächtig sein – und die Macht hat sehr oft große Angst vor der Wahrheit; und vor dem mit der Wahrheit einhergehenden Machtverlust. Die Lüge kann sich gewaltige Macht aneignen – und die Macht sich gewaltiger Lügen bedienen. Aber noch jeder politischen Gewaltherrschaft hat, wenngleich nach Hekatomben unsäglicher Opfer, die Stunde der Wahrheit geschlagen. Das ist der tiefere Grund dafür, dass Martin Luther dichtete:

»Der Fürst dieser Welt, wie sau'r er sich stellt,
tut er uns doch nicht;
das macht, er ist gericht':
Ein Wörtlein kann ihn fällen.«

Warum traut also der Journalist dem Wort immer noch etwas zu? Weil selbst der vermeintlich endgültige Sieg der Lüge immer nur ein instabiler Sieg, ein zwar höchst gefährlicher, aber stets auch höchst gefährdeter Sieg sein kann: Ein Wörtlein kann sie fällen … Denn die Lüge kann immer nur mit dem letzten Mittel der Wahrheit – und mit dem Mittel der letzten Wahrheit – lügen: mit dem Wort. Wäre es anders, wir brauchten kein Wort mehr zu verlieren.

Eine weitere Vorbemerkung: Wenn wir die Welt medienkritisch betrachten, stellt sich uns immer wieder die Frage, ob die Macht des Wortes nicht längst von der Macht der Bilder übertroffen wird. Bilder, so scheint es, lügen nicht. Sie haben die Vermutung größerer Authentizität und Wahrheit für sich. Der vermeintlich größere Wahrheitsgehalt der Bilder gehört jedoch allenfalls in die Epoche der frühen, vielleicht der bisherigen Photographie – also in eine Zeit, in der photographische Bilder schon rein technisch nur schwierig zu manipulieren und zu stilisieren waren. *Vor* dem photographischen Zeitalter war es immer klar gewesen, dass Bilder, Gemälde also, nichts anderes waren als Stilisierungen, als gestaltete, also gewillkürte Darstellungen der Wirklichkeit. Erst recht galt dies für Bilder der politischen Herrschaft. Es handelte sich dabei stets um Inszenierungen, die es mit Verstand und kritisch zu entziffern galt. Nun kennen wir zwar Beispiele von manipulierten, retuschierten Photographien – und des rein propagandistischen Einsatzes dieser Bilder, vor allem in Zeiten der Diktatur. Aber es gab doch gewisse technische Grenzen. Man konnte Menschen aus Bildern entfernen und andere hinzufügen; doch man brauchte dazu zunächst ein ursprüngliches Bild. Die Fälschung setzte also das Original voraus – wie die Lüge die Wahrheit.

Heute jedoch befinden wir uns längst im digitalen Zeitalter. Bilder können nun fast grenzenlos und massenhaft manipuliert, ja: regelrecht erfunden werden – wie Gemälde. Wir stehen also vor dem Paradox, dass Menschen sich zwar nach wie vor von Bildern tiefer beeindrucken lassen als von Worten – obwohl sie ihnen unter den modernen technischen Bedingungen in Wirklichkeit noch weniger trauen dürften als jemals zuvor. Von diesem Punkt aus wäre übrigens das archaische Bilderverbot neu zu interpretieren. Das Medium des Wortes kennt Wort und Widerwort, kennt Monolog und Dialog. Bilder sind viel schwerer zu entzaubern; und wenn, dann durch – das Wort. Das ursprüngliche Medium der Wahrheit und der Freiheit ist und bleibt das Wort. »Aber der Kaiser ist doch nackt!« – dieser Satz markiert die kindliche Macht des Wortes, auch über das Bild, das Image.

Genug der Vorbemerkungen – obschon sie längst zum eigentlichen Thema gehören. Sie haben Ihrer Einladung ein Zitat vorangestellt: Am Anfang war das Wort – und meinten damit ein bestimmtes, ein bestimmendes, ein gestaltendes Wort. Was trauen wir diesem Wort, dieser Sprache heute noch zu?

»Im Anfang war das Wort«, so beginnt der Initiationshymnus des Johannesevangeliums. Ohne auf das große Thema der Logos-Christologie einzugehen, bleibt für unseren Zusammenhang festzuhalten: Der Anfang ist ohne Sprache, ohne Worte und ohne eine Grammatik nicht zu denken, in denen fundamentale Beziehungen hergestellt werden und ohne welche die richtigen von den falschen Beziehungen nicht zu unterscheiden sind – Wahrheit beziehungsweise Lüge. Hier die Beziehung, in der Freiheit schöpferisch konstituiert wird – dort jene Beziehungen, die zur Unfreiheit korrumpiert werden.

Eine ähnliche Weise des Übergangs aus dem beziehungslosen Chaos in die beziehungsreiche Freiheit im Vollzug eines schöpferischen Sprachaktes finden wir schon ganz im Anfang des Alten Testaments: Die Genesis hebt an mit den Worten: »Am Anfang schuf Gott Himmel und Erde. Und die Erde war wüst und leer«. Also: das Chaos. Etwas – und ein Nichts zugleich, noch nicht einmal ein Durcheinander – sondern ein *Ohne-einander.*

Doch sofort darauf heißt es: *Und Gott sprach: Es werde Licht! Und es ward Licht.* Sogleich nach der Unterscheidung zwischen Himmel und Erde also die Unterscheidung zwischen Licht und Finsternis, zwischen Tag und Nacht, zwischen Meer und Land, zwischen Chaos und Nicht-Chaos, zwischen Beziehungslosigkeit und der Fülle möglicher Beziehungen. Theologie ist also vom allerersten Anfang an sowohl eine Sache des Wortes als auch der Unterscheidung – also zugleich der Kritik. Es gibt in diesem Sinne keine Theologie ohne Kritik. Und ohne Unterscheidungen und ohne Kritik gibt es weder Wahrheit noch Freiheit, sondern nur beziehungsloses Chaos.

Goethe hingegen lässt in der Fiktion seiner Tragödie den Heinrich Faust widersprechen:

Ich kann das Wort so hoch unmöglich schätzen …

und schließlich den Ausweg wählen:

Mir hilft der Geist! auf einmal seh ich Rat
Und schreibe getrost: Im Anfang war die Tat ! –

Die Tat, die selbstherrliche Tat als Alternative! Sie führt indessen auf einen Irrweg – und man könnte sich fragen, ob nicht eben auch an dieser Stelle die Tragödie ihren Lauf nimmt. Selbstherrliche Taten scheinen für sich selber zu sprechen, aber sie sprechen nicht wirklich. Sie entscheiden zwar, aber sie unter-scheiden nicht. Sie eröffnen nicht etwa ein existentielles Gespräch – sondern sie setzen sich an dessen Stelle. Sie üben keine Kritik – und sie setzen sich nicht der Kritik aus, sondern schneiden sie ab. Und was für die selbstherrlichen Taten gilt, gilt für die Un-Taten erst recht.

Die Theologie des Wortes ist also immer eine kritische Theologie – und deshalb eine Theologie der Freiheit. Was also trauen wir in diesem Sinne dem Wort heute noch zu?

Dieser Frage möchte ich nun in der Form einer Paraphrase des Luther-Zitates »Das Wort sie sollen lassen stahn … » nachgehen – schon des herannahenden Reformationsfestes wegen. Das Wort als geknechtetes Instrument der Lüge und des Irrtums – zugleich aber als freie Mitteilung der Wahrheit und als Medium der Aufklärung über unsere Lage, über uns selber.

Die Reformatoren verstanden das Wort in diesem Sinne als kritische Instanz. *Sola scriptura, solo verbo* – allein das Wort der Heiligen Schrift wird angerufen zur Abwehr von Verfall, von Missbrauch und Irrtum. Und zwar unmittelbar angerufen – ohne irgendwelche Zwischeninstanzen. Noch heute scheidet die Frage dieser Instanzen unsere Konfessionen. Welche Rolle sollen und können Traditionen und Lehrämter spielen, anstelle, daneben, hilfsweise …? Und was bedeutet dem heutigen Protestantismus demgegenüber die exklusive Autorität des Wortes: *Sola scriptura, solo verbo* … Was also trauen wir in diesem Sinne dem Wort noch zu?

Die Zeiten des reformatorischen Triumphalismus sind glücklicherweise längst vorüber – deshalb bedarf es nun auch keiner konfessionalistischen Polemik gegen Lehramt und Tradition. Die Probleme, die damit unvermeidlich verbunden sind, werden für meinen Bedarf innerhalb der katholischen Kirche – jedenfalls zuweilen – gründlicher und kundiger diskutiert als in einigen Kreisen des Protestantismus; manchmal freilich auch nicht.

Die Zeiten der *ecclesia semper reformanda et triumphans* – was an sich schon ein Widerspruch in selbst wäre! – sind also vorüber, aber vielleicht ist der protestantische Anti-Triumphalismus auch schon umgeschlagen in eine jedenfalls partielle Bewusstlosigkeit des Protestantismus. Und deshalb müssen wir uns als Protestanten selbstkritisch fragen, wie wir es denn halten mit dem Ruf: Zurück zum Wort! Die Frage lautet dann nämlich: Wie können wir sicher sein, dass wir heute wirklich allein die Autorität des Wortes zur Geltung bringen, wenn wir davon sprechen? Und noch radikaler gefragt: Kann es diese Sicherheit je geben?

Ich gehe zunächst ohne ausführliche Begründung und nicht nur als Arbeitshypothese davon aus, dass diese Sicherheit durch die Tradition, letztlich durch ein, ja: *das* Lehramt nicht irrtumsfrei gewährleistet werden kann.

Aber mit der Feststellung, dass auf eine bestimmte Weise und in einer bestimmten Kirchenverfassung ein Problem nicht gelöst werden kann, ist das Problem selber weder zum Verschwinden gebracht noch – gelöst worden. Umgekehrt ist nun der Ruf *solo verbo* zwar eine richtige Angabe des Problems, aber eben noch lange nicht dessen Lösung.

In bestimmten historischen Situationen – und die Reformation war eine solche Situation – ist der Ruf »Zurück zu den Quellen« unzweifelhaft richtig, weil und insofern damit offenkundige Abweichungen vom richtigen Wege korrigiert werden. Aber der Ruf »Zurück zum Wort« würde in seiner Einfachheit einfache Lösungen nur bieten, wenn sich dieses Wort eben in dieser unbefragten und unbefragbaren Einfachheit ohne weiteres und missverständnisfrei erschließen würde. Es bedürfte freilich eines völlig naiven, völlig unkritischen und völlig unhistorischen Biblizismus, wenn man die biblischen Urkunden, so wie sie auf verschlungenen, verwirrenden, von Widersprüchen nicht freie Weise auf uns gekommen sind, ohne weiteren Gedanken – im vordergründigen Sinne verbalinspiriert – als das unvermittelte Wort Gottes gewissermaßen nur schlucken wollte. Dabei geht es doch darum: zu hören, zu verstehen – und zu bewahren. Selbst Juristen wissen zu unterscheiden zwischen einer Urkunde und dem Willen dessen, der daraus spricht.

Das eigentliche nach-reformatorische Problem reformatorischer Theologie und Kirche besteht also darin, dass die beiden ur-reformatorischen Aussagen, nämlich *sola scriptura* und *solo verbo*, »Allein die Schrift!« und »Allein das Wort!«, spätestens seit der Aufklärung, allerspätestens aber nach der immer noch fortschreitenden historisch-kritischen Bibellektüre nicht mehr ohne weiteres in eins fallen können. *Scriptura* und *Verbum* sind zwar insofern deckungsgleich, als das Wort ausschließlich in der Schrift zu *finden* ist, nirgendwo sonst! Sie sind aber insofern *nicht* miteinander identisch, als das Wort in der Schrift *gesucht* werden muss. Suchet, so werdet ihr finden! Gewiss! Aber nicht jede Suche führt zu einem Fund. Gegen dieses Problem hilft nun einmal kein un-kritischer »Schriftpositivismus«, übrigens auch kein anti-kritischer Fundamentalismus. So richtig und verbindlich die beiden Forderungen bleiben (*»Zurück zur Schrift!«* und *»Zurück zum Wort!«*), so wenig könnten diese Forderungen eingelöst werden, wollte man sie durch eine dritte Forderung ergänzen: »Zurück hinter die historische Textkritik!« Man wird nicht dadurch klüger, dass man sich dümmer stellt, als man ist.

Im Übrigen ist es durchaus zweifelhaft, ob es je eine Zeit gab, in der man so naiv die Bibel las. Dies anzunehmen, hieße jedenfalls, die gesamte Frühgeschichte des Christentums, die Kontroversen schon in der Urgemeinde, den Streit unter den Kirchenvätern und auf den ersten Konzilien zu ignorieren. Und selbst wenn man die abschließende Festlegung des Kanons biblischer Schriften für gelungen hält, ist doch nicht zu übersehen, dass diesem Prozess eine kritische Sichtung (und Aus-Sichtung) vieler Texte und Deutungsangebote zugrunde lag. Glauben hieß also von Anfang an: verstehen. Und verstehen hieß: interpretieren. Und interpretieren hieß in der Kirche seit jeher: gemeinsam zu interpretieren. Und gemeinsam interpretieren hieß immer: kritisch zu interpretieren, also zwischen richtig und falsch zu unterscheiden. Der Ruf *solo verbo* verweist also zunächst auf den exklusiven Gegenstand der Interpretation: allein das Wort.

Der Ruf *solo verbo* weist sodann jede Interpretation ab, die dem Wort nur – Widerworte gibt, also den Gegenstand der Interpretation verfehlt; und deshalb keine Interpretation, sondern eine Substitution des Wortes darstellt. Das Problem aber bleibt: Was ist richtig – und was ist falsch interpretiert? Und: Wer interpretiert richtig, wer falsch?

Als Protestant – übrigens auch als protestantischer Ökumeniker – tut man gut, sich bei der Suche nach einer Antwort, nach einer alternativen Antwort zunächst an die eigenen Bekenntnisschriften zu halten.

In der Confessio Augustana heißt es hierzu im Kapitel VII über die Kirche zunächst: Es wird auch gelehrt, dass allezeit eine heilige, christliche Kirche sein und bleiben muss, die die Versammlung aller Gläubigen ist, bei denen das Evangelium rein gepredigt und die heiligen Sakramente laut dem Evangelium gereicht werden. Sodann aber wird das Kriterium »rein« (*recte docetur et recte administrantur*) im Sinne der wahren Einheit wie folgt näher, wenn man so will: prozedural bestimmt: Denn das genügt zur wahren Einheit der christlichen Kirche, dass das Evangelium *einträchtig* im reinen Verständnis gepredigt und die Sakramente dem göttlichen Wort gemäß gereicht werden. – *(Et ad veram unitatem ecclesiae satis est consentiere de doctrina evangelii et administratione sacramentorum.)*

Satis est – denn das genügt: Minimum und Optimum zugleich ist hier also das *consentiere*, also der Konsens, die Eintracht. Damit ist zunächst ganz offenkundig ausgeschlossen jene Karikatur protestantischer Kirchlichkeit, wonach der Protestant gewissermaßen reichsunmittelbar zu Gott derart steht, dass sein Glaube reine Privatsache ist. Sein Glaube ist zwar insofern eine höchst persönliche

Angelegenheit, als er darin nicht durch andere Instanzen und Hierarchien vertreten, gewissermaßen: fremdbestimmt werden kann. Aber »persönlich« heißt nicht privat im Sinne von: isoliert. Sondern das Kriterium »Eintracht« verweist auch und gerade den Protestanten ausdrücklich auf eine Gemeinschaft. Wo anders als in einer Gemeinschaft wäre denn ein Konsens herzustellen? Freilich qualifiziert dieses Kriterium »Eintracht« den Charakter dieser Gemeinschaft, und zwar als eine, grob gesprochen, hierarchiefreie Gemeinschaft. (Man könnte dabei durchaus an den »herrschaftsfreien Diskurs« oder die »ideale Kommunikationsgemeinschaft« denken, wie sie Jürgen Habermas als Voraussetzung wahrheitsgemäßen Sprechens skizziert.)

Wie aber wäre ein solcher Konsens herzustellen, einträchtig und im rechten Verständnis des Wortes – zumal im Lichte des historischen Wissens erstens, dass er in der gesamten Kirchengeschichte niemals bestanden hat, und zweitens, dass Christen besonders dann auf fürchterliche Abwege geraten sind, wenn sie sich überwältigend einig waren?

Man kann ja als Lutheraner durchaus Verwahrung einlegen, wenn in der ersten vatikanischen Reaktion auf die Zustimmung des Lutherischen Weltbundes zu der Gemeinsamen Erklärung über Fragen der Rechtfertigungslehre – übrigens ausgerechnet am Jahrestag der Augsburgischen Konfession im Jahr 1998 – nach der Verbindlichkeit von synodalen Beschlüssen mit all ihren Variationen gefragt wurde. Aber das Verfahren, nach dem der Lutherische Weltbund aus den vielen synodalen Voten einen *magnus consensus* herausdestilliert hatte, war ja selbst im Protestantismus keineswegs unumstritten, und dies zu Recht. Es wäre also nur fair, zuzugeben, dass beide Verfahrensweisen – sowohl die lehramtliche Entscheidung als auch die synodale Konsensfindung – jeweils Ausdruck einer durchaus ähnlichen Verlegenheit sind. Beide Male geht es um die Sicherung des *recte docetur*, um die Wahrung des Wortes.

Sehen wir einmal von den Alternativen der Kirchenverfassung ab, so gilt es nun, diese Verlegenheit näher ins Auge zu fassen – womit wir wiederum bei der Ausgangsfrage sind: Was trauen wir dem Wort heute noch zu? Wie finden wir in der Schrift das Wort?

Dazu müssen wir das Problem jeder Hermeneutik, jeder Lehre vom Verstehen, wenigstens in vereinfachten Umrissen näher bestimmen.

Lesen wir irgendeinen Text, so werden wir ihn nur verstehen, wenn wir uns in die Lage des ursprünglichen Autoren und seiner Leser – so weit es eben geht, aber da sind uns schon Grenzen gezogen – zurückversetzen und sodann die von den historischen Bedingungen und Zufällen weithin gereinigte »Wahrheit« des Textes in unsere eigene Lage und Verstehensbedingung übersetzen. In diesem Prozess gilt es dann auch herauszufinden, in welchem Maße die eigentliche Wahrheit des Textes durch die Bedingungen seiner ursprünglichen Zeit entweder verbindlich konkretisiert – oder aber in einer Weise historisch verdeckt wurde, die der Aufklärung bedarf.

Um dies an einem Beispiel zu erläutern: Ist die Zurücksetzung der Frauen in der frühen Christenheit der historischen Bedingtheit des Textes in seiner gesamten Zeit geschuldet oder aber umgekehrt zeitbedingte Begrenzung seiner Wahrheit? Wenn denn das Urzitat des Paulus aus 1. Kor 14,34 (Sie kennen es alle: *mulieres in ecclesiis taceant* – Wie in allen Gemeinden der Heiligen sollen die Frauen schweigen in der Gemeindeversammlung …) nicht wirklich von Paulus selber stammen sollte sondern, was Exegeten heute mit gutem Grund sagen, eine redaktionelle Hinzufügung ist, dann wäre es also keine Aussage von Ewigkeitswert, sondern nachgerade doppelt zeitbedingt.

Die Differenz zwischen der *scriptura* und dem *verbum* ist also bei allen Texten angezeigt, die einen konkreten historischen Ort haben. Aber selbst, wenn wir redlich uns bemühen, diese Differenz historisch-kritisch aufzuklären, stünden wir immer noch vor der Aufgabe, die so vermeintlich gefundene »reine Wahrheit« angemessen in unseren existenziellen Zusammenhang zu übersetzen: Wie aber wird Wahrheit über die Zeiten in einer bestimmten Zeit konkret – und in einer ganz anderen Situation ebenfalls anders konkret, aber gleichermaßen wahr?

Wir wollen diesen »hermeneutischen Zirkel« so bald wie möglich verlassen, dem wir schließlich doch nicht entkommen können – weil uns darin schwindlig werden kann: Das Hin und Her zwischen dem zu interpretierenden Text, *seiner* Ausgangssituation, *unserer* Ausgangssituation und der von uns hier und heute zu erfassenden Wahrheit des Textes wird jedenfalls, je genauer man es betrachtet, derart komplex, dass uns am Ende vor lauter Kontexten die Wahrheit aus dem Blick geraten kann, um die es in diesem Text überhaupt geht. Man könnte hermeneutisch – auf die Spitze getrieben – sogar sagen, dass es eine Wahrheit *außerhalb* von Kontexten, ja: dass es eine Wahrheit *als solche* gar nicht gibt – und folglich auch keine Wahrheiten *in* Kontexten, sondern eben nur Kontexte, die möglicherweise durch allerlei zusammenhängen, nur eben nicht durch eine feststehende Wahrheit. (Ironisch gesprochen: Man könnte geradezu süchtig werden nach einem Lehramt ...)

Nur noch eine letzte Zuspitzung unserer Frage: Alle diese Auslegungsprobleme würden uns bereits gefangen nehmen, wenn wir es mit einem in sich geschlossenen Text eines Autors zu tun hätten, ohne Entstellungen, Überlieferungslücken, Fremd-Redaktionen und -Ergänzungen. Die Bibel Alten und Neuen Testaments entzieht sich aber just dieser Erwartung, je näher wir sie kennen lernen – ohne dass wir jemals wieder in die keineswegs einfache, aber doch nahezu kindlich-ursprüngliche Leseweise zurückkehren könnten.

Wir kehren am Ende zurück zu zwei Fragen. Die erste: Wie kann unter diesen Umständen der Konsens über das *recte docetur* immer wieder neu hergestellt und gewahrt bleiben – und folglich gesichert werden, *dass das Evangelium einträchtig im reinen Verständnis gepredigt wird*, wie es die Confessio Augustana als Minimum und Optimum der Einheit der Kirche fordert? Und sodann die zweite Frage: Was trauen wir heute dem Wort noch zu?

Zur ersten Frage: Da uns in den Kirchen der Reformation der Letztentscheid eines Lehramtes aus wohlerwogenen Gründen nicht zu Gebote steht (vom ultimativen Lehrzuchtverfahren als Disziplinarmaßnahme einmal abgesehen, aber dies ist kein Widerspruch), bleibt uns gar nichts anderes übrig, als stets den Streit der Geister um die Wahrheit neu zu führen. Die Pluralität der Ansichten und Interpretationen braucht uns solange nicht abgründig zu beunruhigen, solange alle an der Interpretation Beteiligten dies wirklich als einen unbezweifelt gemeinsamen Prozess betrachten; und solange sie ebenso fest wie glaubhaft davon überzeugt sind,

- dass sie einen Text und seine ihn ihm zu findende Wahrheit zur Geltung bringen – und nicht etwa nur: sich selber
- dass der Text sie in ein Gespräch zieht – und dass sie daher nicht nur ein Selbstgespräch führen
- dass sie einen Text zu *interpretieren* haben, und nicht etwa zu *verändern*. (Insofern ist eben die Marx'sche Feuerbach-These wieder vom Kopf auf die Füße zu stellen: Es kommt eben zuvörderst darauf an, die Welt richtig zu interpretieren – sonst ändert sich nämlich gar nichts.)

Mit Luthers Vers also zu singen: »Das Wort sie sollen lassen stahn …« Wir wollen an dieser Stelle nicht darüber rechten, wie weit im gegenwärtigen deutschen Protestantismus diese Eintracht gewährleistet ist. Dazu müsste man die Lage von Ort zu Ort viel genauer kennen, will man nicht ungerechte Urteile fällen. Dass jedoch der Streit über diese Sache jederzeit und auch gegenwärtig vielleicht besonders notwendig bleibt, ist offenkundig. Aber dies ist nun einmal der nicht immer leicht zu erlegende Preis evangelischer Freiheit: Dass die Eintracht ohne den Streit um die Wahrheit nicht zu haben ist.

Allerdings bleibt vor der Illusion zu warnen, wir selber seien imstande, jene »ideale Kommunikationsgemeinschaft« aus eigenen Kräften herzustellen, von der zuvor die Rede war; oder gar die *communio sanctorum* selber; auch nicht mit dem *magnus consensus*, auch nicht – und das behauptet ja so auch niemand – vermittels eines autoritativen Lehramtes.

Deshalb nun zur zweiten, zur eigentlich ersten – und zugleich letzten, ultimativen Frage: Was trauen wir heute dem Wort noch zu?

Das Wörtlein zutrauen hat ja einen gewissen Doppelsinn. Wenn man von jemanden sagt, man traue ihm alles zu – dann traut man ihm in Wirklichkeit gar nicht, eben: Alles – *und* nichts. Hat man jedoch Zutrauen zu jemandem, dann vertraut man ihm ganz: Alles *oder* nichts.

Aus allen zuvor skizzierten Verlegenheiten können wir nur herausfinden, *wenn und weil* das Wort, von dem hier fortwährend die Rede ist, eine ursprüngliche und zuletzt unwiderstehliche Kraft der Selbst-Auslegung in sich trägt, mit dem es sich in allen Auslegungsversuchen – *durch* sie und notfalls *gegen* sie! – selber als Wahrheit zum Vorschein bringt.

So gesehen sind alle diese Fragen, ist auch die Frage nach der Eintracht des *recte docetur* letztlich nur – eine Vertrauensfrage. Glauben selber ist eben nur – aber was heißt hier: nur? – Vertrauen.

Auf Ihre Frage: »Was trauen sie dem Wort heute noch zu?« kann ich also in allem Zweifel des Zeitgenossen nur antworten: Alles. Sonst wäre nämlich alles – nichts.

In Wahrheit frei

Der liberale Verfassungsstaat und die Religionen

Nehmen wir für einen Augenblick an, das Thema, das uns nun für eine Weile fesseln soll, wäre uns vor zehn, fünfzehn oder zwanzig Jahren gestellt worden: Der liberale Verfassungsstaat und die Religionen. Wie abstrakt damals, fern jeder Aktualität – im Grunde historisch überholt! Die religiöse Leidenschaft hatte sich weithin veräußerlicht in politische Optionen und Emotionen – darin freilich, man sehe allein auf den Ausgang der Nachrüstungsdebatte, nur zu oft weitab vom politischen Realismus. Religion – das war in der säkularisierten und noch mehr materialisierten Wohlstands-Gesellschaft zu einer nostalgischen (um nicht zu sagen: überständigen) Ressource geworden – ein nach und nach abnehmender Traditionsbestand ohne künftige Prägekraft. Die christlichen Kirchen lasen ihren Bedeutungsverlust vor allem ab an den steigenden Austrittszahlen, ohne dabei zuerst ihres geistigen Bedeutungsverlustes, des Verlustes an gesellschaftlicher Gestaltungskraft recht gewahr zu werden – denn: Austreten, das tun immer die anderen; an Spannkraft verliert man selber.

Wie hältst Du's mit der Religion? – Diese Gretchenfrage war, wie es schien, – je länger, je mehr – zur reinen Privatsache geworden, ohne große öffentliche Relevanz, gar Brisanz. Gewiss, noch immer gab (und gibt) es die

Kirchen – und auch eine etablierte Toleranz, Verwunderung (zugleich eine im vorgezeigten Wohlwollen verdeckte Geringschätzung) für eine Institution und Instanz, von der man sich in seinen säkularen Geschäftigkeiten nicht ernstlich behindern ließ, solange es den Wahlkampf nicht störte. Und selbst dort, wo man auf kirchliche Unterstützung rechnen dürfte, etwa in der Entwicklungspolitik oder in Asylfragen (deren Rang auf der politischen Traktandenliste seit langem in etwa dem entspricht, den die Kirchen insgesamt in der öffentlichen Wahrnehmung beanspruchen können), selbst dort tat und tut man es nicht mit dem Gefühl besonderer Dringlichkeit. Es ging im allgemeinen Bedeutungsverlust der Kirchen ja auch so. Selbst den Buß- und Bettag konnte man streichen; bei einem katholischen Feiertag wäre das immerhin etwas schwieriger geworden. Im Übrigen verhielt man sich nach dem Motto: »Lass' sie doch – wenn sie wollen.«

War die Religion noch bis in die Anfänge der Bundesrepublik der kämpferischen Abwehr wert gewesen, so hätte am Ende des 20. Jahrhunderts ein Kampf gegen die Religion wie ein Kampf gegen die Flügel längst stillgelegter Windmühlen gewirkt: Mit der etablierten Religion hatte sogar der militante Atheismus an Provokanz verloren. Weshalb hätte man sich unter solchen Umständen – außer in arkanen Zirkeln und nach dem Kruzifix-Beschluss[1] des Bundesverfassungsgerichts – öffentlich Gedanken machen sollen über den liberalen Verfassungsstaat und die Religionen?

Und heute? Zwar hat sich inzwischen an der soziologisch fassbaren Befindlichkeit der etablierten Kirchen wenig verändert und noch weniger verbessert. Aber die

Umwelt hat sich verändert, und zwar durch das, was die Ökonomen externe Schocks nennen.

Der externe Schock Nummer eins: Die Fortschritte der Gentechnologie stellen uns vor ebenso utopische wie abgründige Fragen, die weder mit dem kleinen Einmal-Eins der Nützlichkeitsberechnung noch mit den Faustregeln des Utilitarismus zu beantworten sind. Verlangt werden Antworten, die auch letzten (und ersten) Fragen standhalten.

Der externe Schock Nummer zwei: So wie die christlichen Kirchen in Mitteleuropa abnehmen, nehmen sie in anderen Regionen der Welt zu, teilweise dramatisch – und das aus eigener Kraft, was immer man kritisch zu unserer eigenen Missionsgeschichte sagen muss. Dieser Prozess zieht freilich nicht nur eine Verschiebung der Proportionen nach sich, sondern auch eine Verschiebung in den Theologien und Frömmigkeitstypen – weg vom Typus westlich-aufgeklärter, durch die Säkularisierung hindurchgegangener Theologie. Was Fundamentalismus ist, werden wir auch im Christentum neu erfahren – zunehmend auch aus den regierenden Kreisen in den USA. Die Anglikanische Kirche ist über solchen Verschiebungen zwischen dem liberal-säkularen Westen und den fundamentalistischen Strömungen in der übrigen Welt höchst aktuell von Spaltungen bedroht, für die der Streit um homosexuelle Bischöfe eher ein punktuelles Symptom ist. Der deutsche Protestantismus hingegen verdankt es allein seiner nationalen (oder regionalen) Provinzialität, dass er – allem eifrigen Gerede über die Globalisierung zum Trotz – dieser globalen Umschichtung noch ungerührt zuschaut. Im Zuge der deutschen Wiedervereinigung haben viele sich eingebildet, Deutschland werde protestantischer. Was daraus geworden ist, wissen wir. Aber eines steht fest: Europa wird nach der Süd-, erst recht nach der Osterweiterung sehr viel entschiedener – katholischer. Was dies für den nach wie vor nationalstaatlich organisierten und in den Nationen selber weiterhin zersplitterten Protestantismus und sein Selbstverständnis vis à vis einer Weltkirche bedeutet, ist bei Weitem noch nicht praktisch durchdacht.

Der externe Schock Nummer drei: Mochte das mitteleuropäische Christentum seine Dynamik über aller Säkularisierung verloren, ja selber (auch zu Recht: selbstkritisch) problematisiert haben – der Islam insgesamt denkt nicht daran. Spätestens der 11. September 2001 hat unsere Wahrnehmung des Islam (und zwar nicht nur des fundamentalistischen Islam) dramatisch verändert. Ob auch analytisch präzisiert – das muss dahinstehen. Die Vorstellung, Religion habe aufgehört, ein politischer Faktor zu sein, ist – wenn man nur einen Augenblick aus seinem Kirchhof hinausblickt – als Illusion entlarvt. Nicht die Religion ist Illusion, sondern die Vorstellung von einer religionslosen Welt. Spätestens der Islam zwingt uns, uns zu unserer eigenen Religion zu verhalten – oder zu der Leerstelle, die wir an deren Stelle gesetzt haben. Während manche von uns vor noch gar nicht allzu langer Zeit in inter-religiösen Dialogen von der Erbeinheit der drei abrahamitischen Religionen schwärmten, schlagen nun nicht wenige um in das Gegenteil von Schwärmerei, ins Ressentiment.

Schließlich der externe Schock Nummer vier – die muslimische Einwanderung nach Deutschland. Dabei scheint nun weniger die allenfalls oberflächlich integrierte Einwanderung der ersten Generation das langfristig brisante Problem zu werden, weil diese Zuwanderung in die relativ abgeschlossenen Viertel führte, in die knapp bezahlte Arbeit und per saldo übrigens weithin in die Arbeitslosigkeit.

Inzwischen aber haben die Kinder der ersten Immigration hierzulande ihre akademischen Ausbildungen erfolgreich abgeschlossen, ihre Referendarzeiten hinter sich gebracht und wollen nun in den oberen, in den auch durch das Beamtenrecht privilegierten Sektoren unseres Arbeitsmarktes teilnehmen, gewiss nicht nur an den Schulen. Und schon erwarten sie heftige Konflikte, sofern sie dabei ihrer Religion sichtbar Ausdruck geben wollen. Bereits ein Kopftuch reicht aus, um aus der historisch scheinbar abgelegten Frage nach dem Verhältnis des liberalen Verfassungsstaates zu den Religionen (und aus dem Verhältnis zwischen den Religionen) ein heftig umkämpftes Problem werden zu lassen.

Angesichts vieler, nicht aller, aber doch fast aller kirchenamtlichen Stellungnahmen (die katholischen Bischöfe freilich haben sich zurückhaltender und im Ergebnis liberaler geäußert) sind nun Konsens wie Widerspruch deutlich zu benennen. Anders als der liberale Verfassungsstaat, der als Anstalt selber keine religiöse Persönlichkeit und Autorität haben kann, steht die positive Religionsfreiheit seinen Beamten als Subjekten und als Trägern persönlicher Freiheitsrechte durchaus zu. Ebenso wenig wie die Soldaten als »Bürger in Uniform« in einem überlebten »besonderen Gewaltverhältnis« ihre Grundrechte einbüßen, geht den vormals Staatsdienern genannten »Bürgern im Beamtenstatus« ihre positive Religionsfreiheit verloren. Diese ihre positive Religionsfreiheit darf allerdings nicht zu Lasten der negativen Religionsfreiheit der Schüler gehen, auch nicht zu Lasten des elterlichen Erziehungsrechts und nicht zu Lasten des Bildungsauftrags der Schulen. Wir wollen in der Tat keinerlei religiöse oder ideologische Agitation an unseren öffentlichen Schulen, weder kommunistische, noch muslimische, noch christliche – und dies schon deshalb nicht, weil Agitation das Gegenteil von Bildung ist. Zu einer umfassenden Bildung gehört freilich auch der informierte und sachliche Diskurs mit authentischen, überzeugten und gerade darin überzeugenden Persönlichkeiten – auch über erste und letzte Fragen, und dies nicht nur im absolut freiwilligen Religionsunterricht, den staatlicherseits auszuschließen ein Verstoß gegen die Bildungs- und Wahlfreiheit der Schüler und Eltern wäre.

Und auch dies sollte unumstritten sein und bleiben: Für unsere öffentlichen Schulen und für die Lehrer und Lehrerinnen an ihnen bleiben die Grundpfeiler unserer freiheitlichen demokratischen Grundordnung verpflichtend. Die öffentliche Schule ist also weder ein religionsloser noch ein verfassungsloser Raum.

Wenn nun eine muslimische Lehrerin aus Gründen ihrer religiösen Überzeugung und als Ausdruck ihrer positiven Religionsfreiheit im Dienst ein Kopftuch tragen will[2] – ist dies schon ein ausreichendes Indiz dafür, dass sie verfassungsfeindliche Propaganda gegen die Gleichberechtigung von Frauen und Männern betreiben und sich also nicht an das Grundgesetz halten will? Diese Frage kann in einem liberalen Verfassungsstaat jedenfalls nicht mit dem Rasenmäher entschieden werden.

Vor einem solchen Schematismus sollte uns schon eine sehr nahe liegende, einfache Beobachtung bewahren. Wenn eine muslimische Frau, zudem eine im Lande geborene, aus ihrer im Islam weithin archaisch definierten

Rolle so weit heraustritt, dass sie an unseren säkularen Universitäten mit Erfolg eine akademische Ausbildung durchläuft und in unserem durch und durch weltlichen Staat einen Vollzeitberuf ausüben und ihren Lebensunterhalt unabhängig von einem Manne verdienen möchte, dann ist sie doch bereits soweit emanzipiert und dem traditionellen islamischen Rollenverständnis soweit entfremdet, dass man nicht umstandslos unterstellen darf, sie wolle nun an der Schule für die reaktionäre Benachteiligung der Frauen agitieren.

Und auf der rechtlichen Ebene gilt nach wie vor: Nicht die Wahrnehmung eines Rechts ist begründungspflichtig, sondern seine Einschränkung. Es bleibt im liberalen Verfassungsstaat geradezu axiomatisch eine im doppelten Sinne *gewisse*, nicht aufzuhebende Asymmetrie zugunsten der Freiheit. Für die Abwägung von konkurrierenden Freiheitsrechten aber gilt nach wie vor der Satz Immanuel Kants: »Das Recht ist also der Inbegriff der Bedingungen, unter denen die Willkür des einen mit der Willkür des andern nach einem allgemeinen Gesetzes der Freiheit zusammen vereinigt werden kann.«[3] Wohlgemerkt: nach einem Gesetz der *Freiheit*!

Es kommt also auf den Einzelfall an – auch wenn die Kriterien zu seiner Entscheidung in einem *allgemeinen* Gesetz vorgegeben werden; in einem allgemeinen – nicht in einem pauschalen!

Damit kein Missverständnis aufkommt: Hinter die Gleichberechtigung und Gleichstellung von Frauen und Männern dürfen wir – wenn wir sie denn eines Tages tatsächlich erreicht haben werden – keinesfalls mehr zurückfallen. Bei einer weniger ernsthaften Gelegenheit würde ich mir gerne folgende Überlegung gestatten:

Nehmen wir nur für einen Augenblick an, wir hätten in den letzten Jahrzehnten das Eintreten für die Gleichberechtigung bei unseren männlichen Lehrern ebenso rigoros mit Einstellungsverweigerung und Entlassungen durchgesetzt, wie wir dies nun gegen muslimischen Anwärterinnen vorhaben – in welche Höhen wäre dann erst der Stundenausfall an unseren Schulen geschnellt? Auch für das als richtig Erkannte sollte man jedenfalls ohne überkompensatorische Selbstgerechtigkeit eintreten. Das gilt insbesondere für Christen und ihre Kirchen.

Es gibt aus der Perspektive der christlichen Anthropologie wahrhaft zwingende Gründe für die Gleichstellung von Frauen und Männern. Ich frage mich nur, weshalb wir Christen und unsere Kirchen, auch die evangelischen Kirchen, so lange gebraucht haben, dieselben zu entdecken – bis weit in die Mitte des vorigen Jahrhunderts hinein und darüber hinaus. Man muss nur die Trauungs-Agenden noch der späten sechziger Jahre nachlesen oder an den Streit um die Frauenordination erinnern. Noch im Zusammenhang mit der Wahl der ersten evangelischen Bischöfin hatte Eberhard Jüngel ein Gutachten zu erstatten, in dem dies als theologisch unanstößig dargetan werden musste. Selbst bei der Wahl der zweiten Bischöfin wurden Widerstände gegen eine Frau in diesem Amt artikuliert. Wir Protestanten haben uns all die gegenwärtigen Verlegenheiten mit den Quoten, dem inklusiven Sprachgebrauch und dem »gender mainstreaming« doch redlich verdient.

Wenn wir diese selbstkritische oder, sei's drum, bußfertige Perspektive nicht wahren, setzen wir uns fast zwangsläufig dem Verdacht aus, wir redeten im Kopftuchstreit zwar allein verfassungsrechtlich von der Gleichberechtigung, meinten aber in Wirklichkeit das Befremdliche an einer anderen Religion. Und wer wollte sich von diesem Fremdeln selber völlig freisprechen? Übrigens auch vom kritischen Diskurs zwischen den Religionen – auch gegenüber der eigenen? Die Freiheit aber ist – vor und nach und trotz Rosa Luxemburg – stets auch die Freiheit des Andersdenkenden – und die Religionsfreiheit die Freiheit des Andersgläubigen.

Über die Religion, über die eigene wie über die fremde, kann man in der Tat nur sprechen, wenn man dies auch kritisch tut. Dann allerdings stoßen wir auf den Kern des Problems, den ich in den folgenden zwei Thesen formulieren möchte:

Die Religionsfreiheit gehört, erstens, nicht zu den Bedingungen der Möglichkeit von Religion – sehr wohl aber zu den Bedingungen der Freiheit. Noch schärfer, zweitens: Freiheit kann Religion nicht unterdrücken – sehr wohl aber Religion die Freiheit.

Die Wahrheit der ersten These leuchtet schon für die unmittelbare Gegenwart ein; wir brauchen dabei nur an die Christen im Irak, in der Türkei oder in der Volksrepublik China zu denken. Sie sind und bleiben Christen, obwohl sie nicht frei sind. Dieser erste Satz gewinnt seine Evidenz auch in unserer unmittelbaren deutschen, doppelten Vergangenheit – im Rückblick auf die NS-Zeit ebenso wie im Rückblick auf die SED-Diktatur. Und wir selber: Sind wir etwa nur unter der Bedingung Christen, dass wir als Staatsbürger frei sind – und solang es uns nichts kostet?

Im Blick auf die zweite These haben wir nun leider im Rückblick auf die eigene Kirchengeschichte reumütig zu bekennen: Obwohl die Freiheit im Allgemeinen und die

Religionsfreiheit im Besonderen in der Konsequenz der christlichen Lehre liegen müsste, haben sich beide historisch im Wesentlichen ohne, ja gegen die Religion, auch gegen die christlichen Kirchen durchgesetzt.

Die Feststellung, dass die Religion sehr wohl die Freiheit unterdrücken kann, ist durch den Gang der Geschichte nur zu oft bestätigt worden, auch durch die christliche Kirchengeschichte. Die christlichen Kirchen waren eben nicht jederzeit Herolde der politischen Freiheit, erst recht nicht immer Befürworter der Religionsfreiheit gewesen. Die berechtigte Frage lautet: Warum *erst* jetzt? Es könnte ja sein, dass die christlichen Kirchen erst mit ihrem Bedeutungsverlust erkannt haben, wie sehr sie – aus der vorherrschenden soziologischen Position und aus ihrer mit-herrschenden politischen Rolle verdrängt und nun in die Defensive versetzt – selber auf eine Freiheit angewiesen sind, die ihnen ebenso wie ihren religiösen Konkurrenten, ihren agnostischen Kritikern und atheistischen Gegnern gleichermaßen zugute kommt. Die Säkularisierung vor nunmehr zweihundert Jahren hat den Kirchen nicht nur weltliche Macht genommen, sondern sie zugleich dazu befreit, nur noch und damit eigentlich Kirchen zu sein. In den protestantischen Landesherrschaften Deutschlands hat es allerdings noch bis 1918 gedauert, bevor die Bündnisse zwischen Thron und Alter aufgehoben wurden. Und selbst nach diesem von anderen Kräften erzwungenen Umsturz hat der deutsche Protestantismus es weithin nicht vermocht, zur Weimarer Republik ein positives Verhältnis zu finden.

Zunächst also ein kleiner, grober und sehr ausschnitthafter Rückblick auf die deutsche Entwicklung hin zur Religionsfreiheit: Die Geschichte des Verhältnisses zwischen Staat und Kirche in der Mitte Europas war bis zur Reformation gewiss immer wieder umstritten. Dies hatte aber allenfalls mit konfligierenden (Macht-)Ansprüchen der beiden Institutionen zu tun, keinesfalls aber mit irgendeiner Freiheit der Religion, erst recht nicht mit einer Religionsfreiheit der Untertanen; nicht einmal die »kirchen-kritischen« weltlichen Herrscher wären je auf den geäußerten Gedanken eines Lebens außerhalb des corpus christianum gekommen. Es ging um Konflikte innerhalb des Christentums, nicht gegen das Christentum, schon gar nicht zugunsten anderer Religionen.

Erst mit dem nachreformatorischen Neben- und Gegeneinander der Konfessionen stellt sich erstmals die Frage nach – nein: nicht der (christlichen) Religion, sondern – nach der spezifischen Konfession im Staat. Der Augsburger Religionsfriede von 1555 (cuius regio, eius religio) etabliert das Nebeneinander von Herrschaften unterschiedlicher Konfession, verlangt aber die Übereinstimmung der Konfession der Untertanen mit der des Herrschers, gewährt den »Abweichlern« jedoch immerhin ein zeitlich begrenztes Auswanderungsrecht. Wechselt jedoch der Herrscher die Konfession, hat der Untertan mit zu wechseln – sozusagen: Konfessionsfreiheit für Herrscher, Religionsfreiheit für niemanden. Erst der Westfälische Frieden von 1648, in Münster weiß man das genauer als anderswo, koppelt den allfälligen Konfessionswechsel des Herrschers vom Konfessionsstand seiner Untertanen ab; diese also haben nun das Recht, in einem solchen Fall ihrer Konfession treu zu bleiben.

Das Zeitalter des aufgeklärten Absolutismus, auch die Zusammenfassung unterschiedlicher konfessioneller Gebiete unter einer Herrschaft, zugleich die konfessionelle

Ausdifferenzierung des Protestantismus innerhalb ein- und desselben Territoriums führen zu gewissen Lockerungen und zu einer gewissen Pluralität der Konfessionen innerhalb eines Staates: »Die Religionen müssen alle tollerieret werden und mus der Fiscal nuhr das Auge darauf haben, dass keine der andern Abbruch tuhe, den hier mus ein jeder nach seiner Fasson selich werden«, so Friedrich der Große in seiner berühmten Antwort auf die Anfrage des Geistlichen Departements, ob die katholischen Schulen in Preußen weiter bestehen sollten[4]. Aber zeigt sich schon hier, dass diese »Toleranz« nicht etwa kirchlichen Anstößen, sondern aus staatlichem Interesse folgt, so wird dies noch deutlicher in jener Randverfügung des »Alten Fritzen« zur Bitte, einen Gesangbuchstreit unter Lutheranern zu entscheiden: »Was die Gesangbücher angeht, so steht einem jeden frei zu singen: ›Nun ruhen alle Wälder‹ oder dergleichen dummes und thörigtes Zeug mehr. Aber die Priester müssen die Toleranz nicht vergessen, denn ihnen wird keine Verfolgung gestattet werden.«[5] Das heißt: An der Wiege der Religionsfreiheit und der Toleranz steht als erster Pate die freigeistige Indifferenz des Herrschers, nicht die Liberalität der Kirchen. Und selbst in diesem Preußen waren die Anhänger nichtetablierter christlicher Gemeinschaften vom Recht des öffentlichen Gottesdienstes ausgeschlossen und auf die häusliche Religionsausübung verwiesen. Erst der dritte Nachfolger Friedrichs des Großen, der preußische König Friedrich Wilhelm IV., wird zulassen, dass ein persönlicher »Konfessionswechsel« auch in die Konfessionslosigkeit führt. Bis dahin war der Mensch als Bürger (und Untertan) gar nicht anders denkbar, denn als Staats- und Kirchenbürger zugleich; Juden fielen aus dieser Identität heraus, es sei denn, sie seien im Einzelfall zu (begrenzt) privilegierten Juden »ernannt« worden, freilich dann immer noch nicht zu »vollwertigen« Staatsbürgern.

Die Paulskirchenverfassung[6], obwohl nie gültig und kräftig geworden, gewährt 1849 immerhin in ihrem § 144 die »volle Glaubens- und Gewissensfreiheit« und hebt im § 145 alle Beschränkungen der »gemeinsamen häuslichen und öffentlichen Übung der Religion« auf. Sie gibt den Kirchen im § 147 das Recht zur selbständigen Ordnung und Verwaltung ihrer Angelegenheiten, erlaubt die Bildung neuer Religionsgesellschaften und stellt fest: »Es besteht fernerhin keine Staatskirche.« Doch erst mit der Weimarer Reichsverfassung wird aus alledem geltendes Verfassungsrecht. Freilich bleibt der Sitz der Religionsfreiheit selbst in der Weimarer Verfassung ein Regelungselement des Verhältnisses zwischen Staat und Kirche.

Erst im Grundgesetz von 1949 tritt die Religionsfreiheit aus diesem »korporatistischen Verhältnis« heraus und wird im Artikel 4 GG zu einem unmittelbar geltenden individuellen Grundrecht der Person verselbständigt, neben dem in einem merkwürdigen, begrifflich nicht ganz spannungsfreien historischen Kompromiss nach Artikel 140 GG die »staatskirchenrechtlichen« Artikel aus der Weimarer Verfassung fortexistieren.

Dieser gewiss nur unter einem leitenden Gesichtspunkt stilisierte Geschichtsausschnitt war notwendig, weil er eines zeigt: Nirgendwo in diesem Prozess der Herausbildung der Religionsfreiheit bewegten sich die Kirchen als Institutionen, schon gar nicht ihre Leitungsorgane, in der Avantgarde. Die römisch-katholische Kirche wird sogar erst 1965 im 2. Vatikanischen Konzil die Religions- und Gewissensfreiheit positiv annehmen. Übrigens: Noch

1961 bietet das repräsentative, damals ganz evangelisch gestimmte Lexikon »Die Religion in Geschichte und Gegenwart« in seiner dritten Auflage einen höchst lapidaren Artikel zur Religionsfreiheit, in dem, ohne jede historische Information, gerade eben die Rechtslage nach dem Grundgesetz distanziert wiedergegeben wird, mit Sätzen wie diesem: »Moderne Verfassungen gewährleisten die Religionsfreiheit vielfach im Sinne einer allgemeinen Weltanschauungsfreiheit, die nicht nur ein christliches Bekenntnis, sondern selbst antireligiöse Weltanschauungen schützt (so etwa Art. 4 I GG).«[7] Erst sieben Jahre später findet sich eine deutliche proaktive Äußerung zur Religionsfreiheit in der Ökumene, und zwar in dem Satz, der 1968 von der Vollversammlung des Ökumenischen Rates der Kirchen in Uppsala verabschiedet wurde: »Die volle Anwendung der Religionsfreiheit auf einzelne und Organisationen und das freie Recht für alle Menschen, gleich welchen Glaubens und welcher Weltanschauung, dem eigenen Gewissen zu folgen, sind von grundlegender Bedeutung für alle menschlichen Freiheiten.«[8]

Weshalb bejahen die Kirchen heute endlich die Religionsfreiheit? Zunächst haben sie wohl ihren Frieden mit dem seriös interpretierten Individualismus geschlossen. Mag auch der Begriff Individualismus mit einem gewissen anti-liberalen Unterton noch an polemische Frontstellungen der Vergangenheit erinnern, so ist mit dem Begriff der Menschenwürde in Wirklichkeit dasselbe gesagt. In der Menschenwürde treffen sich Einsichten aus der politischen wie der theologischen Anthropologie: Jedem einzelnen Menschen kommt ein Kern unantastbarer Würde zu, der zwar faktisch geschändet, aber nicht in seinem Wesen zerstört werden kann. Dieser

Kern der Menschenwürde ist in jedem einzelnen Menschen schlechterdings allem vorgelagert – nicht nur jeder staatlichen (und kirchlichen!) Regulierung, sondern auch der Notwendigkeit oder auch nur Möglichkeit der betreffenden Person, sich diese Würde erst durch eigene Leistung zu verdienen. Zu dieser Menschenwürde zählt unbedingt und als erstes die Gewissensfreiheit – nicht weil das Gewissen des Einzelnen unfehlbar wäre, sondern weil eben die Fähigkeit des Gewissens, auch zu irren, unvermeidlicher Ausdruck seiner Freiheit und Würde ist.[9] Erst wer frei ist, sich zu entscheiden, kann überhaupt sein Gewissen praktisch betätigen und hernach sich richtig, aber auch falsch entscheiden. Und nur eine freie Entscheidung für das Richtige ist eine richtige Entscheidung. Gewissensfreiheit ist aber auch die Voraussetzung von wirklicher Religion. Nur eine vollkommen freie Antwort auf Gottes Zuspruch und Anspruch ist eine wahre Antwort. Die Freiheit dieser Antwort kann gewiss politisch beschnitten, ja unterdrückt werden – aber wer trotz staatlicher Verfolgung bei seinem Glauben bleibt, beweist ja gerade, dass er seine religiöse Antwort aus freien Stücken gegeben hat. Staatlicher Druck, auch religiöse Repression kann das Gewissen nur von der wahren Religion weg-, niemals aber zu ihr hinbeugen. Gebeugter Glaube ist Unglaube.

Das ist der letzte, unhintergehbare Grund dafür, dass auch die Kirchen die positive Religionsfreiheit der Andersgläubigen, auch die negative Religionsfreiheit der Ungläubigen uneingeschränkt bejahen und – wo immer möglich – aktiv für sie eintreten müssen. Demgegenüber wäre es viel zu kurz gesprungen, würden die Kirchen für die Religionsfreiheit allein zum Zwecke eines do ut des eintreten, gewissermaßen im Sinne einer »Gegenseitigkeits-Klausel«: Ich gewähre Dir Religionsfreiheit, damit (und sofern) Du mir ein Selbes gewährst.« Folglich können die Kirchen in der Bundesrepublik gar nicht anders, als für die Religionsfreiheit der Muslime in Deutschland selbst dann einzutreten, wenn islamische Staaten anderswo keine Religionsfreiheit für Christen gewähren. Diese Asymmetrie legitimiert erst ihr Eintreten für die Religionsfreiheit überall.

Wie also haben wir uns das Verhältnis des liberalen Verfassungsstaates zu den Religionen im Prinzip vorzustellen?

Als erstes haben wir scharf zu trennen zwischen staatlicher Macht und geistlicher Vollmacht. Die staatliche Macht verweist auf sich selber und verlangt einen Gehorsam, den sie, falls nötig, mit Gewalt durchsetzt – auch gegen die entgegenstehende Überzeugung des Bürgers. Die geistliche Vollmacht weist von sich weg, verweist also mitten in dieser Welt auf eine andere Welt; sie wendet sich allein an die freie Überzeugung der Gläubigen und darf sich schon deshalb keines Zwanges bedienen.[10] Hingegen kann selbst der freiheitliche Verfassungsstaat auf Zwangsmittel nicht verzichten und muss sich schon deshalb aus Fragen der ersten und letzten Wahrheit entschieden heraushalten.

Religionen, insbesondere die monotheistischen Religionen können gar nicht anders, als ihre eine existentielle Wahrheit zu bezeugen und zu leben. Der edle Versuch, ihre innere Wahrheit unverkürzt zum Vorschein zu bringen, ohne die Wahrheit anderer Religionen zu bestreiten, also der Versuch, deren Wahrheit als gleich gültig gelten zu lassen – dieser Versuch wäre zu schön, um wahr zu sein. Er könnte in unseren – in dieser Zeit und Welt – begrenzten Denkmöglichkeiten nicht anders als in logische und theologische Aporien führen. Man kann eben nicht zwei oder gar mehreren letzten Wahrheiten zugleich dienen. Das war der harte Kern der vatikanischen Erklärung »Dominus Jesus«[11] und das bleibt auch das ursprüngliche Dilemma der Stellungnahme, die die Kammer für Theologie der EKD jüngst unter dem Titel »Christlicher Glaube und nichtchristliche Religionen«[12] vorgelegt hat. Letzte Wahrheiten sind, jedenfalls auf der Ebene der Lehre, tendenziell nicht gleich gültig, nicht gleichgültig und deshalb allenfalls in Grenzen, jedenfalls nicht grenzenlos tolerant. Deshalb müssen absolute Wahrheiten gerade um ihres Wahrheitsgehaltes willen, der freien Überzeugung und Gewissen ihrer Anhänger und Widersacher willen, vor allem aber zur Abwehr eines gewaltsamen »clash of religions«, also des religiösen Bürgerkrieges, auf sämtliche weltlichen Machtmittel absolut verzichten. Denn nur wenn die letzte Lehre und die letzten Machtmittel, wenn die ultima veritas und die ultima ratio strikt voneinander getrennt bleiben, können auf dieser Welt die unterschiedlichen Religionen miteinander in Wahrheit frei sein – in der Wahrheit frei und wahrlich in der Freiheit.[13]

Der liberale Verfassungsstaat hingegen, der eine Freiheits- und Friedensordnung gleichermaßen zu gewährleisten hat, zur Not unter Anwendung von jener Gewalt, die den Kirchen und Religionsgemeinschaften strikt verweigert bleiben muss, muss zu diesem Zecke seinerseits völlig darauf verzichten, sich zum Agenten irgendwelcher religiösen oder ideologischen Wahrheitsansprüche zu machen. Er darf sich nicht einmal e contrario solche

Ansprüche anmaßen, in dem er etwa einzelne oder gar alle Religionen, die sich an die Grundregeln der Verfassung halten, aus dem öffentlichen Raum verdrängt und in die Katakomben der Privatheit vertreibt. Mit anderen Worten: Gerade ein Staat, der sich anschickte, Gott abzuschaffen und der aufhörte, mit Menschen zu rechnen, die sich zu ihm bekennen, wäre – ex negativo – eine höchst religiöse, jedenfalls eine ideologisch besetzte Veranstaltung. Oder anders ausgedrückt: Nur ein Staat, »der Gott *nicht* abschafft«, kann ein wirklich durch und durch *säkularer* Staat sein.

Aus dieser Perspektive vermag das Modell eines militanten Laizismus für den liberalen Verfassungsstaat nicht zu überzeugen. Der Laizismus bietet eine allenfalls unvollständige Regulierung des Problems, weil er die schwierigen Probleme der Freiheit (und wann jemals wäre Freiheit einfach zu haben gewesen?) mit dem Instrument einer verkürzenden Gleichheit aller zu Lasten der unverkürzten Freiheit lösen will. Ein solcher Laizismus kann also unter dem Gesichtspunkt größtmöglicher Freiheit allenfalls die zweitbeste Lösung darstellen. Damit ist aber auch das Folgende gesagt: Wenn die christlichen Kirchen nicht für die unverkürzte und unverletzliche, für die positive wie negative Religionsfreiheit der Anderen eintreten (und dies nicht bloß im Sinne eines pragmatischen Gegengeschäftes, sondern eben mit der Leidenschaft für die Freiheit an sich), so werden sie höchstselbst es sein, die jene missliche Alternative »unverkürzte Freiheit oder verkürzende Gleichheit« geradezu provozieren. Und ich sage schließlich für meine Person: Vor die – wie gesagt: missliche – Wahl gestellt, würde ich gegenüber der auch nur indirekten Privilegierung bestimmter Religionen dann doch der höchstens zweitbesten Lösung den Vorzug geben. Schweren Herzens, gewiss. Aber meine Freiheit kann nicht weiter gehen als die der anderen.

Protestantismus und Demokratie

»Das Begründen und Organisieren der Demokratie unter den Christen ist die große politische Frage unserer Zeit.« Wann wurde das geschrieben? Im Jahr 1824 – von Alexis de Tocqueville im ersten Band seines epochalen Werks »Über die Demokratie in Amerika«. Tocqueville führt seine Feststellung wie folgt fort: »Die Amerikaner lösen dieses Problem ohne Zweifel nicht, aber sie liefern denen, die es lösen wollen, nutzbringende Lehren.« Den liberalen französischen Aristokraten trieben dabei folgende Fragen um: Wenn die Gleichheit in Amerika dazu führt, dass die Menschen keine traditionale Autorität mehr über sich akzeptieren, wenn zudem – »da die Religion ihre Herrschaft über die Seelen verloren hat …« – die »sichtbarste Schranke, die Gut und Böse schied, gefallen« ist: Was hält dann noch die Gesellschaft verbindlich zusammen, was verhindert ihren Zerfall im geistig atomisierten Individualismus der Vielen und schließlich im nackten materiellen Egoismus eines Jeden? Von dieser Frage führt ein direkter Weg zu der Formel des Staatsrechtlers und vormaligen Verfassungsrechtlers Ernst-Wolfgang Böckenförde: »Der frühneuzeitliche Staat lebt von Voraussetzungen, die er selbst nicht garantieren kann.«

Das Begründen und Organisieren der Demokratie unter den Christen – ist das also immer noch die große politische Frage unserer Zeit? Inzwischen kommt ja das weitere Problem hinzu: Das Begründen und Organisieren des Christentums unter säkularisierten Demokraten. Oder ist das Verhältnis zwischen Christentum und Demokratie längst unproblematisch geworden?

Nein, unproblematisch ist dieses Verhältnis nach wie vor nicht. Nur einige Andeutungen mögen das illustrieren. Die gegenwärtige bioethische Debatte lässt sich gewiss nicht bewältigen ohne Antwort auf letzte, ja: auf erste Fragen. Was aber wird aus der Loyalität der Christen zur Demokratie, wenn die Letzt- oder: Erstbegründung einer christlichen Ethik in ganz fundamentalen Fragen in der Demokratie einfach keine Mehrheit findet? Unproblematisch ist das Verhältnis des Protestantismus – als eines Teiles der Christentums – auch deshalb nicht mehr, weil *Religion* in der (westlichen) Demokratie nicht mehr heißt: *Christentum* in der Demokratie. Auch wenn wir bisher und seit jeher schon mit dem Psalmisten klagten: »Hilf, Herr! Die Heiligen haben abgenommen und der Gläubigen sind wenige unter den Menschenkindern« (Psalm 12,2), so waren doch die wenigen Gläubigen in unseren Zonen wenigstens Christen – die Juden haben wir dabei erst sträflich, dann fürchterlich unterschlagen. Aber nun heißt »gläubig« eben nicht selten (und nicht selten: intensiver) »muslimisch« – oder ganz anderes. Wir müssen als Protestanten unser Verhältnis zu unserer staatlichen Form also zugleich im Blick auf ganz andere Religionen definieren – und zwar, soweit es um das staatliche Recht geht, miteinander und untereinander kompatibel und konsistent definieren.

In diesem Zusammenhang nur eine kurze Anmerkung zum Kopftuch-Streit – obwohl der viel stärker in die Mitte unseres Themas trifft, als wir es weithin bereits verstanden haben: Wenn es denn schon so ist, dass kirchliche Positionen in der pluralistischen Demokratie immer weniger wirkungsvoll sind – muss dann eine so große Zahl, wenn nicht gar die Mehrheit der führenden und weniger führenden Protestanten und Protestantinnen sich im Kopftuchstreit sich so positionieren, dass – ob gewollt oder ungewollt, begriffen oder unbegriffen – de facto jenem Laizismus Tür und Tor geöffnet werden, der uns aus West- und Südeuropa, aus Frankreich und Italien, möglicherweise aber auch aus Osteuropa, ohnedies näherrückt? Die katholische Kirche – wohl weil sie viel mehr mit sichtbaren Symbolen zu tun hat, (der Protestant ist zwar öffentlich wirksam, aber gibt sich selten als solcher sichtbar zu erkennen) – verhält sich darin viel pragmatischer und im Ergebnis liberaler. Dies vorausgeschickt habend, muss ich allerdings dem Wort von Joseph Kardinal Ratzinger, das Kreuz sei doch zweifelsfrei ein Symbol der Versöhnung, einen sarkastischen Stoßseufzer nachschicken: Wohl wahr, wenn die Christen sich nur danach gerichtet hätten! Und wenn denn das Kopftuch von einigen nur als »politisches Symbol« erkannt werden will – war denn das Kreuz jemals nur ein religiöses Symbol, und nicht etwa über den längsten Teil der Geschichte hinweg ebenso zugleich ein politisches Symbol gewesen. Warum hängt es denn in staatlichen Gerichtssälen? Wie sahen denn die Hervorbringungen unserer politischen Heraldik in den über tausend Jahren aus? Und was stand auf den Koppelschlössern der deutschen Soldaten, als sie gegen die nicht weniger christianisierten Belgier, Holländer und Franzosen in den 1. Weltkrieg zogen. Für einseitige, selbstgerechte Blicke gibt es keinen Grund!

Wie wird man es denn in der übrigen Welt wahrnehmen, dass der amerikanische Präsident behauptet, Amerika habe einen gottgegebenen Auftrag, sein Verständnis von Demokratie über die ganze Welt zu verbreiten. Ich lebte ja selber gewiss lieber in den USA als im Iran und lieber unter George W. Bush als unter Vladimir Putin. Aber diese religiöse Ideologisierung der Politik, übrigens nicht nur durch die äußerste US-amerikanische Rechte, halte ich für bigott. Wenn wir also uns als Protestanten nicht in unserem provinziellen, rein deutschen Blick verbohren wollen, so müssen wir erstens schon der Frage »Protestantismus und Demokratie« in einem durchaus internationalen Kontext nachgehen, wegen der europäischen Integration besonders in Europa. Sodann müssten wir zweitens das viel weitere Thema »Religion und Politik« selbst dann diskutieren, wenn wir es in unserem Lande bereits für erledigt gehalten haben sollten. Der Islam tut dies jedenfalls nicht, und schon deshalb müssen wir uns zur Rolle der Religion verhalten, oder zu der Leerstelle, die wir haben entstehen lassen. Tocqueville hätte also auch heute noch, wenn auch auf ganz andere Weise recht: »Das Begründen und Organisieren der Demokratie unter den Christen ist die große politische Frage unserer Zeit.« Nur, dass das heute ein Problem nicht der Mehrheit, sondern der Minderheit ist. Und Minderheiten müssen schon aus ihre Lage heraus klüger handeln als die Mehrheit.

Die notwendigen geschichtlichen Anmerkungen hierzu müssen, äußerst gedrängt, beides leisten: eine stilisierende Simplifikation der überaus komplexen Sachverhalte und eine enorme Wachsamkeit gegenüber solchen Vereinfachungen. Genaugenommen gibt es ja *den* Protestantismus überhaupt nicht; es handelt sich vielmehr um einen vereinheitlichenden und vereinfachenden Sammel- bzw. Oberbegriff, der freilich seine relative Leistungskraft durchaus hat. Aber regional, konfessionell, sozial, personal, mehr oder weniger hierarchisch – wir haben es mit einer von Zeit zu Zeit schwankenden und schillernden Erscheinung zu tun.

Von dieser Überkomplexität jeglicher historischen Realität einmal abgesehen, eignet der stilisierten Größe »Protestantismus« zudem auf jeder Ebene der Begriffsbildung eine bemerkenswerte, sozusagen über all die Zeiten stabile Ambivalenz. Schon bei Luther geht eine atemberaubende Freiheit von klerikaler Bevormundung scheinbar bruchlos einher mit einer politischen Autoritätsgläubigkeit. Übrigens staune ich bis zum heutigen Tag über das Paradox, dass die lutherische Rechtfertigungslehre mit jeglicher Werkgerechtigkeit radikal aufgeräumt hat, der Protestantismus insgesamt (gesteigert noch im Calvinismus) aber eine rigorose Arbeitsethik in die Welt gesetzt hat – wohingegen die Katholiken, vereinfacht, lehren, der gerettete Mensch könne sehr wohl an der Sicherung seines Seelenheils mitwirken; trotzdem, so scheint es mir, lassen sie es mit den weltlichen Dingen eher locker angehen. Sowohl der Bildungseifer, als auch das Elitestreben wie auch der »Geist des Kapitalismus« werden traditionell mit dem Protestantismus assoziiert. Aber was ist davon geblieben? Wer unter uns erinnert sich denn noch der Tatsache, dass die hoch in Ehren zu haltende »Freiburger Schule« der wahren, der ursprünglichen, also der sozial verantwortlichen Neo-Liberalen als ausgeprägte Protestanten Nationalökonomen waren, die wie Wilhelm Röpke oder Walter Eucken oder Constantin von Dietze sogar der Bekennenden Kirche nahe standen oder direkt angehörten?

Stattdessen hört man heute auch Protestanten so oft mitzuheulen in der besinnungslosen, der eigenen Geistes-Geschichte (und der ökonomischen Geistesgeschichte) vergessenden, nachgerade albernen Polemik gegen den sogenannten Neoliberalismus. Was Wunder übrigens, dass das hochgepriesene gemeinsame »Wirtschafts- und Soziawort« zumeist nur noch als »Sozialwort« apostrophiert und in seinen wirtschaftspolitischen Forderungen schon gar nicht mehr zitiert wird. (Auch die Frage des Niveaus volkswirtschaftlicher und sozialwirtschaftlicher Analyse gehört in das Thema »Protestantismus und Demokratie«.)

Zurück zum Prinzip Protestantismus: Ich plädiere dafür, den Begriff »Protestantismus« nicht für eine stabile Größe, sondern vielmehr für einen *Krisenbegriff* zu halten. Damit meine ich ein Vielfaches: Die gesamte Reformation geht aus einem tiefen religiösen und kirchlichen Krisenbewusstsein einer Vor-Vor-Moderne hervor. Auch fürderhin hat sich der Protestantismus den Krisen und Tendenzen der jeweiligen sozusagen »Moderne« schneller geöffnet als etwa der Katholizismus – was teils seine Stärke, teils aber auch seine Schwäche war. Aufklärung, Rationalismus, Romantik, Idealismus und Subjektivismus, Nationalismus, Industrialismus (und, sei's drum: Kapitalismus, leider auch: Antisemitismus!) – der Protestantismus war jeweils, in Reaktion und Gegenreaktion, zeitgenössischer präsent. Protestantismus als Krisenphänomen: Hervorgegangen aus einer religiösen Krise und Umwälzung öffnet er sich den Krisen der Zeit weiter und durchläuft gerade darin stets seine eigenen Krisen – bis heute, bis heute übrigens mündend in einen kritischen Bedeutungsverlust. Den Buß- und Bettag konnte man, unter maßgeblicher Mitwirkung von führenden Protestanten, abschaffen, Allerheiligen (katholisch) oder den zweiten Pfingsttag (ökumenisch) nicht. Es waren übrigens katholische Ministerpräsidenten wie Biedenkopf, Stoiber und Teufel, die damals versuchten – Biedenkopf für sein Land erfolgreich – den protestantischen Buß- und Bettag zu schonen. Auch dies eine Fußnote zum Thema: Der Protestantismus und seine öffentlichen Symbole …

Das Erstaunliche angesichts dieser ambivalenten Zeitgenossenschaft in Kritik und Krise ist nun allerdings dieses: Anders als man es erwarten könnte, gehörte der Protestantismus und gehörten seine Leitungsorgane weder zu den treibenden Kräften der Freiheitsbewegungen noch zu den Motoren der Demokratisierung, eher und zu oft – und oft ganz entsetzlich: sehr im Gegenteil. Selbst die Religionsfreiheit wurde nicht von den Kirchen erstritten, so sehr sie doch in einer recht verstandenen Theologie und christlichen Anthropologie ihre unüberbietbare Grundlage haben müsste. Im vorigen Jahr haben wir der Säkularisierung vor 200 Jahren gedacht. Obwohl weithin als Verlustgeschäft wahrgenommen, war doch die Scheidung zwischen weltlicher Macht und geistlicher Vollmacht die befreiende Voraussetzung dafür, dass die Kirchen zwar *nur noch*, aber eben doch auch im *eigentlichen* Sinne Kirchen sein und bleiben (und wieder werden) konnten. Doch selbst in diesem Prozess blieb der Protestantismus in Deutschland ein Nachzügler.

Seit der Säkularisierung gab es zwar keine katholischen klerikalen Herrschaftstümer mehr, aber in den protestantischen Territorien blieb es bis 1918 bei den exklusiv protestantischen, territorialstaatlichen Bündnissen zwischen »Thron und Altar«. Und unmittelbar danach hatte es der Protestantismus in seiner Breite überhaupt nicht geschafft, ein positives Verhältnis zur (Weimarer) Republik zu finden – oder später zu einem geschlossenen frühen, insgesamt durchgehaltenen Widerstand gegen die nazistische Diktatur. Wie vieles verdankte doch die deutsche Bekennende Kirche dem schweizer Republikaner Karl Barth! (Es wäre übrigens einer eigenen Überlegung wert, weshalb die sogenannte »liberale Theologie« des späten 19. Jahrhunderts gerade keinen kräftigen Wurzelboden für die freiheitliche, soziale und weltoffene Demokratie ausgebildet hat – wider den Wilhelminismus und den Imperialismus.) Erst im Jahr 1985 erscheint die EKD-Denkschrift »Evangelische Kirche und freiheitliche Demokratie. Der Staat des Grundgesetzes als Angebot und Aufgabe«. Und dies obwohl der Protestantismus mit seinen synodalen Formen durchaus vorläufige Übung hätte aufweisen können. So richtig politisch fruchtbar wurden diese synodalen Erfahrungen erst in Ostdeutschland in und nach der Wende von 1989, als ganze Kirchengemeinderäte sich auf den Kandidatenlisten der ersten ostdeutschen Kommunalwahlen wiederfanden und jemand wie der provinzsächsische Synodalpräses Reinhard Höppner heikle Sitzungskrisen der einzigen demokratisch gewählten Volkskammer der DDR zu retten verstand.

Inzwischen leben wir auch als Protestanten ganz selbstverständlich in der Demokratie. Nichts mehr von »Gottesgnadentum«. (Wer übrigens hatte mit welchen theologisch jemals am Evangelium bestandskräftigen Argumenten diese im Grunde blasphemische Konstruktion in Umlauf gebracht?) Ja, man kann in einer gewissen Zuspitzung sogar sagen, wir lebten selbstverständlicher als Demokraten denn als Protestanten. Wir haben allen Grund zur – wie der Bundespräsident Walter Scheel es einmal genannt hatte – »kritischen Solidarität« mit der modernen, mit der durch Menschen- und Minderheitsrechten materiell gesättigten und rechtsstaatlich, ja verfassungsgerichtlich eingehegten Demokratie als politischer Form. Kritische Solidarität, das heißt: Mit dem eindeutigen Hauptwort »Solidarität« – dem Attribut aber zugleich »kritisch«. Wir leben also als Protestanten selbstverständlich in der Demokratie – aber diese praktische Selbstverständlichkeit darf nicht verwechselt werden, mit einer wesenhaften Identität – sagen wir es mit den Termini Karl Barths – zwischen Bürgergemeinde und Christengemeinde, und zwar auch dann nicht, wenn wir als Staatsbürger Tag und Nacht Wache stünden an den Toren der Demokratie, was gegebenenfalls unsere bürgerliche Pflicht durchaus wäre. Noch einmal zugespitzt: Es gibt weder eine christliche Demokratie noch eine demokratische Kirche! Weshalb nicht?

Zunächst einmal ganz fundamentalistisch: Herr der Demokratie ist das Volk – Herr der Kirche ist Jesus Christus. Dieser Unterschied ist ebenso wenig aufzuheben wie der zwischen Kaiser und Gott. Aus eben diesem Grunde muss nach wie vor (und endlich!) auf einer strikten Scheidung zwischen staatlicher Macht und geistlicher Vollmacht bestanden werden. Sodann historisch: Selbst die leidenschaftlichsten Vorväter der liberalen republikanischen Staatsform haben stets demokratiekritisch für die Demokratie plädiert. Winston Churchills Diktum, die Demokratie sei die schlechteste Staatsform außer all den anderen, die die Menschheit bisher erprobt hatte, ist ja nicht nur ein witziger Kalauer, sondern ist in Wirklichkeit die pointierte Weisheit, von der alle Verfassungstheoretiker seit jeher geprägt waren. Zum Beispiel zeigt der berühmte 10. Artikel der *Federalist Papers* aus dem Jahr 1788 im Streit um die amerikanische Verfassung ungeschminkt die Gefahren der »Faktionierung« auf, also der von Leidenschaften und Interessen (*passions and interests*) gesteuerten Cliquenbildung, des Zerfalls des *body politic*, des politischen Gemeinwesens und der Tyrannei der Mehrheit; als Vademecum wird dort vorgeschlagen, und kann dort – *faute de mieux* – nur vorgeschlagen werden, den Teufel mit Beelzebub auszutreiben: Gegen Demokraten helfen nur – Demokraten. Nicht anders im Prinzip Alexis der Tocqueville gut dreißig Jahre später: »So kommt es, dass in der ungeheuren Verwicklung menschlicher Gesetze die äußerste Freiheit manchmal den Missbrauch der Freiheit korrigiert und dass die extreme Demokratie den Gefahren der Demokratie begegnet.« Gute Demokratietheoretiker waren nie naiv gegenüber der Realität der Demokratie.

Sodann logisch: Die Demokratie greift letztlich zurück auf das Mehrheitsprinzip, selbst wenn dieses formale Prinzip heute weithin relativiert ist durch materielle Grundrechte und durch gerichtliche Kontrolle, durch den Minderheitenschutz sowie durch das zuweilen angewandte Erfordernis qualifizierter Mehrheiten. Aber welche Mehrheit auch immer: Das Mehrheitsprinzip rechtfertigt sich letztlich nur durch den Zwang zu einer, zu irgendeiner Entscheidung – und die Entscheidungsfähigkeit als solche ist in der Politik ja ein hohes, auch materielles Gut in sich selbst. Aber natürlich gibt es logisch keinen zuverlässigen Anhaltspunkt dafür, dass die wie immer große Mehrheit das sachliche, gar objektive

Recht oder den größeren Verstand auf ihrer Seite hätte. Das Einzige, was man sagen kann, ist: Bei einer Mehrheitsentscheidung wird weniger Menschen eine Zumutung auferlegt als umgekehrt – und diese Zumutung ist umso leichter zu ertragen, je eher die Minderheit von heute die Chance hat, die Mehrheit von morgen zu werden. Das kann in der Regel, muss übrigens nicht immer ein Beitrag zum inneren Frieden sein, je nach dem, worüber entschieden wird. Aber selbst wenn es etwas mager klang, so hatte doch Sir Karl Popper recht gehabt, als er in diesem Sinne einmal gesagt hatte, der immense Vorteil, ja geradezu das Wesen der Demokratie liege in der Chance, die gegenwärtige Regierung auf unblutige Weise loszuwerden. Übrigens: Es ist mitunter leichter, eine Mehrheitsentscheidung unter Berufung auf das rein formale Prinzip zu ertragen als im Gegenteil die Zumutung, eine bestimmte politische Entscheidung habe eine sozusagen religiöse oder gar klerikale Dignität, was nämlich ihre demokratische Fallibilität oder Reversibilität prinzipiell in Frage stellen würde.

Schließlich praktisch: Wir wissen ja nur zu konkret und anschaulich, wie Mehrheiten konkret zustande gebracht werden – und noch schlimmer: Wie im Parteienstaat Mehrheiten und Entscheidungen gerade nicht zustande kommen, obwohl es im Wahlvolk durchaus Chancen einer sinnvollen Mehrheitsbildung gäbe. Mitunter wäre es ein Leichtes, eine glänzende Regierung zusammenzustellen, sofern man nur frei wäre, aus allen Parteien querbeet die jeweils besten Frauen und Männer zu Ministern zu berufen.

Es gibt, wie wir also wissen, keine bessere politische Form als die Demokratie. Deswegen lohnt es sich, politisch für sie zu kämpfen. Einer der besten Gründe für die Demokratie ist übrigens die Fatalität jeder Theokratie. Aber gerade dieses Wissen ist das beste Motiv gegen jede theologische Aufladung der Demokratie zu einer säkularisierten Heilsordnung – zumal in einer pluralistischen Gesellschaft, erst recht aber in einer Gesellschaft mit einer Mehrheitsreligion. Noch nie hat die Freiheit die Religion bedrängt, aber sehr oft, ja zumeist die Religion die Freiheit.

Deshalb also: Kritische Solidarität mit der Demokratie! Die Frage ist nun: Kann die notwendige Kritik an der Demokratie im Grenzfall auch die Solidarität selbst in Frage stellen – wenn schon nicht mit der Demokratie insgesamt, so doch mit bestimmten ihrer Entscheidungen? Wie hätten wir uns also zu entscheiden, wenn mit verfassungsändernder Mehrheit die Todesstrafe wieder eingeführt würde? Könnten sich Christen an ihrer Beantragung, Verhängung oder Vollziehung beteiligen, wie dies in den USA offenbar möglich ist? Wann wäre der *status confessionis* erreicht? Im Falle des Rassismus bestimmt – aber auch mit der Konsequenz des gewaltsamen Umsturzes? Bisher hat sich diese Frage aber noch nicht im Kontext einer Demokratie gestellt – bei uns jedenfalls nicht mehr seit 1933, und damals hatten wir versagt. Doch wie war es in den USA noch der früheren 60er Jahren des vorigen Jahrhunderts?

In der Politik des Nato-Doppelbeschlusses wurde zu Beginn der achtziger Jahre des vorigen Jahrhunderts da und dort der *status confessionis* evoziert – übrigens, wie man spätestens hernach sah, aus Gründen, die schon rein politisch schütterer waren als theologisch. Die erwähnte »Demokratie-Denkschrift« der EKD entstand, affirmativ motiviert, gegen die damaligen Zweifel an der Legitimation derartiger politischer Entscheidungen. Aber wie ist es mit den Grenzfragen der Bio-Ethik – eine Frage, die ja nicht schon deshalb trivial wird, weil der gegenwärtige Protestantismus selber zu einer in fundamentalen Fragen einheitlichen Betrachtung ebenso wenig fähig ist wie auch nur zu einer wirklich überzeugenden gemeinsamen Haltung in der Frage des Lebensschutzes im Kontext der Paragraphen 218?

Wir müssen all diese Fragen an dieser Stelle nicht erschöpfend beantworten. Es genügt der Hinweis, dass der Protestant auch in der Demokratie an Punkte kommen kann, an denen es heißt, Gott mehr zu gehorchen als dem Kaiser. Und es kann trotz der Dankbarkeit dafür, dass wir endlich in einer Demokratie leben dürfen (und doch wohl wollen!), eben keine vorbehaltslose Identifikation zwischen Christengemeinde und Bürgergemeinde geben – allerdings noch weniger eine vorbehaltslose Identifikation mit einer grundsätzlich anderen politischen Verfassung. Und eben mit diesem residualen Vorbehalt gegenüber der Demokratie sowie mit diesem noch stärkeren Vorbehalt gegenüber anderen Staatsformen dienen wir als Protestanten letztlich auch der Demokratie am besten. Diese Feststellung gehört übrigens in den Zusammenhang der Interpretation der 5. Barmer These: »Die Kirche erkennt in Dank und Ehrfurcht gegen Gott die Wohltat dieser seiner Anordnung«, nämlich des Staates, und zwar keineswegs nur des demokratischen Staates. Aber dann auch: Die Kirche »erinnert an Gottes Reich, an Gottes Gebot und Gerechtigkeit und damit an die Verantwortung *der Regierenden und Regierten.*« Und ich füge hinzu: In diesen Zusammenhang gehörte auch eine zeitgenössische Relecture der ursprünglichen Zwei-Reiche-Lehre Martin Luthers, mit all ihren frühen und immer noch vitalen Modernitätspotentialen – im Kontrast zur lutherischen Orthodoxie des 17. Jahrhunderts und der späteren Jahrhunderte.

Eines aber bleibt all diesen Erwägungen zur Stellung des Protestantismus in der Demokratie unbedingt hinzuzufügen: In der Demokratie fällt es gewiss immer noch am leichtesten, als Christengemeinde zu leben. Aber wir leben hoffentlich nicht nur deshalb als Christengemeinde, weil wir gerade in einer Demokratie leben – und nur, solange dies so bleibt.

Vom Protestantismus in der Demokratie nun aber zur Gegenfrage nach der Demokratie im Protestantismus: So wenig die Christengemeinde bruchlos mit der Bürgergemeinde identifiziert werden kann, so wenig lassen sich die Entscheidungsformen der Bürgergemeinde bruchlos auf die Christengemeinde übertragen, bei allem hohen Respekt vor dem Priestertum aller Gläubigen, vor partizipatorischen, kirchengemeindlichen und synodalen Strukturen im Protestantismus. Auf der EKD-Synode zu Amberg war im Herbst 2001 in der Frage der Friedenspolitik nach Afghanistan eine Entschließung zu fassen, in der neben den Konsenspunkten (in den Prinzipien) auch alternativ die mindestens zwei kontroversen Argumentationsstränge für die praktischen Konsequenzen nebeneinander gestellt wurden. In den Beratungen wurde nun der Antrag gestellt, doch mit einer Probeabstimmung festzustellen, hinter welcher Argumentationslinie sich mehr Synodale sammelten – um danach die »Mehrheitstendenz« als die vorrangige räumlich und sachlich voranzustellen. Zu Recht hat die Synode diesen Antrag abgelehnt, weil sich die sachliche und theologische Richtigkeit der einen oder andern Auffassung nicht mit einer statistischen Zählung ermitteln lasse. Jede politische Partei – und jedes Parlament! – wäre natürlich (und notwendigerweise) anders verfahren.

Wenn wir als Protestanten bei solchen und ähnlichen Problemen an den *magnus consensus* appellieren, meinen wir ja auch etwas anderes als numerisch besonders qualifizierte Mehrheiten, sondern eine substantielle Einigkeit unter uns in der Kontinuität mit unseren Bekenntnisgrundlagen. Insofern muss man, wenn dies an dieser Stelle zu sagen erlaubt ist, doch tief betrübt das Haupt wiegen, nachdem die Synode einer Nachbarlandeskirche in der Frage der Zulassung zum Abendmahl mit Mehrheit eine Entscheidung trifft, von der ihr Präses nur nachtragen kann, die Synode sei damit offenkundig von den Grundlagen der Bekenntnisse abgewichen. Ich frage mich, wie man Pfarrer auf die Bekenntnisschriften ordinieren kann, wenn eine Synode sich darüber hinwegstimmen darf.

Ähnlich verhält es sich mit der Frage der Segnung gleichgeschlechtlicher Lebensgemeinschaften, wobei hier – wenn diese weitere Analogie zu den politischen Formen erlaubt ist – Probleme des Föderalismus sich mit solchen der nackten Mehrheitsbildung überkreuzen. Vorausgeschickt sei: Ich mache zum einen keinen Hehl daraus, dass ich selber politisch und gesetzgeberisch für eine institutionelle, freilich nicht ehe-analoge Lösung der Frage optiert habe. Ich bekenne sodann, dass ich darüber hinaus große Probleme hätte, ein eigenes Kind in den ewigen Sünderstatus zu stoßen und dem Segen Gottes zu entziehen, wenn es sich mir als gleichgeschlechtlich offenbaren würde. Aber in der Frage einer kirchlichen Begleitung oder Segnung sähe ich mich außerstande, das Ringen um einen schrift- und bekenntniskonformen, also um einen geistlich überzeugenden *magnus consensus* mit formal demokratischen Prozeduren sozusagen abzuwürgen oder in einem Tohuwabohu versickern zu lassen.

Jemand, der verschiedentlich für Ämter in unserer Kirche – teils erfolgreich, teils erfolglos – kandidiert hat, der soll sich nicht wehleidig zeigen. Aber was ich bei der Vorbereitung solcher Wahlen gehört und erlebt habe, es ging dabei überwiegend um andere Betroffene, erinnerte mich doch zuweilen an die sarkastischsten der Kritiker der politischen Demokratie. Vielleicht sollten wir uns gelegentlich doch fragen, wie wir im Protestantismus bei Wahlen mit Menschen umgehen. Man kann ja über die katholische Kirche seine Gedanken haben, aber mich hat es immer wieder beeindruckt, dass mir Bischof Karl Lehmann erzählte, er wisse bis heute nicht, wer neben ihm auf der Mainzer Dreierliste gestanden hatte. Es müsste in unserer Kirche also eine Möglichkeit geben, der Alternative zwischen einseitigen, geheimen Autoritätsentscheidungen und der öffentlichen Abnutzung von Personen zu entgehen. Und es gibt diese Wege hier und dort ja durchaus.

Ein letztes praktisches Beispiel: Dieser Tage erhielt ich als Synodaler der EKD eine Einladung zu einem vorsynodalen Zwischentreffen jener Gruppe, der ich mich in etwa angeschlossen habe. Einer der vorgesehenen Tagesordnungspunkte soll der Frage gelten, wie man verbindliche Absprache treffen und auch einhalten könne. Ein solches Projekt widerspricht nicht nur dem, was der vormalige Präses Jürgen Schmude anlässlich der Leipziger EKD-Synode im Mai 2003 noch einmal feierlich manifestiert hatte, dass nämlich die synodalen Gesprächskreise eben gerade *nicht* solchen Fraktionsabsprachen dienten, sondern es widerspricht zutiefst meinen geistlich etwas anspruchsvolleren Vorstellungen von der Freiheit eines Christenmenschen und der Überzeugungsbildung unter mündigen und einander insgesamt zugewandten Christen – denn schließlich sind es doch nicht wir, auch nicht die Mehrheiten unter uns, welche die Kirche regieren, sondern eben Christus und sein unter uns – hoffentlich! – wirksamer, erbetener Geist.

Das stehe nun am Schluss! Protestanten in der Demokratie, Demokratie im Protestantismus: Wir haben uns *in summa*, so denke ich, vor beiden Gefahren zu schützen – vor einer theologischen Überforderung, ja Abwertung politischer Entscheidungsfindung ebenso wie vor einer demokratischen Unterforderung und Aufwertung unserer kirchlichen Entscheidungsprozeduren. Und wenn wir uns mit irgendetwas gläubig zu identifizieren haben, dann mit Gottes Gerechtigkeit, nicht aber mit unserer Selbstgerechtigkeit, auch dann nicht, wenn sie Mehrheiten erfasst.

Säkularisierung und Selbstsäkularisierung

Stichworte für eine Diskussion

Unter dem Stichwort »Säkularisierung« sprechen wir in Wirklichkeit über – Gott und die Welt. Aber nicht eben so: über alles und jedes. Sondern über unser Verhältnis zu Gott und zu seiner Welt. Diese Welt ist Gottes Schöpfung; sie ist nicht zu erklären *ohne* Gott. Aber es gilt zugleich auch dieses: Gott ist *mit* dieser Welt nicht zu erklären, es gibt keine *analogia entis*. Doch diese Welt will beides zugleich sein: ohne Gott – und zugleich ihr eigener Gott. Gott hat diese Welt geschaffen – aber diese Welt schafft sich fortwährend Abgötter.

Wir werden uns also aller Naivität und Vereinfachung zu enthalten haben. Soviel würden ja die Christenmenschen heutzutage zugeben: Dass wir kein naives Verhältnis zur Welt haben können, jedenfalls kein naiv zustimmendes. (Eine andere Frage wäre allerdings: Wäre ein naiv ablehnendes Verhältnis zur Welt denn um so vieles klüger?) Wenn wir also gerne davon absehen möchten, naiv von der Welt zu reden – wie kommt es, dass wir bereit sind, naiv von der Schöpfung zu reden – etwa, um bewusst provozierend zu reden, von Friede, Gerechtigkeit und Bewahrung der Schöpfung?

Die Alten waren da noch nüchterner: Sie kannten die Schöpfung nur als »gefallene« Schöpfung. Die Welt, also: die Schöpfung verdankt sich Gottes souveräner Creation.

Aber Gott erweist sich eben darin als souveräner Schöpfer, dass er sich – und zwar aus dem Nichts – nicht bloß Marionetten und keine große Maschine als Gegenüber geschaffen hat, sondern eine ganze Welt, darinnen – unter vielen anderen Lebewesen, die bitte nie zu vergessen – lauter freie, eigenwillige und eigensinnige Menschen, Menschen, die nur als Freie fähig zur Verantwortung sind. Wer freilich freigesetzt ist zur Verantwortung, ist notwendig auch frei dazu, diese Verantwortung zu verfehlen. Er ist frei dazu, auf die Frage: »Wo bist Du, Adam?« weder die Antwort zu wissen, noch gar den Fragesteller zu kennen. Das gehört zur Freiheit in der säkularisierten Welt – aber es gehört zu dieser Freiheit als genuines Attribut zu Gottes Schöpfung.

Die Sache ist also viel komplizierter, als sie sich auf den ersten Blick ausnimmt! Die Welt und die Schöpfung – ist das denn ein und dasselbe? Und wenn nicht: Was gehört eigentümlich zur Schöpfung – und was gehörte etwa nicht dazu? Oder anders gefragt: Was genau an der Schöpfung ist nun bewahrenswert – und was etwa nicht? (Wir lassen ja auch nicht alles im Garten unterschiedslos wachsen und wuchern.) Und wenn wir nicht einfach Schöpfung und Natur miteinander in eines setzen wollen: Was über die Natur hinaus zählt zur Schöpfung – was aber an der Natur hätten wir abzuziehen, bevor wir von der reinen Schöpfung reden könnten?

Diese Warnung vor schnellen und naiven Identitäten und Gleichsetzungen ist nicht so haarspalterisch, wie sie klingen mag. Es ist ja nicht so lange her, dass ein konservatives Luthertum in den sogenannten Schöpfungsordnungen gewissermaßen zuverlässig Gottes Schöpferwillen ablesen wollte, bis hin zum Volk und zur Nation und zum deutschen Lebensinteresse. Ich habe noch sagen hören: Der liebe Gott habe schließlich gewusst, was er tat, als er als Schöpfer die Menschen in verschiedene Rassen einteilte (weiß, braun gelb und schwarz – und nicht zuletzt: arisch – und nicht-arisch) – und da hätten wir kein Recht, das zu ignorieren und zu verwischen, gar zu vermischen. Nun, so würde heute kein Christenmensch mehr reden, jedenfalls nicht offen.

Oder – um auf andere Weise zu provozieren und denselben springenden Punkt zu berühren: Wenn Gott die Menschen säuberlich in Frauen und Männer eingeteilt hat – lässt sich daraus nicht allerhand Verbindliches ableiten? Ohne dass ich das jetzt allzu sehr vertiefen möchte: Mir scheint, dass wir die Gabe und die Anforderung der überaus empfindsamen und empfindlichen Aller-Nächstenliebe nicht naiv als ein Problem der Anatomie, sondern als eine Frage der Theologie zu traktieren hätten. Und das eben hat im Kern damit zu tun, dass es in der gefallenen Schöpfung nichts gibt, was man aus der Natur oder der Welt einfach und zuverlässig abzulesen hätte. Es kann eben, so betrachtet, keine *analogia entis* geben, keinen Rückschluss aus dem Sein der Welt auf Gott selber. Das Wort Gottes trifft seinerseits nicht distanzlos auf diese Welt, die ja eben mit dem Wort gerade nicht identisch ist. Diese Distanz muss je und je überwunden werden: Im Glauben und – weil es den Glauben auch nicht distanzlos gibt – im Denken zugleich.

Wenn wir also unser Verhältnis zu Gott und zur Welt (oder zur Schöpfung, zur Natur, zur Gesellschaft und Wirtschaft) betrachten, dann kann es keine naive Schlichtheiten geben, keine distanzlose Gleichsetzungen, keine unkritischen Verhältnisbestimmungen – kurzum:

keine einfachen Antworten und Bestimmungen. So wie das *simul iustus et peccator* für jeden einzelnen Christenmenschen gilt, so gilt das *geschaffen und gefallen zugleich* für die Welt insgesamt. Wobei ich für den Zweck der hier vorzutragenden Überlegungen vorschlage, unter »Welt« vorwiegend die politische, wirtschaftliche und gesellschaftliche Wirklichkeit zu verstehen, also jenen Teil der Welt, den wir nicht als naturwüchsig vorfinden, sondern als von Menschen erdachte und gesetzte Ordnung haben entstehen sehen; obgleich wir ja gerade gesehen haben, dass die Trennlinien selbst zwischen diesen Sphären alles andere als eindeutig sind – und schon gar nicht naiv etwa so gezogen werden können: Alles Naturwüchsige ist schon potentiell nur gut, und das von Menschen selbst Gesetzte – und nur das! – ist potentiell Böse. Es hat eben alles – zumindest – seine zwei Seiten, zum Beispiel, um nun ins Zentrum unseres Themas vorzustoßen, die Säkularisation vor zweihundert Jahren.

Die Säkularisation, also die Aufhebung der geistlichen Herrschaften um 1803 darf nicht allein interpretiert werden im Raster anti-kirchlicher Maßnahmen. Was wir bisweilen auch als Säkularisierung bezeichnen, ist nur ein Ausschnitt aus einem viel weiter ausgreifenden Projekt. Zum einen will Napoleon I. sich nach Deutschland hin absichern und schafft deshalb den Rheinbund. Damit auf diese Weise aber einigermaßen brauchbare Territorialstaaten in einem quasi-modernen Sinne entstehen, werden zum anderen alte Streuherrschaften zusammengekehrt, überständige Feudal- und Klerikalherrschaften also in einem Modernisierungsprozess eingezogen. Natürlich hatte dies auch mit der Konzentration von politischer und wirtschaftlicher Macht zu tun, auch mit

Machtspielen und nackten Tauschgeschäften – und dabei geriet viel Tradition unter die Räder, auch (und vor allem) lebensuntüchtige und überständige.

Dass die Kirchen und Klöster dabei um beträchtliches Vermögen gebracht (und anschließend mit bis heute anhaltenden Entschädigungen bedacht) wurden, liegt auf der Hand – und es wird sie damals geschmerzt haben. In der längeren Perspektive kann man diesen Vorgang aber auch verstehen als eine Befreiung der Kirchen und kirchlicher Einrichtungen von einer je länger, je mehr: fatalen Doppelrolle, nämlich von der Zwitterbildung aus politischer Macht und geistlicher Vollmacht. Diese, wenn man so will: erste Trennung von Staat und Kirche hat übrigens die katholische Kirche politisch stärker getroffen (und befreit) als den Protestantismus. Politische Herrscher, die zugleich Kleriker waren, gab es jedenfalls seither auf katholischer Seite nicht mehr in den deutschen Landen. In den evangelischen Territorien aber blieb es bis 1918 beim *summus episcopus*, also bei der in der Person des Landesfürsten identischen geistlichen und weltlichen Herrschaft, wie immer weit da oder dort sich das theologische Kirchenregiment relativ verselbständigt hatte.

Wie auch immer: Die Säkularisation zu Beginn des 19. Jahrhunderts war möglicherweise eine Überlebensbedingung für die beiden christlichen Kirchen. Ich kann mir jedenfalls nicht vorstellen, wie geistliche Herrschaften mit den Modernisierungsprozessen des 19. Jahrhunderts politisch, wirtschaftlich und sozial hätten zurechtkommen können – erst mit der unvollständigen Bauernbefreiung, dann mit der frühen und späteren industriellen Revolution, dann mit den politischen Revolutionen zwischen 1830 und 1849, den letztlich gescheiterten. Das ist die politische Seite. Ich denke aber auch, die Kirchen wären auch als Kirchen beschädigt worden, wären sie nicht dazu befreit worden, nur noch Kirchen zu sein – und nicht mehr weltliche Herrscher zu bleiben. Im Berlin des späten 19. Jahrhunderts kann man ja sehen, zu welchen Blüten ein politisch mit dem Kaisertum verbandeltes Kirchentum geistig und geistlich führen kann. Man braucht sich nur die Kriegspredigten aus dem 1. Weltkrieg durchzulesen. Die Trennung zwischen politischer Macht und geistlicher Vollmacht hätte schon viel früher und viel entschiedener einsetzen müssen. Aus dieser Trennung folgt nun keineswegs die politische (und soziale) Apathie der Kirchen, im Gegenteil: Erst aus dieser Trennung heraus kann die Kirche an und mit der Welt leiden (und sich in ihr freuen!) – ohne sie autoritär beherrschen zu wollen.

Die Kirchen jedenfalls – und hier wieder: besonders die protestantischen Staats- und Landeskirchen – haben die industriell-gesellschaftliche Revolution seit der Mitte des 19. Jahrhunderts weithin verkannt und verschlafen. Es ist ja kein Wunder, dass das Kommunistische Manifest, dass Wicherns Wittenberger Rede und die Gründung des Zentralkomitees der deutschen Katholiken ins selbe Jahr 1848 fallen. Ich vermute nur, dass die Kirchen die Zeit noch weniger erkannt hätten, wenn es die Säkularisation der geistlichen Herrschaften zuvor *nicht* gegeben hätte.

Ich will all diese Erfahrungen in einem Paradox sammeln: Die Kirchen müssen auf Macht verzichten, damit sie Einfluss ausüben können. Ausführlicher gesagt: Die Kirchen müssen auf politische Macht verzichten, damit ihre Predigt und Mahnung um ihres geistlichen Motivs willen gehört werden kann und nicht mehr unter dem Verdacht besonders raffinierter oder besonders plumper Machtausübung stehen muss. Das bedeutet zwar, dass die Kirchen völlig einflusslos bleiben, wenn es ihnen nicht gelingt, allein um der Sache, der Sache Gottes willen, die Bürger zu überzeugen; der Verzicht auf Macht ist aber zugleich die Voraussetzung dafür, dass sie die Bürger wirklich überzeugen und allein über deren freies Gewissen erreichen können. Gewiss, manchmal könnte man versucht sein, den Umweg über das Gewissen abzukürzen, wenn's ginge: *par ordre du Mufti*; manchmal käme dabei vielleicht sogar schneller eine bessere Lösung des akuten Problems zustande. (Manchmal wäre man sogar gerne für einen kleinen Augenblick gerne hierarchisch-katholisch.) Aber am Ende käme eben eine Kirche heraus, die nicht (mehr) auf der freien Glaubensüberzeugung und selbständigen Gewissenhaftigkeit ihrer Glieder ruhte.

Die Säkularisation brachte also – oberflächlich, aber eben nur oberflächlich betrachtet – einen Bedeutungsverlust, einen Verlust an unmittelbar wirksamer Bedeutung der Kirchen mit sich. Nun haben auch Sie in Ostdeutschland die Erfahrung eines solchen Bedeutungsverlustes gemacht – nach 1989. Unter den Bedingungen einer Diktatur haben regimekritische Gruppen zwar nichts zu sagen, aber was sie sagen, hat eben doch eine gesteigerte Bedeutung, was sich schon am Verfolgungsdruck ablesen lässt. Wenn aber eine Diktatur zusammenbricht und die Dekompression in die offene Gesellschaft stattfindet, dann kann man zwar mit einem Mal sagen, was man will, muss aber doch damit rechnen, dass nicht einmal mehr die Stasi mitschreibt. Diese Erfahrung will erst auf ihre Weise verarbeitet werden.

Und sie kann sinnvoller Weise nicht so verarbeitet werden, dass man die polemische Schärfe seiner Äußerungen so weit anheizt, bis man doch einmal öffentlich auffällt. Kostet es unter der geschlossenen Glocke einer Diktatur erhebliche Zivilcourage, auch nur das Selbstverständliche zu sagen, so kann es in einer offenen Gesellschaft ebenso viel Zivilcourage verlangen, wiederum nur das Selbstverständliche zu sagen – und nicht etwa jenes Übersteigerte, das in einer Mediengesellschaft mit Prominenz prämiert wird.

Die Säkularisation brachte (und bringt in ihren heutigen Formen) also einen Verlust an unmittelbarer Bedeutung für die Kirchen mit sich – aber diese Beschneidung, ja Aufhebung unmittelbarer weltlicher Macht ist dringend geboten, damit die Kirchen zu ihrer wahren Bedeutung und zu ihrem allenfalls legitimen Einfluss zurückkehren können. Wer Krücken benutzt, auch Krücken der Macht, verlernt den aufrechten Gang des Arguments – und des Glaubens.

Wir verstehen unter Säkularisierung – und nun sprechen wir nicht mehr von Säkularisation als einem historisch abgeschlossenen Ereignis – jedoch zugleich einen ganz anderen, einen andauernden Prozess, nämlich nicht nur die Verweltlichung politischer Herrschaft, sondern auch die Aufhebung geistlicher Herrschaft (oder: Dominanz), sozusagen die Verweltlichung der Welt. Wir sprechen dann von einer Gesellschaft, in der die Religion als dominante geistige Größe abgelöst wurde durch den wissenschaftlichen Rationalismus, in dem gewissermaßen nur noch gilt, was wissenschaftlich positiv zu beweisen ist – eine Gesellschaft, in der nichts mehr heilig ist.

Auch hier hat die Sache wiederum ihre – mindestens – zwei Seiten. Wir müssen uns heute nicht darüber unterhalten (und beklagen), was aus einer Welt wird, die nicht mehr kennt als einen blutarmen Rationalismus und die einer positivistischen Wissenschafts-, Technik- und Machbarkeitsgläubigkeit verfällt. Gegen diesen anämischen Aufklärungsbegriff haben wir auch und gerade als evangelische Christen festzuhalten an einer entschiedenen Aufklärung, die derart radikal vorgeht, dass sie die Grenzen der Aufklärung selber zum Gegenstand ihrer aufklärerischen Anstrengungen macht.

So wie die Säkularisierung letztlich ein legitimes Kind recht verstandener christlicher Theologie ist, so ist die Entsakralisierung der Welt eine notwendige Voraussetzung christlicher »Weltanschauung«. Rechte Theologie ist nämlich zuallererst – Religionskritik. Und Religionskritik – das ist die scharfe Unterscheidung zwischen Gott und Götze, zwischen heilig und scheinheilig. So verstehe ich eine richtige Auslegung des 1. Gebots: Nur Gott ist heilig, sonst keiner und nichts. Nicht unser Land, unser Westen, nicht unser Markt und nicht euer Sozialismus. Und nicht irgendein Gott ist heilig, sondern der eine Gott, der sein Volk Israel aus Ägyptenland geführt hat. Die Welt als weder heilig noch scheinheilig, sondern als säkular, eben als: Welt zu entdecken, heißt, sie mit dem 1. Gebot als jenen sachlichen Raum zu entdecken, in dem wir als Christen unsere existentielle Verantwortung erst sachgerecht wahrnehmen können. Die Säkularisierung der Welt ist so gesehen ein eminent theologischer und notwendiger Vorgang. Friedrich Oberlin in Waldersbach (Elsass) hat seine schlichten Dörfler unablässig angehalten, Naturkunde und Wissenserwerb zu betreiben, denn nur wer sich aufs Äußerste anstrenge, die Welt in ihren Gesetzlichkeiten und Wirkweisen zu erkennen, könne dem Auftrag nachkommen, Gott in dieser Welt zu dienen. Wer nicht weiß, wovon er redet, kann nur Unsinn reden. Und wer nicht weiß, wo er lebt, kann keine Weltverantwortung wahrnehmen. Wir haben uns als Kirche (und als einzelne Christen) also vor beidem zu hüten – vor allzu schnellem Heiligsprechen dessen, was uns gefällt, und auch vor allem zu schnellen Verfluchen dessen, was uns nicht passt – das gilt in der Politik wie in der Wirtschaft wie in der Naturwissenschaft wie in der Gesellschaft.

Und von den Dingen, über die wir Christen reden, sollten wir weltlich auch etwas wissen und verstehen. Es gibt zwar Experten, die vor lauter Bäumen den Wald nicht mehr sehen – aber wer noch nie einen Baum gesehen hat, sollte sich nicht in forstwirtschaftliche Gespräche einmischen.

Wenn denn also diese aufklärerische Säkularisierung der Welt einem Akt der theologischen Unterscheidung zwischen Gott und Götze, zwischen heilig und scheinheilig folgt, so haben wir erstens diese Unterscheidung weiter zu pflegen und zweitens uns in der Weltkenntnis soweit zu befleißigen, wie das eben geht – und sei es, dass wir uns wenigstens in den Stand setzen, wirkliche Experten in deren Sache zu verstehen. (Dass dies einen vertieften theologischen Bildungsauftrag auch der Geistlichen keineswegs aufhebt, braucht nicht betont zu werden.) Dann bleibt immer noch die Notwendigkeit, zu unterscheiden, was ein theologisch qualifiziertes Argument einer Diskussion unter Experten hinzuzufügen vermag, und wo wir dazu neigen, hinter geliehenen Expertenmeinungen einfach nur hinterher zu reden. Als

Faustregel kann dabei folgende Formel dienen: Es gibt grundsätzlich nichts in den Bereichen der Weltverantwortung, wozu die Kirche (oder besser: die einzelnen Christen) aus Prinzip zu schweigen hätten – aber es gibt nichts, wozu sie sich äußern sollten, sofern sie nicht den spezifisch christlichen oder kirchlichen Grund, ja: geradezu die Notwendigkeit ihrer Äußerung vorweisen können. Was alle andere auch sagen können, das gerade braucht die Kirche nicht zu sagen.

Was aber ist nun dieses Spezifische der kirchlichen Redeweise? Damit kommen wir nun zum dritten Aspekt unseres Themas, nämlich zur Selbstsäkularisierung der Kirche. Dieses relativ neue Stichwort will besagen, dass die Kirchen und ihre Diener und Glieder in der Gefahr stehen, einer gewissen Verflachung, Trivialisierung, Ent-Profilierung der Kirche selber Vorschub zu leisten. Das kann geschehen durch Achtlosigkeit und Banalität in liturgischen Vollzügen, durch Theologieverlust in Predigt und Unterweisung, durch Überanpassung an die scheinbar oder wirklich kirchenfremde (oder: kirchenfeindliche) Umwelt, durch die Flucht in eine Niedrigschwelligkeit, die sich als Offenheit für andere gibt, aber eben auch eine Form von Selbstverweigerung sein kann.

Es ist bei diesem Stichwort allerdings sehr genau darauf zu achten, dass sein Gebrauch nicht in eine wiederum flache Pauschalkritik ausartet – und ganz gewiss kann die Auseinandersetzung mit solchen Tendenzen zur Selbstsäkularisierung nicht geleistet werden, indem man sich flüchtet in eine auf ihre Weise wiederum banale Restauration traditioneller (oder sagen wir: vor-traditioneller) Kirchlichkeit.

Ich spreche zunächst aus westdeutscher Perspektive: Worum es bei alledem geht, möchte ich deutlich machen an jener Formel Dietrich Bonhoeffers, die ja für die Kirche in der DDR von besonderer Bedeutung war, bis hin zu der vagen Formel »Kirche im Sozialismus«, also an jener Formel: »Kirche für andere«. Das Element »für andere« ist uns zu recht unverlierbar eingeschärft worden. Eine Kirche, die nur um sich selber kreist, kann keine Kirche Jesu Christi sein. Aber nun auch das Gegenstück: Es heißt immer noch und allemal: *Kirche* für andere. Es ist eben nicht möglich, sich mit der Selbstverpflichtung »für andere« von der Frage zu entpflichten: Was heißt dabei »Kirche«? (Und schon gar nicht ist es möglich, sich ausgerechnet durch die Berufung auf einen christlichen Märtyrer die Sache der Theologie zu einfach zu machen, etwa mit Formeln wie der vom »religionslosen« oder »anonymen« Christentum« oder vom »mündigen Menschen« …) Oft genug aber haben wir, jedenfalls im westdeutschen Nachkriegsprotestantismus diese Reflexion auf das Kirche-Sein suspendiert, weil wir ja *für andere* da sein wollten oder da-zu-sein behaupteten. Wir können aber nicht bei anderen sein, wenn wir nicht zugleich spezifisch bei uns sind. »Kirche für andere« – dieses Gebot verweist uns auf die Zuwendung zur Welt, nicht aber auf die Anpassung an die Allerwelts-Welt.

In der deutschen evangelischen Christologie des 19. Jahrhunderts hat das Stichwort *»Kenosis«* eine wichtige Rolle gespielt. Vor der Herausforderung, das christologische Paradox »wahrer Mensch und wahrer Gott« gewissermaßen unanstößig für den (damals) modernen Menschen weiterzusagen, hat man die Lösung in der These gesucht, Jesus habe sich seiner göttlichen Natur sozusagen aus göttlicher Souveränität selber entäußert. Der biblische Bezug für diese These findet sich in Phil 2,6–11, hier 7: »sondern entäußerte sich selbst und nahm Knechtsgestalt an«. Es ist gewiss zu einfach, dagegen zu sagen: raffinierter kann man den »wahren Gott« nicht aus der paradoxen Gleichung eliminieren – als sozusagen göttliche Selbstentgöttlichung. Aber wie immer wir den Topos der Kenosis in diesem christologischen Zusammenhang zu verstehen haben (wir kommen darauf zurück!), einer bestimmten Verwechselung dürfen wir freilich nicht erliegen – derjenigen zwischen »Christus als in seiner Kirche präsent« und uns als Gliedern *seiner*, und eben streng genommen: *nicht unserer* Kirche. Denn jedenfalls uns steht jene Souveränität Gottes nicht zu, aus der eine Vollmacht zur Selbst-Entäußerung allenfalls hervorgehen könnte. Mit anderen Worten: Wir haben nicht das Recht zur Selbstentäußerung der Kirche. Es ist uns nicht erlaubt, die Gestalt der Kirche vor der Welt zu verbergen, abzuschleifen, zu banalisieren. In einem: Uns ist die Selbst-Säkularisierung der Kirche regelrecht untersagt. Eine Kirche, die nicht mehr Kirche sein wollte, könnte als solche nicht mehr für andere da sein.

In der kirchlichen Praxis einer, wie es uns vorkommt, durch und durch säkularisierten Welt scheinen dies sehr steile, sehr abstrakte Thesen zu sein. Ich kann mir die Enttäuschung über den Abbruch der offen sichtbaren Kirchlichkeit gut vorstellen und meine, ich könnte ahnen, wie es in Gebieten sein muss, in denen dieser Prozess noch weiter fortgeschritten ist, als ich es mir vielleicht vorstellen kann. Indessen sagt mir meine begrenzte Erfahrung: Jene, die unserer Kirche distanziert zusehen, verlören jeden Respekt, neigten gar zur Verachtung, wenn wir unser Profil aus lauter Verzweiflung völlig abschliffen.

Säkularisation, Säkularisierung, Selbstsäkularisierung – das waren bis hierher unsere Stichworte. Die Säkularisierung der Welt als notwendiger Prozess, die Selbstsäkularisierung der Kirche als Tabu. Aber so wie die Säkularisierung ihre Doppelgesichtigkeit hat, ist nun auch noch in kurzen entschiedenen Sätzen von der *wahren* Seite der Selbstsäkularisierung zu sprechen.

Wenn es eine legitime Weise der Selbstsäkularisierung gibt, wenn es überhaupt einen Sinn ergibt, von jener Kirche zu reden, der die Selbstsäkularisierung verboten ist, so verweist uns dies auf jene Selbstsäkularisierung, von der im Stall von Bethlehem die Rede ist. Dass Gott Mensch wird, dass Gott, wie es die späteren Legendenbilder zeigen, in einem Futtertrog bei Ochs und Esel und vor räudigen, ausgegrenzten, *outgesourcten* Hirten – wörtlich: – zur Welt kommt, sich also selber säkularisiert, das ist jenes Wunder, von dem wir als Christen leben. Für den Menschen der Antike musste diese *Geburt* eines Gottes ebenso ein unerhörter Skandal sein wie sein *Tod* am Kreuz. Es bleibt mir immer noch unerfindlich, wie diese Geburt im Stall für uns zu einer süßen Idylle, sozusagen zu einem theologischen Schäferstündchen, trivialisiert werden konnte. Dass Gott Knechtsgestalt annimmt, sich also mit Phil 2,7 »entäußert«, unterscheidet ihn, wenn wir so reden wollen: von allen anderen Göttern, die sich solches nie zumuten würden, zumal da eben der gewöhnliche Sprachgebrauch unter einem »Gott« eher eine erhabene, unberührbare, a-pathische Größe versteht. Das aber ist der kategorische Unterschied zum Gott der Christen, zu jenem »wahren Gott«: Dass er als sympathischer, als mit-leidender Schöpfer ganz bei seinen Geschöpfen ist – und zugleich ganz bei sich. Diese Kenosis (»und nahm Knechtsgestalt an«) bezeichnet gewiss die Nähe Gottes zu den Menschen (bis ans Kreuz!) – nicht aber die Entfernung Gottes von sich selber.

Christliche, genauer: kirchliche Existenz (und das eine ist, recht verstanden, ohne das andere letztlich nicht zu haben, kann nichts anderes bedeuten, als diese Bewegung mit unseren schwachen Kräften nachzuahmen (als *analogia Christi*, nicht als *analogia entis*): Immer Kirche *für andere*, immer *Kirche* für andere.

Die Grammatik der Kirche

Die Aufgabe von Akademien: Kirche im Konjunktiv

Den letzten beißen die Hunde! *Sie* haben fünfzig Jahre der Akademiearbeit hinter sich – und: in sich. Ich hingegen habe die Akademiearbeit erst noch vor mir, in jener Evangelischen Akademie zu Berlin, die erst seit kurzem in ihrer spezifischen Verfassung existiert – übrigens die letzte der konfessionellen Akademien, die (wenn wir die geistigen und die finanziellen Zeichen heute richtig deuten) in diesem Lande gegründet worden sein wird. Es heißt zwar in Matthäus 19, Vers 30: »... die Letzten werden die Ersten sein«. Aber was berechtigte ausgerechnet die Letzten, nun die Ersten zu würdigen?

Als Ersatz für eine ordnungsgemäße Legitimation biete ich Ihnen einen Teil meiner Biographie an. Nicht nur habe ich meinen ersten Schul-Unterricht auf dem Boden dieses Bundeslandes erhalten, sondern auch meinen ersten Religionsunterricht – und zwar als katholischen Religionsunterricht just auf dem Boden dieses Bistums, als Protestant in einer Zwergschule auf der schwäbischen Alb. Dürrenwaldstetten hieß die Gemeinde, Karl Anton Maier der Landrat, Knupfer der Bürgermeister, Seidenfuß der Lehrer. Heute gehört Dürrenwaldstetten zur Gemeinde Langenenslingen; von dort stammt der Kardinal und Bischof Karl Lehmann her.

In Wirklichkeit wohnten meine Eltern einige wenige, für das Kind aber sehr lange und abenteuerreiche Kilometer Waldweges von Dürrenwaldstetten entfernt auf einem einsamen Gehöft, einer Staatsdomäne. War nachmittags Schule angesetzt, so durfte ich als Pensionsgast im katholischen Pfarrhaus zu Mittag essen, lernte dort schon die Menschlichkeit, zugleich die menschliche Unvernunft auch geistlicher Personen aus der Nähe kennen – der Pfarrer rauchte nämlich, seinen ernsten Herzbeschwerden zum Trotz, nach dem Essen eine schwere *Brissago*, wenn Sie noch wissen, was das ist. Wir waren angehalten, wann immer wir ihm im Dorf begegneten, ihn mit den Worten »Dominus vobiscum« zu begrüßen – und das »et cum spiritu tuo« gehörig abzuwarten. Als der gute und schon recht alte Mann, der sich – dies ganz ohne Ironie berichtet! – bei den Essensgesprächen auch um mein und meiner Familie Seelenheil ernstlich bekümmerte (dass mein jüngster Bruder nicht unverzüglich nach der Geburt getauft wurde, bereitete ihm ganz erhebliche Pein) – als der Mann wenig später starb (er konnte eben noch ein paar Tage zuvor, arg am Herzen geschwächt, in sein heimatliches Donautal zurückkehren), läuteten im Dorf die Glocken eine ganze Stunde. Darauf bekamen wir einen aus der – wie man damals sagte: – Tschechei vertriebenen, geflohenen Pfarrer, dessen noch unsicheres Deutsch recht fremd in unseren Ohren klang.

Ein Zeitsprung: Im Jahr 1983 machte ich für ein paar Wochen Ferien auf der Alb – auf einem Nachbarhof des einstmals elterlichen Gehöfts. Es zog mich nach Dürrenwaldstetten, der inzwischen neuen Orgel wegen. Dort klingelte ich also bei dem nämlichen Pfarrer, bei Monsignore Kupovec – er ist erst vor gar nicht so langer Zeit gestorben. Ob ich wohl während der Ferien auf seiner Orgel gelegentlich üben dürfte? – Wieso dieses? – »Weil ich vor ein paar Jahrzehnten bei Ihnen Religionsunterricht hatte!« – Es gab wohl nur einen Buben, der jemals aus seinem Gesichtskreis fortgezogen war, denn er antwortete freudig erstaunt – und vollkommen wahrheitsgemäß – aus der Pistole wie folgt: » s'Robertle? Der hat doch immer die Schule geschwänzt!« Von der schwäbischen, katholisch geprägten Zwergschule im (damals) Bistum Rottenburg, ein Jahr vor der Gründung dieser Akademie dort eingeschult, zur Evangelischen Akademie zu Berlin – um alle anderen Wege und Orte auszulassen: Vielleicht gründet insgeheim hierin die Einladung und Berechtigung, zum 50jährigen Jubiläum der *Akademie der Diözese Rottenburg-Stuttgart* einen Vortrag zu halten.

Über die Grammatik der Kirche! »Schon wieder Grammatik!«, werden Sie in Erinnerung an Ihre Schulzeit, auf der Alb oder anderswo, stöhnen. Wahr ist's – alle Grammatik ist schwer, will aber beherrscht werden. Sonst gibt es viele Missverständnisse, nicht nur zwischen mir und mich, zwischen mein und dein, sondern auch zwischen Gott und den Menschen, zwischen den Kirchen und ihren Akademien. Ich bitte Sie also um Nachsicht und Aufmerksamkeit für ein kleines Kolleg in theologischer Grammatik.

Die Grammatik strukturiert nicht nur unsere Sprache, sondern durch die Sprache auch alle unsere Beziehungen und Verhältnisse, von Mensch zu Mensch, zwischen Gott und den Menschen – auch zu uns selbst. *Sicut erat in principio et nunc et semper et in saecula saeculorum* – welcher allumfassende Zeitraum wird hier in seiner Tiefe und Weite kulissenhaft strukturiert und schattiert. Für das, was in dieser liturgischen Formel gemeint ist, könnten wir auch schlicht und einfach (und logisch ebenso zureichend) sagen: *Immer!* Aber was wäre dies für eine ärmliche, ja beziehungsarme Richtigkeit?!

»Im Anfang war das Wort«, so beginnt der Initiationshymnus des Johannesevangeliums. Und mit dem Wort war da die Grammatik – die souveräne Struktur des schöpferischen Wortes. Übrigens auch – und dies ist keine Wortklauberei: Zugleich die schöpferische Struktur des souveränen Wortes. Dies freilich ist schon ein doppeltes Paradox: Denn wie könnte etwas – Gott! – souverän sein – und zugleich einer Struktur unterworfen. Aber das ist eben die sowohl souveräne als auch schöpferische Gottheit Gottes: Dass er nicht in souveräner Isolation bleiben, dass er nicht beziehungslos sein will, sondern sich den Menschen zum Ebenbilde und darin nicht nur zum Objekt, sondern zum *freigesetzten Subjekt* seiner Beziehungen wählt.

Die Genesis hingegen hebt an mit den Worten: »Am Anfang schuf Gott Himmel und Erde. Und die Erde war wüst und leer«. Wüst und leer – im Hebräischen steht an dieser Stelle: *Tohuwabohu.* Die englische Bibel übersetzt in der King-James-Version: *without form, and void* – ungeformt und leer. Also: das Chaos. Etwas – und ein Nichts zugleich, also noch nicht einmal ein, noch kein Durcheinander – sondern zunächst ein *Ohne-einander.* Reine Beziehungslosigkeit! Wer denn auch mit wem?

Das ist zunächst ein weiteres Paradox: Denn wie könnte etwas von Gott Geschaffenes ohne Beziehung sein zum Schöpfer? Freilich setzt in Vers 3 des 1. Kapitels der Genesis sogleich der schöpferische, souveräne Sprachakt ein: *Und Gott sprach: Es werde Licht! Und es ward Licht.* Das ist das, was wir in freier Entlehnung aus der Sprachwissenschaft eine »generative Grammatik« nennen können, eine schöpferisch erzeugende Grammatik.

Für den Anfang ist es durchaus notwendig, dass wir uns dies eine unbedingt klar machen: Wir können uns, ja, wir können schlechterdings überhaupt nicht anders denken als in Beziehungen. Beziehungen aber setzen die Sprache und ihre Grammatik voraus. Wenn jedoch unsere Sprache und unser grammatisches Repertoire verarmen, dann verarmt unsere ganze Welt. (Übrigens, und deshalb kommen wir darauf so pedantisch zu sprechen, auch unsere Kirche, und auch dieses: unsere Kirchen im Plural, als pluralistisches Phänomen.) Ein einfaches Beispiel aus dem Alltag: Wer benutzt noch den Plusquamperfekt, die Vorvergangenheit, und das Futur II, die zweite Form der Zukunft? In der Zeitungssprache werden einem diese Formen aus Gründen der Vereinfachung von übereifrigen Redakteuren gerne weggestrichen. Es mag schon sein, dass der Text sich dann einfacher liest – aber er berichtet dann auch nur noch aus einer mit einem Federstrich verarmten Welt.

Oder wer bediente sich schon in gewandter Weise der *Möglichkeitsform,* oder sagen wir es theologisch: der *Verheißungsform*? Aber wie sähe unsere Welt aus, wenn wir nicht mehr zwischen Wirklichkeit und Möglichkeit unterscheiden könnten – wenn schlechterdings allen Möglichkeiten keinerlei Zugang mehr zu den Wirklichkeiten offen stünde, wenn die Wirklichkeit ohne weitere Möglichkeiten existierte, und wenn wir verkennen müssten, dass unsere ganze Wirklichkeit auf die eine große Möglichkeit anlegt ist, auf dass nämlich das Unmögliche unserer Wirklichkeit eines Tages ihr verheißungsvolles Ende findet?

Eine solche Verarmung unserer existentiellen Grammatik wäre auch das Ende der christlichen Utopie. Doch schauen wir uns die Sache mit der Utopie etwas genauer an: Mit Utopie bezeichnen wir grundsätzlich einen Zustand, der nirgendwo – ou topos – anzutreffen ist, nirgendwo – und daher auch: nirgendwann. Folglich können wir über den Nicht-Ort *Utopia* auch vernünftigerweise nicht im Präsens sprechen, in der Gegenwartsform, und auch nicht im Indikativ, in der Wirklichkeitsform als von einem Istzustand. Wollten wir aber die Utopie ins Hier und Jetzt einholen, dann müssten wir uns des Imperativs bedienen, der Befehlsform – und dem Befehl zur Not mit Gewalt Nachachtung verschaffen. Das aber ist das Dilemma der gewöhnlichen Utopie und aller Revolutionen: dass sie mit Gewalt und Opfern erzwingen wollen, was aus freien Stücken nie zustandekommen will.

Die christliche Utopie – an sich ist, nach allem soeben Gesagten, dieser Begriff (Utopie!) hier völlig falsch angebracht – also: die christliche Hoffnung lebt aus einem eigenartigen *Zugleich* von Noch-nicht und Jetzt-schon (und einem ebenso eigenartigen *Unterschied* zwischen Noch-nicht und Jetzt-schon); und: diese Hoffnung setzt darauf, ja, sie glaubt, dass uns das eine wie das andere *ganz aus freien Stücken,* also: aus souveräner, schöpferischer Gnade zukommt, teils aus der Vorvergangenheit, teils im Futur II, und deshalb auch: als Gegenwart – im Präsens wie im Indikativ.

So viel, mit der Bitte um Nachsicht, zur Spaltung der Haare und Klärung der Begriffe. Nun aber näher und handfester zur Grammatik der Kirche – und dann zur Aufgabe der Akademien. Und hierbei unterscheiden wir vor allem zwischen der »Kirche im Indikativ« und der »Kirche im Imperativ«, also zwischen der Form des Seins und des Sollens.

Von außen betrachtet, und zwar in der säkularisierten wie in der vor-säkularisierten Welt, wird die Kirche vorrangig als eine Kirche des Imperativs wahrgenommen: Du sollst, Du sollst nicht, Du darfst nicht, Du musst … Beinahe als etwas Negatives: *Nicht* dies, *nicht* das … Fast gewinne ich den Eindruck, die Menschen seien – ob gläubig oder ungläubig – geradezu süchtig nach der Herrschaft dieses überwiegend negativen Imperativs; und als sei die Kirche selber darin eher menschlich als wirklich evangelisch, also – auch als katholische Kirche – wirklich vom Evangelium bestimmt. Haben wir denn ganz vergessen, dass schon im Alten Testament die Gebote ganz gegen ihren Anschein, ganz gegen unser zum Teil antijudaistisches Vorurteil *gnädige* Anleitungen, Gnadengeschenke zum Leben im Angesicht der göttlichen Gerechtigkeit und des göttlichen *shalom* waren. Man kann diesen Befund fast folgendermaßen zuspitzen: Auch wenn kein Mensch mehr an die Kirche glauben würde – an den Imperativ, an irgendeinen Imperativ glaubten sie noch immer: an den Imperativ an sich, an den negativen noch mehr als an den kategorischen.

Wie weit lässt sich die Kirche, wie weit lassen sich unsere Kirchen selber von diesem Irrglauben anstecken? Dabei ist doch die Grundform der Kirche der Indikativ, die Wirklichkeitsform. Kirche *soll* nicht sein, schon gar nicht aus eigenen Kräften. Sondern Kirche *ist* – und das nicht aus sich selbst. Noch bevor es Kirche, bevor es Kirchen, bevor es Bischöfe, Superintendenten und Päpste, Konzile und Konsistorien gab, war da der Indikativ, die

Wirklichkeitsform des Wortes – die souveräne, schöpferische, befreiende Heilszusage. *Am Anfang war der Indikativ.* Und – um Ihren vormaligen Bischof und heutigen Kardinal Walter Kasper zu variieren: Vor Rom war (und ist) Jerusalem, die hochgebaute Stadt …

Nicht, dass wir den Imperativ aus unserem grammatischen und kirchlichen Repertoire gänzlich zu verabschieden hätten – auch dies wäre eine Verarmung. Aber das Verhältnis zwischen Indikativ und Imperativ, zwischen dem Sein und dem Sollen muss richtig geordnet bleiben. Wir fragen so oft: Was sollen wir tun, damit es – eines Tages – so wird? Richtig aber müssten wir uns fragen: So ist es, was also sollen wir tun? So ist es für uns geschaffen und gemacht – was dürfen wir daraus machen? Und zwar: gerade deshalb, *weil* und *nachdem* es schon so ist, uns so verheißen worden ist? Das nämlich ist der Kern jeder wirklichen Befreiungstheologie: Der Imperativ folgt allein aus dem Indikativ! Gewiss, ein *Imperativ* folgt durchaus, aber es ist ein *abgeleiteter* Imperativ, es ist ein beziehungsreicher Imperativ, der auf den Indikativ antwortet: Das ist schon geschehen – und deshalb sollen wir dies tun. Es ist, wenn Sie so wollen, ein durch und durch *befreiter Imperativ.* So wie es Martin Luther in seiner Schrift über die Freiheit eines Christenmenschen formuliert: »Ein Christenmensch ist ein freier Herr über alle Dinge und niemandem untertan. Der Christenmensch ist ein dienstbarer Knecht aller Dinge und jedermann untertan.« Erst das eine – dann das andere.

Es wäre nun sehr reizvoll, die verschiedenen Kirchentümer unter dem Gesichtspunkt zu inspizieren, inwiefern dieses alles entscheidende Gefälle zwischen Indikativ und Imperativ, zwischen der Wirklichkeit und dem Sollen angemessen in ihnen geordnet ist. Es wäre zum Beispiel zu untersuchen, wie es kommt, dass das *Luthertum* der Selbsterlösung durch die eigenen Werke so gründlich abgeschworen hat, weshalb die *Reformierten* mit der gleichen Tendenz und Intensität in der Lehre von der doppelten Prädestination die Aussichtslosigkeit einer heilswirksamen Selbstverwirklichung verworfen haben – nur damit beide als die Erfinder der protestantischen Leistungsethik in der Geistes- und Sozialgeschichte beschrieben werden, zum Beispiel durch Max Weber, mit welchem Recht auch immer. Und wo es unter uns Protestanten mit dieser Über-Ich gesteuerten Leistungsethik inzwischen nicht mehr so weit her ist, da ist dies überwiegend nicht einer recht verstandenen Rechtfertigungslehre (oder irgendeiner anderen Form vertiefter religiöser Nachdenklichkeit) zuzuschreiben, sondern nur einer anderen Form von Selbstverwirklichung: nicht also in der aktiven, sondern in der passiven Leistungs-, also in der Spaßgesellschaft. Entscheidend ist dort nicht mehr, was man sich aktiv leistet, sondern was man sich passiv leisten kann. Ich schicke dies selbstkritisch voraus, bevor ich die folgende Frage stelle: Wäre es nicht reizvoll, das Verhältnis zwischen der römisch-katholischen Kirche und den Kirchen der Reformation unter dem Gesichtspunkt zu beschreiben, wie dort jeweils das Gefälle zwischen Indikativ und Imperativ geordnet ist?

Zum Beispiel beim Disput über das Verständnis der Rechtfertigungslehre: Wenn nach katholischem Verständnis der Mensch zwar durchaus allein auf die Gnade Gottes angewiesen ist, aber – und zwar gewiss erst *nach* dem Gnadenzuspruch, *nach* der Rechtfertigung also – zur Erhaltung und zum Wachstum dieses Gnadenstandes durch seine guten Werke beitragen kann und soll, so kommt darin – aus lutherischer Sicht – ein problematisches Element des letztlich doch unbefreiten Imperativs (ein Element des »Du musst, damit …«) zur Geltung. Wenn umgekehrt, recht lutherisch, der alles entscheidende, umfassende Vorrang des Indikativs der Rechtfertigung des Sünders vor Gott (und zwar durch den Glauben allein, allein also durch das leistungslose Vertrauen auf Gott) gelehrt wird, dann müssen wir erklären, wie wir uns den dankbaren, befreiten Imperativ anders vorstellen als nur in der Form einer gefühlsseligen Beliebigkeit: *kann man machen – aber auch nicht*.

Oder, anderes Beispiel: Wenn wir denn gemeinsam im dritten Artikel des Glaubensbekenntnisses die eine, heilige, christliche – und im Nizänum sogar: gemeinsam auch die allgemeine, also griechisch (und nicht nur römisch) gesprochen: die katholische Kirche bekennen – was ist dies für eine Kirche? Eine Gemeinschaft, die vom befreienden Indikativ der Zusage Gottes zusammengehalten wird – oder eine Gemeinschaft, in der nicht nur, wie unter Menschen halt üblich, sondern auch theologisch mehr oder weniger unfehlbar mit dem Imperativ dazwischen gefahren werden muss?

Oder, ein letztes Beispiel: Wenn wir von der Ökumene, der Einheit der Kirchen sprechen – welche Bedeutung kann in ihr dem Imperativ eines Primats und einer umfassenden Jurisdiktion göttlichen und menschlichen Rechts zukommen? Wenn hingegen wir Lutheraner mit CA VII sagen, für die Gemeinschaft der Kirchen reiche es aus, dass das Evangelium einträchtig im reinen Verständnis gepredigt wird und dass die Sakramente dem göttlichen Wort gemäß gereicht werden, wenn wir also den Indikativ zum Imperativ machen, dann müssen wir doch erklären, inwieweit diese »Eintracht«, dieser *magnus consensus* wirklich mehr ist als die mehr oder weniger zufällige Schnittmenge gegenwärtiger privater Ansichten.

Soviel zum Indikativ und zum Imperativ in der Grammatik der Kirche. Wie aber steht es mit dem Singular und dem Plural? Hier betreten wir ein Gelände, das komplizierter beschaffen ist, als es einige der Landkarten mit römischem Imprimatur vermuten lassen. Denn es gibt auch andere Landkarten – nicht nur in Wittenberg, sondern gerade auch in Rom, auch aus Rottenburg-Stuttgart, aus Mainz oder aus Erfurt, um nur wenige Druckorte zu nennen. Den Disput zwischen den Kardinälen Ratzinger und Kasper können wir alle aufmerksam nachlesen, sei es in der FAZ oder in den »Stimmen der Zeit«. Rein grammatisch und theologisch kann ich nicht entsetzt reagieren, wenn es von einer guten Sache mehr als eine Version gibt – von einer guten Sache, wie gesagt. Theologisch wird es dabei auf zweierlei ankommen. Zum ersten müssten wir Denk- und Glaubensformen finden, in der das Eine als so groß erkannt wird, dass es nur in pluraler Gestalt subsistieren kann. Zum anderen müssen wir plausibel machen können, inwiefern gerade die Pluralität sich der Einheit verdankt – und allein auf sie zurückverweist. Es verhält sich damit nach meiner Ansicht wie in der Musik: Thema mit Variationen – die verschiedenen Variationen erhalten ihren Sinn allein durch das eine Thema. Freilich will mir scheinen, dass wir in dieser Sache nicht mit wechselseitig ausgesprochenen Imperativen, sondern allein im gemeinsamen Vertrauen auf, wir können auch sagen: im Glauben an den einen Indikativ voran kommen können, als die im Glauben befreiten Kinder Gottes.

Und wenn ich mir eine letzte, kurze Zusatzbemerkung zu diesem Punkt erlauben darf – eine Bemerkung, die sich in ihrer unziemlichen Kürze fast nur an Insider richten kann, eher zum Nachlesen also: Heinrich Fries und Karl Rahner auf der einen Seite, Eberhard Jüngel mit seiner Antwort darauf, waren im Jahre 1983 in der Frage der »Einheit der Kirche« schon viel weiter und moderner als manches, was heute hinter der einen oder der anderen Mauer hervordringt. Allerdings, manch einer stellt sich den Sprung über die Mauer denn doch einfacher vor, als er es bei besserer Kenntnis des Gegenübers und Partners sich ausmalen dürfte. Ich finde jedenfalls, dass das gemeinsame katholisch-lutherische Papier einer deutschen Arbeitsgruppe »Communio Sanctorum« aus reformatorischer Sicht Grenzen überschreitet, die selbst Philipp Melanchthon in seinem Vorbehalt zu den »Schmalkaldischen Artikeln« von 1637 noch zu wahren gewusst hatte. Sei's drum …

Und nun die Akademien – wo kommen sie in dieser Grammatik vor? Wir sprachen von der *Kirche im Indikativ* und der *Kirche im Imperativ*. Für mich sind die konfessionell geprägten Akademien – *Kirche im Konjunktiv*. In den Akademien gilt es zu untersuchen, wie es in der Welt und in der Kirche auch aussehen *könnte*. Wie könnte es in der Welt aussehen, wenn die Kirche besser gehört würde? Wie könnte es in der Kirche aussehen, wenn die Welt besser gehört würde? Wie könnte es in der Kirche aussehen – wenn in der Kirche selber besser gehört würde? Und natürlich: Wie könnte es in den Akademien aussehen, wenn dort besser gehört würde – auf eben jenen souveränen, schöpferischen Indikativ?

Um einem Missverständnis sogleich zu wehren: Akademien sind kein Ort, an dem etwas anderes als Kirche geschieht (oder gar das Gegenteil von Kirche) – aber in ihnen geschieht Kirche *anders* und Kirche *für andere*, und mitunter eben ganz anders und für ganz andere. Und zwar auch solchermaßen anders, dass den leitenden Personen in der anderen, der bisher eigentlichen Kirche das eine oder andere Haar zu Berge steht. Aber eben immer Kirche – Kirche eben im Konjunktiv.

Wer ständig im Indikativ spricht, der muss immer Recht haben. Wer immer im Imperativ redet, muss sogar immer Recht behalten. Aber das kann mit der Zeit eine sehr arme und müde Sprache werden, das Recht haben und behalten. Deshalb brauchen wir unbedingt den Konjunktiv, die Form der Möglichkeit (*Eia, wär'n wir da* – singen wir im Weihnachtslied) – und auch als Irrealis, als Form der möglichen Unmöglichkeit.

Die Grammatik liefert eine Struktur unserer möglichen Beziehungen. Nur als Beziehungsgeflecht ergibt sie Sinn – auch in sich selbst. So wenig es einen beziehungslosen Indikativ gibt, so wenig einen beziehungslosen Imperativ oder Konjunktiv. Wer ständig im Konjunktiv redet (wäre, könnte, müsste, sollte …), der hat zwar nie ganz Unrecht, aber eben auch niemals ganz Recht.

Akademien als *Kirche im Konjunktiv* sind also gegenüber der *Kirche im Indikativ* oder der *Kirche im Imperativ* so frei, wie es der Konjunktiv gegenüber dem Imperativ ist; sie sind der verfassten Kirche gegenüber gerade dadurch loyal, das sie entschieden *anders* Kirche sind, aber eben auch ganz anders *entschieden* Kirche.

Das kann da und dort zu Spannungen führen. Gefährlicher aber ist es für beide, für die Akademien wie für die

Kirche insgesamt, wenn solche Spannungen ausbleiben – denn, wie gesagt und es zu beweisen war: Wenn unser grammatisches Repertoire schrumpft, verarmen unsere Beziehungen.

Dekalog und Politik

Die Zehn Gebote in der öffentlichen Religion

Am Ende und letztlich, soviel sei schon jetzt verraten, werden wir über das 11. Gebot sprechen. Doch nun – und zuerst – über die Zehn Gebote und über deren Bedeutung in der öffentlichen Religion, also im Zwielicht von allgemeiner Beliebigkeit und allgemeiner Verbindlichkeit, von Werteverlust und Wertebeschwörung.

An sich ist es ja erstaunlich, dass von der christlichen Religion in der säkularisierten Gesellschaft vor allem, wenn nicht in erster Linie die Zehn Gebote als Restposten haften geblieben sind, wahrscheinlich noch vor dem Text des Vaterunser, ganz gewiss noch vor anderen, in viel typischerer Weise »christlichen« archaischen Texten. Ein Jahr vor der Jahrtausendwende dachten wir in unserer Redaktion, man müsse anlässlich des Millenniums auch etwas über die Rolle und Geschichte des Christentums zur Darstellung bringen, denn immerhin rechneten wir den Abschluss dieses zweiten Jahrtausends ja immer noch von »Christi Geburt« an – »Anno Domini«, also »Im Jahr des Herrn« –, obwohl die untergegangenen Herren im Osten Deutschlands bis 1989 den kuriosen Versuch unternahmen, Geschichte zu tilgen und die Bezeichnung »unserer Zeit« durchzusetzen, sozusagen: im Jahre der »Jahresendfigur«. Aber wie sollte man an dieser Kalenderschwelle die Widerspruchsgeschichte des Christentums journalistisch »aufziehen«. Ein liebenswerter und kluger Kollege kam auf die im Prinzip glänzende Idee: »Erzähle es doch, hänge es doch auf an einem der Fundamental-Texte der Christenheit: Eine Serie von zehn Teilen über die Zehn Gebote!« Mir war unbehaglich dabei: Müssten wir dann nicht korrekterweise über dreieinhalb Jahrtausende jüdischer Religion zuerst handeln? Und stehen die Zehn Gebote überhaupt – wenn schon nicht exklusiv – so doch wenigstens wirklich typisch für die christliche Botschaft? Aber immerhin produzierte dieser Vorschlag einen Gegenvorschlag: Warum nicht die Seligpreisungen aus der Bergpredigt Jesu – das trifft doch Verheißung und Versagen des Christentums viel genauer?

Diese kleine Szene zeigt etwas durchaus Bezeichnendes an – vielleicht so auszudrücken: Je weiter unsere Zeitgenossen vom Evangelium (und von der christlichen Religion) abgerückt sind, so sie jemals in dessen Nähe geraten waren, desto prägnanter treten die Zehn Gebote als Restposten in den Vordergrund des Bewusstseins. Dies hat seine Gründe. Ich nenne zwei als Vermutung:

Erstens: Alle Gesellschaften brauchen Regeln, Gebote – vor allem aber und noch elementarer: Verbote. Verbieten ist immer leichter als gebieten. Deshalb haben wir auch ein Strafrecht und keinen Tugendkatalog in den Gesetzbüchern stehen – bei Verstoß setzt es Strafen; nicht aber gibt es Belohnungen bei Tugendhaftigkeiten. Und selbst wo wir sagen (oder der Dekalog sagt): Du sollst!, heißt es anschließend nicht: Wenn Du's machst, bekommst Du ein Fleißkärtchen!, sondern: Wehe, wenn Du's nicht tust! Wenn aber alle Gesellschaften, auch die gottlosesten unter ihnen, Gebote und Verbote brauchen, fallen ihnen auch beim Christentum zuerst die Zehn Gebote ein: Das kennen wir – und das erkennen wir wieder.

Zweitens: Die christlichen Kirchen tragen in gewisser Weise selber Schuld daran, dass sie von Außenstehenden, aber auch in ihren eigenen Reihen wahrgenommen und oft genug durch ihre Amtsträger, Pfarrer und Priester als Institutionen dargestellt werden, die irgendetwas verbieten oder vorschreiben: Kirche mehr des gestrengen Imperativs (Du sollst, Du darfst nicht …) als des verheißungsvollen Indikativs: Gott hat diese Welt gerettet, weil er sie grenzenlos liebt. Kirche ist da, weil man etwas nicht darf – und damit man es nicht tut. Und das beste Erkennungszeichen dafür sind wiederum die Zehn Gebote.

Dabei wäre sehr wohl zu fragen, ob darin das Wesen der Zehn Gebote, ja der Gerechtigkeit Gottes wirklich richtig zum Vorschein kommt. Nein, es ist dies sogar rundheraus zu bestreiten. Dennoch werden die Kirchen gerade als Institutionen des Verbots und des »Du sollst, Du sollst nicht« , werden also die auf die Zehn Gebote reduzierten Kirchen durchaus geschätzt – und zwar merkwürdigerweise durchaus umso stärker, desto größer die Distanz zur Religion (oder gar zum Glauben an einen wirklichen Gott) ist. Irgendjemand muss sich ja um Anstand und Werte kümmern – mindestens um die Einhaltung der Zehn Gebote – oder so. Aber nicht nur, dass die wachsende Entfremdung zu Kirche und Glaube diesen residualen Respekt vor einem Minimum an Geboten und Verboten keineswegs verhindert – selbst die durchaus mangelnde Bereitschaft, sich als Einzelner selber wenigstens regelmäßig an solche Gebote zu halten, hebt keineswegs die Forderung auf, dass es solche Normen geben müsse und jemanden, der dafür zuständig ist. Eine kleine Widerspiegelung dieser Zwiespältigkeit finden wir selbst in den interreligiösen und interkonfessionellen Wahrnehmungen. Selbst ausgepichte Protestanten ertappen sich dabei, dass ihnen die Weisungen aus Rom irgendwie imponieren, wenigstens als Ausübung einer Autorität – auch wenn völlig offen bleibt, ob sie vom Kirchenvolk tatsächlich beachtet werden. Aber da ist jemand, der sagt, »wo es lang gehen soll«. Fragt man aber nach, ob der so Imponierte etwa die Ablehnung der Pille teile oder jeden Sonntag, wie befohlen, zur Kirche gehe, dann bekommt man schnell ein: »Nicht doch!« zu hören.

Einer meiner Kollegen, der freilich eine jüdische Erziehung genossen hatte und selber ehrenamtliche Mitverantwortung trägt für eine Institution zur Ausbildung von Rabbinern, sagte mir einmal: »Wisst Ihr, warum Eure christlichen Kirchen sich leeren? Weil Ihr den Leuten nicht mehr eindeutig sagt, was sie dürfen und was sie nicht dürfen! Was anderes ist denn die Aufgabe von Religion?« Der Kollege schaute verblüfft drein (und fühlte sich im Grunde bestätigt), als ich ihm sagte, dass ich genau dies eben nicht für die eigentliche Aufgabe, für das Zentrum der christlichen Botschaft halte.

Wie auch immer: Jede Gesellschaft braucht Normen, braucht Gebote und mehr noch Verbote. Und deshalb erinnert man sich selbst in der tiefsten Säkularisierung und Entkirchlichung der Zehn Gebote, übrigens mehr ihrer Struktur, nämlich des: Du sollst, Du sollst nicht – also des positiven wie negativen Imperativs, kurzum: der Befehlsform. Aber nicht nur, dass jede Zeit ihre Verbote braucht – jede Zeit liest ihre Verbote so, wie sie diese braucht.

Der Schweizer Germanist Peter von Matt formuliert diesen Sachverhalt wie folgt: »Es ist nicht ›die Bibel‹, was über Jahrhunderte hin die europäische Kultur geprägt und mit Bildern von Glanz und Grauen durchsetzt hat, sondern es sind jene Teile und Elemente der Bibel, die von den lehrenden und predigenden Instanzen ausgewählt und zu einem anderen Ganzen neu arrangiert wurden. Auch wenn seit der Reformation die Bibel von allen (protestantischen) Frommen gelesen wurde – soweit sie hatten lesen dürfen –, hat das doch den Prozess der Auslese und Kanonisierung eines beschränkten Corpus beispielhafter Geschichten aus dem riesigen Ganzen nicht beeinträchtigt.« Und Matt fährt fort: »Diese Auslesearbeit am Wort Gottes ist ein Vorgang von eminenter kultur- und sozialgeschichtlicher Bedeutung. Sie beweist, dass die abendländische Welt weit weniger ihre Normen aus der Bibel bezog als, umgekehrt, ihre Normen mit den geeigneten Texten der Bibel verdeutlichte, untermauerte und autoritativ auflud.«[1] Was Peter von Matt hier an der Absalom-Geschichte exemplifizierte, lässt sich auch auf die Wanderung der Zehn Gebote durch die Text-, Kirchen- und Sozialgeschichte übertragen.

Schon die Fassung der Zehn Gebote in Martin Luthers Kleinem Katechismus ist eine straffe lehr- und anwendungsbezogene Kürzung des Dekalogs, wie wir ihn im 2. und 5. Buch Mose vorfinden – eine drastische Redaktion, der gegenüber Bismarck's Eingriff in die berühmte Emser Depesche geradezu als schonliche Glättung erscheinen muss. Die katholische Volksversion geht sogar noch ein Stück darüber hinaus.

Hören wir, nur als Illustration, drei Versionen des ersten Gebots – zunächst die Fassung aus dem 2. Mose, 20:

2–6: *Ich bin der HERR, dein Gott, der ich dich aus Ägyptenland, aus der Knechtschaft, geführt habe. Du sollst keine anderen Götter haben neben mir. Du sollst dir kein Bildnis noch irgendein Gleichnis machen, weder von dem, was oben im Himmel, noch von dem, was unten auf Erden, noch von dem, was im Wasser unter der Erde ist: Bete sie nicht an und diene ihnen nicht! Denn ich, der HERR, dein Gott, bin ein eifernder Gott, der die Missetat der Väter heimsucht bis ins dritte und vierte Glied an den Kindern derer, die mich hassen, aber Barmherzigkeit erweist an vielen Tausenden, die mich lieben und meine Gebote halten.* Nun die Fassung aus Luthers Kleinem Katechismus:

Ich bin der Herr, dein Gott. Du sollst keine anderen Götter haben neben mir. Und nun die katholische Volksversion: *Du sollst keinen anderen Gott neben mir haben.*

Wir belassen es beim bloß illustrativen Zitat, ohne an dieser Stelle zu erörtern, welche semantischen und theologischen Dimensionen – allein schon der Selbstbeschreibung Gottes – dabei unter den Tisch fallen und welchen Zwecken der Unterweisung und Anleitung diese Redaktionsarbeit dient. Deutlich wird aber schon durch das Zitat die Verschiebung von der kultischen und – wenn man so sagen darf – liturgischen Rede auf den knappen Befehl.

Bevor ich auf zwei Gebote, die in der jüngeren gesellschaftlichen Auseinandersetzung eine hervorgehobene Rolle spielten, näher eingehe, will ich an einem weiteren Gebot demonstrieren, wie die gesellschaftliche Nutzanwendung im Gemeingebrauch sogar noch weiter ging als die katechetische Unterweisung.

Das achte Gebot hatte ich in meiner Kindheit in einer katholische Konfessions- und Volksschule im damaligen Südwürttemberg-Hohenzollern (also auf der Schwäbischen Alb) noch in der knappest möglichen und auf bürgerlichen Anstand zielenden Form so vorgehalten bekommen: *Du sollst nicht lügen!* Soll man ja auch wirklich nicht! Aber was lesen wir im 2. Mose 20, 16 – und übrigens wortgleich in Luthers Kleinem Katechismus? *Du sollst nicht falsch Zeugnis reden wider deinen Nächsten.* (Buber/Rosenzweig übersetzen wie folgt: *Aussage nicht gegen deinen Genossen als Lügenzeuge.*)

Vom biblischen Text ausgehend, der nicht die orts- und beziehungslose Verpflichtung zur Wahrheit als solcher schützt, sondern präzise die Verlässlichkeit der Wahrheitsfindung vor Gericht (und also eher dem entspricht, was in unserem Rechtssystem das spezifische Verbot des Meineides meint), wird in Volksmund und – Lehre (*Du sollst nicht lügen!*) ein bürgerlich-sittliches Schwindel-Verbot, eine Ausweitung ins Unbestimmte. Interessant wiederum kontrastiert damit die ebenfalls ausweitende, aber ihrerseits theologisch spezifizierende Ausweitung in Luthers Auslegung des 8. Gebots im Kleinen Katechismus: *Wir sollen Gott fürchten und lieben, dass wir unsern Nächsten nicht belügen, verraten, verleumden oder seinen Ruf verderben, sondern sollen ihn entschuldigen, Gutes von ihm reden und alles zum besten kehren.*

Luther löst in dieser Auslegung zwar das Gebot aus seinem ursprünglichen prozessualen Zusammenhang, weitet es sogar aus zu dem umfassenden »Du sollst nicht lügen!« (… *dass wir unsern Nächsten nicht belügen* …); er bindet aber dieses Gebot, wie alle Gebote, zurück auf das sinnstiftende 1. Gebot (*Wir sollen Gott fürchten und lieben, dass* …) und erweitert es zur Pflicht, nicht nur wegen ihrer Falschheit ungünstige Aussagen zu unterlassen, sondern sogar zur Tugend, nur förderliche Aussagen zu machen (*sondern sollen ihn entschuldigen, Gutes von ihm reden und alles zum besten kehren.*) Wir dürfen getrost annehmen, dass im kirchenfernen bürgerlich-sittlichen Gebrauch das simple »Du sollst nicht lügen!« durchaus tradiert wird, wohingegen Luthers Zuspitzung *»sondern sollen ihn entschuldigen, Gutes von ihm reden und alles zum besten kehren«* doch eher als befremdliche, geradezu weltfremde Zumutung aufgenommen werden dürfte – wenn sie denn überhaupt erinnert wird.

Es wäre nun sehr lehrreich, zu untersuchen, was von diesem mehr oder weniger weiten Geltungsbereich des 8. Gebots – gewissermaßen als Parallel-Aktion – in unserem weltlichen, also säkular-staatlichen Recht vorzufinden ist – vom Verbot der falschen eidlichen und uneidlichen Aussage über das Verbot der üblen Nachrede und Verleumdung (in gewisser Weise auch der Beleidigung und Verleumdung) bis zum Schutz der Privatsphäre und der allgemeinen Persönlichkeitsrechte; und zwar abgestuft in der rechtsgeschichtlichen Entwicklung, von der feudalen über die absolutistische zur bürgerlichen und modernen Gesellschaft. Und anschließend müsste man mit Peter von Matt zu erschließen versuchen, in wie weit das 8. Gebot – zunächst in der christianisierten, später in der ent-christlichten Periode – die Ausformung unseres Rechtes geprägt hat oder inwieweit, umgekehrt, die autonom verlaufene Entwicklung des Rechtes die jeweils verschiedene Auslegung des 8. Gebotes beeinflusste. Zum Kodex unseres geltenden Rechtes nur so viel: Man kann da vieles finden – aber nirgends ein allgemeines Verbot: Du sollst nicht lügen! Wer sich über diese moralische Frage genauer ins Bild setzen möchte, müsste schon Immanuel Kants kleinen Text über das vermeintliche Recht, aus Menschenliebe zu lügen, zu Rate ziehen – freilich auch Dietrich Bonhoeffers Antwort auf diesen Traktat unter den Bedingungen der Nazidiktatur.

Nun aber zu zwei der zehn Gebote, die im öffentlichen Diskurs der jüngsten Zeit eine größere Rolle gespielt haben.

Als die streitige Diskussion um das Holocaust-Gedenkmal in Berlin noch im Gange war, trat der Theologe, Politiker und Publizist Richard Schröder mit einem Alternativ-Vorschlag an die Öffentlichkeit. Darin plädierte er dafür, einfach einen Stein zu setzen, auf dem im hebräischen Urtext das 5. Gebot steht. Wir treten jetzt nicht ein in das Für und Wider um diesen – wie ich damals fand: überzeugenden – Vorschlag, zumal da die Debatte und Entscheidung darüber hinweggegangen ist. Freilich rufen wir in Erinnerung den Einwand, der damals auch geltend gemacht wurde: Man könne in einer gewissermaßen religionslosen Zeit, in einer Zeit jedenfalls, in der man nicht jedermann auf eine bestimmte oder auch nur irgendeine Religion verpflichten könne, universale moralische Verpflichtungen an und gegenüber jedermann nicht mehr mit Zitaten aus einer bestimmten, also partikularen Religion begründen. Nun haben wir die Feststellung, wir lebten in einer säkularen und pluralistischen Gesellschaft, gewiss theologisch ernst zu nehmen – und zwar nicht nur als lästige Hypothek auf unserer Religion (oder sonstigen Weltanschauung), sondern vielmehr gerade als legitimes Kind unserer theologischen Aufklärung. Ansonsten aber, so denke ich, verhält sich die Sache genau umgekehrt: Wer in der modernen Welt universelle moralische Verpflichtungen stipulieren möchte, kommt um das Paradox gar nicht herum, dass er dies ohne eine spezifische und insoweit partikulare Letztentscheidung existentieller Art gar nicht tun kann, sei sie nun theologisch oder philosophisch bestimmt. Gerade das letzte Allgemeine ist das konkrete Besondere.

Erst wenn man diesen paradoxen Sachverhalt ins Auge gefasst hat, erkennt man zum Beispiel die Schwäche des Projektes »Weltethos« von Hans Küng. Es ist natürlich nicht zu bestreiten, dass man eine Schnittmenge ethischer Auffassungen herausfinden kann, wenn man alle Religionen der Welt wie Schnittmuster übereinander legt. Aber was dabei herauskommt, klingt dann doch merkwürdig banal und entbehrt in seiner Allgemeinheit jeder besonderen Stoß- und Verpflichtungskraft. Man kann zum Beispiel den asymmetrischen Vorrang der Menschenrechte vor allem anderen, auch vor den Menschenpflichten, wirklich pointiert nur vertreten, wenn man dies auf der Grundlage, sagen wir, der lutherischen Rechtfertigungslehre tut, derzufolge – mit Eberhard Jüngels Formel – der Mensch mehr, ja wesentlich etwas anderes ist als die Summe seiner Taten und Untaten.

Was aber hätte auf dem von Richard Schröder empfohlenen Gedenkstein gestanden? Jedenfalls nicht – so, wie wir das 5. Gebot erinnern: *Du sollst nicht töten!* Sondern – getreu dem knappen hebräischen Wortlaut: *Nicht morden!* Nun ergibt sich hier eine merkwürdige Ambivalenz: Zunächst mag es so scheinen, als ob die Alternative, ja der Übergang von »Nicht töten!« zu »Nicht morden!« nur eine Rücknahme, eine Begrenzung des Gebotes enthalte: Morden ist sozusagen immer verboten, »normales« Töten jedenfalls nicht immer. Aber bevor man auf diese Abstraktion hereinfällt, sollte man zumindest dies sehen: Im Kontext eines Holocaust-Mahnmals hätte diese Präzisierung dem Missverständnis gewehrt, bei der Judenvernichtung hätte es sich um Tötungen gehandelt, wie sie in der Geschichte, ja im Alltag immer wieder unterlaufen. Nein, hier handelte es sich um durch nichts moderierten, nackten, massenhaften Mord. Dem entspricht parallel die Notwendigkeit, sogar zwischen »normalen« Kriegsverbrechen und dem Holocaust eine scharfe Unterscheidung zu treffen. Der Holocaust, das war nicht die mehr oder weniger schreckliche »Nebenerscheinung« eines ansonsten normalen Krieges; man könnte, in gewaltiger Zuspitzung, sogar umgekehrt – und mit größerem Recht – sagen: Der Krieg war eine »Nebenerscheinung« oder genauer: zweckdienliche Voraussetzung des eigentlich beabsichtigten Holocausts, der nach den Juden – im Erfolgsfalle – die slawischen Völker erfasst haben würde. All dieses hätte ein nacktes Zitat des 5. Gebotes viel eindringlicher in Erinnerung gerufen als eine wie immer dann gelingende Ästhetisierung der Erinnerung. Es bleibt aber ein Zeichen der Zeit, dass wir einer allgemein gerichteten, wortlosen Ästhetik den Vorzug geben vor einer bestimmten, auch in Begriffen bestimmten Moral, Ethik – und hinter ihr: Religion.

»Nicht morden!« – so also lautet das fünfte Gebot, und damit sind viele Fragen offen, andere Fragen freilich als jene, die ein vermeintlich umfassendes, radikales Tötungsverbot uns stellen würde. Ich nenne nur eine dringliche praktische Probleme: Wie stellen sich Christen zum »finalen Rettungsschuss« im Polizeirecht? Überhaupt: zum Notwehrrecht (und Nothilferecht) – und zwar innerhalb eines Staates und einer Rechtsordnung ebenso wie im Verhältnis zwischen Staaten, also auch im Kriegsrecht – zum *jus ad bellum* ebenso wie zum *jus in bello*? Solche

Fragen führen bis ins Dickicht von Prävention und Präemption. Und nicht einmal die auch in kirchlichen Voten gerne zitierte Formel von der *ultima ratio* führt auf einfachen Wegen weiter. Denn damit ist gemeint: das äußerste Mittel, nicht etwa: das letzte, das in der zeitlichen Reihenfolge letzte Mittel. Die Erfahrung lehrt, dass der Einsatz oder auch nur die ernsthafte, also einsatzbereite Androhung des äußersten Mittels zu einem frühen Zeitpunkt des Konflikts Opfer vermeiden helfen kann, die bei milderem, zögerndem Einwirken in Kauf genommen werden, bis man dann doch am Ende heftige Gewalt üben muss. Aber selbst, wenn man sich über die Abgrenzung von Mord und Totschlag und des Tötens aus Notwehr und Nothilfe ausreichend verständigen könnte, so wären wir der modernsten Probleme der Medizin und Bioethik nicht enthoben. Selbst bei der einverständlichen Annahme eines absoluten Tötungsverbotes ist noch keine Einigkeit darüber hergestellt: Wann ist »Töten« wirklich Töten? Was ist der Status des menschlichen Embryos – und von welchem Tage an? Ist Abtreibung wirklich Mord – und unter welchen Bedingungen? Und strengst-katholisch gefragt: Ist etwa die künstliche Empfängnisverhütung eine verwerfliche Lebensverhinderung?

Auch diese Fragen sind hier nicht im Detail, sondern aus zwei grundsätzlichen Erwägungen zu stellen: Es zeigt sich, zum einen, dass mit lapidaren, kurzen und knappen Normen noch nicht viel gewonnen ist. Dass man nicht morden soll, das weiß schließlich jeder gerecht und billig Denkende. Das weiß im Grunde auch der Mörder selber. In diesen eindeutigen und krassen Fällen bedarf es der Norm weniger wegen der Beschreibung der Tat als vielmehr zur Definition der Strafe. Dort aber, an den Grenzen des eindeutigen Tatbestandes hilft der Text der Norm allein nicht weiter. Es bedarf brauchbarer Regeln der Auslegung, einer Hermeneutik, eines tieferen Sinnhorizontes, um zu bestimmen, was die scheinbar klare Norm, das scheinbar eindeutige Gebot auf diesem Hintergrund wirklich zu sagen hat.

Aus dieser Perspektive wird ein Charakteristikum des Dekalogs erst recht deutlich. In den ersten drei Geboten trägt der Dekalog sozusagen seinen Sinnhorizont und seine Hermeneutik stets mit sich – und deshalb beginnt Martin Luther jede seiner einzelnen Auslegungen mit der Feststellung: *Wir sollen Gott fürchten und lieben, dass …* Ohne die Selbstbeschreibung Gottes, ohne die Beschreibung des Verhältnisses Gottes zu seinen Geschöpfen und mithin ohne Bestimmung des Gottesverhältnisses der Menschen entgeht den übrigen Geboten all das, was gewissermaßen vor der Klammer steht – verlieren sie also ihre Pointe und sinken ab zu ziemlich banalen und basalen Gemeinplätzen der Sittlichkeit, die in den Grenzfragen menschlicher Existenz, etwa in der Bio-Ethik oder der Friedensethik kaum auskunftsfähig sind.

Daraus folgere ich nun wiederum zweierlei: Erstens: Das scheinbar selbstverständliche Beschwören der Zehn Gebote zwischen säkularisierter Welt und christlichem Milieu, zwischen Christen und Atheisten bleibt ziemlich nichtssagend, wenn dabei die ersten drei Gebote – gewissermaßen als Eintrittsbedingung in den Dialog – ausgeklammert werden. Zweitens: Mir will scheinen, als müsse die moderne Welt – und zwar unter den Bedingungen der Freiheit und des Pluralismus – nicht nur lernen, sondern zuallererst wiedergewinnen das

Interesse an einem religiös, weltanschaulich und philosophisch, an einem metaphysisch grundierten Diskurs über ethische Fragen, auch in der säkularen Politik; und sei es in einer Metaphysik jenseits aller Metaphysik.

Dass die Zehn Gebote einen kultischen Hintergrund haben, dass steht eindeutig fest – man braucht sie nur zu lesen. Die Gegenfrage ist nun, ob unser staatliches Recht wirklich keinerlei kultischen Hintergrund mehr hat. Lassen wir die Präambel mit ihrer feierlichen Evokation »in der Verantwortung vor *Gott* und den Menschen« einmal beiseite, weil es sich hier um einen zumindest sehr vagen und offenen Gottesbegriff handelt, so stoßen wir spätestens im Artikel 1 auf die Einbruchsstelle eines meta-juristischen Hintergrundes: »Die *Würde des Menschen* ist unantastbar.« *In nuce* ist hier der hermeneutische Sinnhintergrund all unseres staatlichen Rechtes angegeben – ebenso wie im Artikel 2 eine sinnhafte Definition unseres Freiheitsverständnisses bezeichnet wird: »Jeder hat das Recht auf die freie Entfaltung seiner Persönlichkeit, soweit er nicht … (gegen dieses und jenes) … oder gegen das *Sittengesetz* verstößt.« Der präludierende Hinweis auf Gott, die normierende Verpflichtung auf die Menschenwürde und die begrenzende Beschwörung des Sittengesetzes – diese drei meta-juristischen Sätze vor der Klammer des positiven Rechts haben (als Bezeichnung des Menschen zu sich selbst, seiner Gemeinschaft und als Bestimmung des Verhältnisses des Staates zu seinen Bürgern) eine ähnlich sinnstiftende Funktion für das staatliche Recht wie die drei ersten Gebote über Beziehung zwischen Gott und den Menschen für den übrigen Dekalog. Streicht die Sätze vor der Klammer – und der Rest fällt unter Sinnverlust auseinander.

Wir kommen, bevor die versprochene Erläuterung des 11. Gebotes einsetzt, nun noch auf ein weiteres der Zehn Gebote zu sprechen, das in der jüngeren öffentlichen Diskussion eine tragende Rolle spielte. Es geht dabei um den Sonntagsschutz, also um das 3. Gebot, das – wiederum zu kurz gefasst – lautet: *Du sollst den Feiertag heiligen!* Dieses Gebot ist gewissermaßen ins Grundgesetz übertragen worden – und zwar auf dem Umweg über die Aufnahme der Religionsartikel der Weimarer Verfassung. Im Artikel 139 WV heißt es also, heute noch gültig: »Der Sonntag und die staatlich anerkannten Feiertage bleiben als Tage der Arbeitsruhe und der seelischen Erhebung gesetzlich geschützt.«

Wiederum wollen wir uns nicht auf die Details dieser rechts- und wirtschaftspolitischen Fragen einlassen, so spannend sie sein mögen, sondern neuerlich geht es um die strukturelle Perspektive. Wenn viele Kräfte derzeit am Sonntagsschutz rütteln, so tun sie es zumeist mit folgender Begründung: In einer Zeit, in der immer weniger Menschen, auch immer weniger nominelle (und durchaus auch bewusste) Christen am christlichen Kultus praktisch teilnehmen, könne der Staat seine Gesetzgebung nicht mehr an solchen kultischen Geboten ausrichten. Diesem Verständnis des Kultus liegt freilich ein ausgedünntes Kultverständnis zugrunde – und das Missverständnis, der Sonntagsschutz sei ein Privileg der Kirchen, das ihnen den Zulauf zu ihren Gottesdiensten sichern solle. Mitunter fallen sogar Kirchenleute auf diese Falle herein, so zum Beispiel, als ein Hamburger Hauptpastor vor einiger Zeit vorschlug, am Sonntag sollten die Geschäfte zu den Gottesdienstzeiten geschlossen bleiben, danach aber, also von der Mittagsstunde an, durchaus ihre Pforten öffnen dürfen. Schon das Grundgesetz aber schützt nicht den ungestörten Ablauf kirchlicher Handlungen, sondern – wie es der Wortlaut beweist – die allgemeine Arbeitsruhe und die persönliche seelische Erhebung. Das Grundgesetz liegt damit näher am Kultverständnis des Dekalogs. Denn das dritte Gebot in der Fassung aus 2. Mose 20, 8–11 lautet: *Gedenke des Sabbattages, dass du ihn heiligest. Sechs Tage sollst du arbeiten und alle deine Werke tun. Aber am siebenten Tage ist der Sabbat des HERRN, deines Gottes. Da sollst du keine Arbeit tun, auch nicht dein Sohn, deine Tochter, dein Knecht, deine Magd, dein Vieh, auch nicht dein Fremdling, der in deiner Stadt lebt. Denn in sechs Tagen hat der HERR Himmel und Erde gemacht und das Meer und alles, was darinnen ist, und ruhte am siebenten Tage. Darum segnete der HERR den Sabbattag und heiligte ihn.*

Hier wird also die Pause nach der Schöpfung, mithin die schöpferische Pause zum Gegenstand des Gebotes – und zwar nicht auf die Vornahme kirchlicher Handlungen gerichtet, sondern gegen die Vornahme von eigensüchtiger Arbeit; auch gegen das eigennützige Einfordern der Arbeit anderer – ein, wie es der Alttestamentler Wolf einmal genannt hat, wiederholter Streik gegen den permanenten Arbeitszwang. Bezeichnender Weise besucht der fromme Jude die Synagoge *vor* dem Anbruch des Sabbattages.

Man erkennt daran wiederum zweierlei: Jüdische wie christliche Kultgebote sind, recht verstanden, eben keine selbstzweckartigen Verbote, sondern durchaus human gemeinte Angebote und nur insofern auch: Gebote. Und Jesus von Nazareth widerspricht in seiner souveränen Auslegung: *»Der Sabbat ist um des Menschen willen gemacht und nicht der Mensch um des Sabbats willen.«* (Mk 2,27, vgl.

auch: Matth 12,8) nur einer bestimmten partikularen, gesetzlichen jüdischen Auslegung, nicht aber dem Ursinn des 3. Gebotes; er erweist sich auch darin als jener, der ein ultimativ frommer Jude sein wollte, nicht der erste Christ. Man mag sich über manche Elemente der Koalition aus Kirchen und Gewerkschaften wundern, die sich in der Abwehr der Auflockerung des Sonntagsschutzes zusammengefunden haben; aber unter manchen Aspekten liegen die Gewerkschaften paradoxerweise im Ergebnis (nicht in der Begründung) näher am Sinn des 3. Gebotes als einzelne kirchlich gemeinte Voten.

Für unser gesamtes Thema aber heißt dies zusammenfassend: Die Zehn Gebote, wie übrigens alle ethischen Imperative christlicher Herkunft oder Institutionen, sind ohne ihren theologischen oder kultischen Hintergrund nicht zu verstehen – aber dieser theologische und kultische Kern verfehlt seine Pointe, wenn er nicht erkannt wird in seiner Zielrichtung auf das Menschengerechte und Menschenfreundliche aller Anordnungen Gottes, auch im Alten Testament, in der Bibel der Juden. Diese Gebote, sind – in äußerste Konzentration gesagt – Geschenke aus Gnade, nicht aber ungnädige Verbote. Und nur als solche können, als solche aber müssten sie auch in den Diskurs der säkularen Gesellschaft eingetragen werden. Auf solchen Geschenken darf man nicht sitzen bleiben – man muss (aber was heißt: muss?), wir dürfen sie teilen und deshalb zuallererst mitteilen. Auch denen, die es zuvor noch nicht oder anders gehört haben, auch von uns.

Nun aber endlich, wie schon zu Beginn versprochen, zum 11. Gebot. Es lautet im spöttischen Volksmund: Du sollst Dich nicht erwischen lassen! Nämlich bei der Übertretung von Verboten. Wer die Dunkelziffer unserer Kriminalstatistik (und die Natur des Menschen) kennt, weiß, dass eine große Zahl, wenn nicht gar der größte Teil der Menschen Verbote nur deshalb und dann achtet, weil und wenn er im Falle des Ertapptwerdens mit peinlichen Sanktionen rechnen muss. Die große Zahl der Ladendiebstähle und Steuerhinterziehungen spricht für dieses folgendermaßen zu formulierende Normenverständnis: Halte dich an die Gesetze, es sei denn, du kannst mit einiger Sicherheit davon ausgehen, dass du nicht erwischt wirst. Oder anders ausgedrückt: Das Verbot ist sozusagen eine Erlaubnis unter der Bedingung widerspruchsloser Hinnahme der Strafe im Falle der Aufdeckung. Die in dieser verkommenen, aber durchaus häufig praktizierten Auslegung geforderte »Gewissenhaftigkeit« bezieht sich dann nur noch auf die geschickte Geheimhaltung des Vergehens, nicht aber auf die gewissenhafte Beachtung des Gesetzes, nicht auf die Achtung vor dem Gesetz und seinem sinnstiftenden Hintergrund. Dem Staat bleiben unter solchen Bedingungen nur zwei Möglichkeiten: zum einen die drastische Erhöhung der Strafen als Verschärfung des Risikokalküls, zum anderen die Erhöhung des Verfolgungsdrucks, also der Aufklärungsquote. Der staatliche Appell an das Gewissen greift ins Leere, vor allem in einem Gemeinwesen, das die Dimension des meta-juristischen Gewissens nicht mehr kennt und pflegt, also jeden kultischen oder religiösen Hintergrund (ja: Urgrund) unseres sozialen Zusammenlebens vergisst oder gar aktiv verleugnet.

Das ist nun die kategorische Differenz zwischen einer säkularisierten, entkernten Erinnerung an die Zehn Gebote einerseits und einem gläubigen Leben aufgrund dieser Gebote. Und selbst im Kontext religiöser Gestimmtheit wird der Christ diese Gebote nicht nur deshalb achten, weil er sich von Gott ertappt sehen könnte – getreu dem flachen Kalauer: Gott sieht alles, außer Dallas – also außer jener banalen Fernsehserie. Sondern nur deshalb, weil man sich über Geschenke freut, anstatt den Schenker zu beschämen – und also sich selber, undankbar, schämen zu müssen.

Evangelium und Öffentlichkeit

Der Volksmund behauptet: Wer A sagt, muss auch B sagen. Der Logiker sagt: A ist nicht gleich B. In beiden Fällen gilt: A ist nicht dasselbe wie B. Denn wer nur A sagt, sagt eben nicht B, obwohl er das angeblich müsste. Der Algebraiker sagt: A plus B gleich C. Mit anderen Worten: Erst wenn A und B zusammenkommen, ergibt sich C. Beim Evangelium und der Öffentlichkeit ist das ganz anders. Es ergibt nämlich gar keinen Sinn, wenn man sagt: Evangelium *und* Öffentlichkeit. Oder: Evangelium *oder* Öffentlichkeit. Oder gar: Evangelium *minus* Öffentlichkeit.

Denn – und dieses sei das erste von zwei Kapiteln: Evangelium ist gleich Öffentlichkeit. Evangelium ist identisch mit Öffentlichkeit. Es gibt kein Evangelium ohne Öffentlichkeit: eu-angelos, die gute Botschaft an und für alle, also die totale Öffentlichkeit. Evangelisch sein kann man nur öffentlich, nicht aber: nur privat.

Ihr seid das Licht der Welt. Es kann die Stadt, die auf einem Berge liegt, nicht verborgen sein. Man zündet auch nicht ein Licht an und setzt es unter einen Scheffel, sondern auf einen Leuchter; so leuchtet es allen, die im Hause sind. So lasst euer Licht leuchten vor den Leuten, damit sie eure guten Werke sehen und euren Vater im Himmel preisen. (Mt 5, 14–16) So spricht Jesus von Nazareth in seiner ersten – öffentlichen – Rede, in der Bergpredigt nach Matthäus. Und abermals: *Ich habe frei und öffentlich geredet vor der Welt. Ich habe allezeit gelehret in der Schule und im Tempel, da alle Juden zusammenkommen und habe nichts im Verborgenen geredet.* (*Joh* 18, 20) So spricht Jesus von Nazareth in seiner Verteidigungsrede, unmittelbar vor seinen letzten Worten am Kreuz nach Johannes.

Evangelische Rede ist eine gefährliche Rede – weil sie in die Öffentlichkeit führt. Evangelische Rede ist eine ungefährliche Rede – weil sie sich jederzeit in der Öffentlichkeit sehen lassen kann. So oder so: Evangelische Rede ist öffentliche Rede.

Man könnte sogar die These wagen: Die christliche Religion und Verkündigung unterscheide sich von allen anderen Religionen gerade darin, dass sie keine Geheimreligion ist, sondern eben eine Religion, die das Licht der Öffentlichkeit weder scheut noch meidet. Christlicher Glaube ist eben keine Arkandisziplin – weder in der äußeren noch in der inneren Richtung. Weder besteht das Christentum darauf, dass es allein für geborene Christen, also gewissermaßen nur für die Beschnittenen bestimmt ist (obwohl gerade dies einer der Urfragen der Urchristenheit gewesen war), noch lässt es das Christentum zu, dass es innerhalb der Gemeinde solche und solche gibt – also solche, die im Arkanum stehen, die zum Allerheiligsten Zugang haben, und solche, für die das nicht gilt. Hier gelten weder theologische Standes- noch anatomische Geschlechtergrenzen. Obschon wir hier schnell ins Wanken und auf das Gebiet der konfessionellen Unterschiede kommen. Recht evangelisch aber muss das gelten: Einer für alle! Und für alle nur das und der Eine.

Wir sehen aber schnell, dass wir Christen hier in einer historischen Entwicklung stehen, deren Ende noch nicht abzusehen ist. Paulus gegen Petrus: Heidenmission gegen Judenmission – das war eine Frage von begrenzter und unbegrenzter Öffentlichkeit des Evangeliums. Öffentlichkeit ist aber potentiell unbegrenzt. Auch die Frage der Volkssprachlichkeit der Bibel, die mit der Renaissance und der Reformation (und Bibelübersetzung Luthers) brisant wurde, hat wesentlich mit der Sprengung der Arkangrenzen und der Öffentlichkeit zu tun – und diese Frage ist in unserer katholischen Schwesterkirche erst mit dem 2.Vatikankonzil endgültig zugunsten der allgemeinen Verständlichkeit und damit der Öffentlichkeit entschieden worden. Übrigens: Allgemein – das ist eben öffentlich. Und es wäre durchaus einer Überlegung wert, was der Begriff *katholisch*, wenn man ihn umfassend versteht, was also das Bekenntnis zu einer *allgemeinen* christlichen Kirche in Bezug auf die Dimension der Öffentlichkeit und der allgemeinen Zugänglichkeit ihrer Lebensäußerungen und Gestalten – unter Christen jedenfalls – austrägt. Jedenfalls ist es von unterscheidender Bedeutung, ob eine Religionsgemeinschaft ihre Glaubens-Urkunden allen, die es wissen wollen, in deren eigener Sprache vorlegt – oder nicht, wie im Islam (in dem, streng genommen, immer noch ein Übersetzungsverbot des Koran gilt).

Evangelische Rede ist also öffentliche Rede – und der Glaube an den Verkündigten ist ein Glaube, der selber verkündigt. Nun aber ist davon zu reden, wie evangelische Rede geschieht – im Unterschied zu anderen Redeweisen. Der Staat nämlich wendet sich ebenso an die Öffentlichkeit wie die Kirche. Die Redeweise des Staates einerseits und der Kirche andererseits, hier Verkündung, dort Verkündigung, gehören also je einer anderen Kategorie an – und müssen folglich kategorisch voneinander geschieden bleiben. Weder darf sich der Staat mit religiösen Weihen umgeben – noch darf sich die Kirche für die »Durchsetzung« ihrer Botschaft der Macht des Staates bedienen.

Aus diesem Grunde ist die Unterscheidung, die Martin Luther getroffen hat, als er vom Reich Gottes zur Rechten und zur Linken gesprochen hat, ist also seine sogenannte Zwei-Reiche-Lehre eine äußerst moderne Doktrin. Sie hat in Wirklichkeit nichts mit einer sakralen Verherrlichung der staatlichen Obrigkeit zu tun – ganz im Gegenteil. Auf einem anderen Blatt freilich steht die lange Geschichte zur wirklichen Unterscheidung (oder eben modern gesprochen: Trennung) von Staat und Kirche. Aber wichtiger als die formale Trennung ist die Unterscheidung in der Substanz.

Es geht also nicht etwa darum, die Öffentlichkeit allein dem Staat zu überlassen – und die Kirche ins Private zu verdammen. Nein, die scharfe Unterscheidung von Staat und Kirche soll beides zugleich leisten: Sie sichert die Öffentlichkeit des Evangeliums, frei von einem weltlichen Machtanspruch – und sie verwehrt dem Staat den monopolistischen Zugang zur Öffentlichkeit, als sei dies ein quasi sakrales Privileg des Staates. Nein, der Staat hat die Macht – über die Macht; aber nicht die Macht über die Gewissen. Ein Staat, der die Macht über die Gewissen beanspruchen würde, würde sich selber vergötzen. Deshalb gilt bei uns die doppelte Religionsfreiheit – die Freiheit zur Wahl der Religion ebenso wie die Freiheit, ohne Religion zu leben; und es gilt bei uns die kollektive Religionsfreiheit, also auch die Betätigungsfreiheit der Religionsgesellschaften. Ohne diese Freiheit der Religionsgesellschaften (und also auch der Kirchen) würde der Staat das Monopol auf die Öffentlichkeit erheben und die persönliche Religionsfreiheit in den privaten Herrgottswinkel zurücktreiben. Wenn wir vom weltanschaulich neutralen Staat reden, so ist damit nicht ein Staat gemeint, der sozusagen alle Religionen und Bekenntnisse in seiner Brust vereinigt und deshalb recht tolerant ist; sondern wir meinen damit einen Staat, der sich von jeglicher eigenen Weltanschauung, Ideologie oder Religion bewusst fern hält, weil er als Staat schlechterdings nicht ohne Macht und Gewalt sein kann – auch dann nicht (und erst recht nicht), wenn er sich auf das Gebiet der Religion begäbe.

Folglich kann es, recht verstanden, einen *christlichen Staat* schlechterdings nicht geben – sondern nur einen weltanschaulich neutralen Staat, in dem Christen sowie die Angehörigen anderer Religionen gleich den religionslosen Menschen leben, öffentlich wirken und sich in ihren freien Assoziationen öffentlich hörbar, auch sichtbar, vereinen, solange sie nicht gegen die Verfassung verstoßen. Dass es keinen christlichen Staat gibt, das richtet sich *nicht gegen* das Evangelium, sondern muss so sein *wegen* des Evangeliums.

Es gibt aber islamische Staaten – Staaten, in denen Macht und Vollmacht, in denen weltliches Recht und religiöse Richtigkeit in eines fallen und in denen gerade der Ruf nach Trennung von Moschee und Scharia als das eigentliche Sakrileg gilt. Modernität oder Rückständigkeit – das mögen gewiss nicht die einzigen Maßstäbe der Beurteilung sein. Aber dass Staaten ohne diese kategorische Unterscheidung rückständig sind – und zwar vor allem und in erster Linie im Hinblick auf die Menschenrechte –, das steht nun allemal außer Zweifel.

Freilich versteht es sich fast von selbst, dass, – wenn wir von dieser Unterscheidung bewusst und nachdrücklich sprechen, und darüber muss deutlich gesprochen werden! – fest steht, dass wir darüber keinesfalls aus der Position der Selbstgerechtigkeit sprechen dürfen. Wie lange haben wir in unserer allerchristlichsten Welt dagegen schwer, ja: mörderisch gesündigt, und wie lange hat es gedauert, bis wir diese Einsichten in unserer eigenen Welt wirklich haben praktisch werden lassen – obwohl das Verhältnis zwischen Staat und Kirche im christlichen Teil der Welt nie unproblematisch gewesen war? Es bleibt ja ohnedies dies eines der großen Rätsel der Welt: Welchen Widerstand die Welt dem Selbstverständlichen, welchen Widerstand die Kirchen immer wieder dem Christentum (noch genauer: Christus) entgegengesetzt haben. Wie auch immer: Wir leben erst jetzt – aber wir leben jetzt auch deutlich in einer Zeit, in der meine erste These nicht nur richtig, sondern auch unproblematisch ist:

Evangelium ist gleich Öffentlichkeit. Evangelium ist identisch mit Öffentlichkeit. Es gibt kein Evangelium ohne Öffentlichkeit. Evangelisch sein kann man nur öffentlich, nicht aber: nur privat.

Aber nun zum zweiten Kapitel: Wohl gibt es kein Evangelium ohne Öffentlichkeit, aber das heißt noch lange nicht, dass die Öffentlichkeit evangelisch (oder auch im weiteren Sinne: christlich) wäre. Wie gehen wir also mit der Erfahrungstatsache um, dass die Öffentlichkeit das Evangelium – jedenfalls: weithin – nicht hören will? Zunächst einmal haben wir diesen Widerspruch (also: Das Evangelium ist öffentlich – aber die Öffentlichkeit ist nicht evangelisch) als Bedingung der Freiheit – und damit: als Bedingung des Evangeliums – ohne Wenn und Aber anzunehmen.

Christen haben übrigens auch Folgendes anzunehmen, obwohl es leichter gesagt als getan ist: Evangelium ist öffentlich – auch wenn ein Staat die Öffentlichkeit des Evangeliums mit Macht unterdrückt. Unterdrückte Botschaft bleibt gleichwohl Botschaft – und sie tendiert gleichwohl zur Veröffentlichung. Fast könnte man im Paradox sagen: Und zwar umso entschiedener, je mächtiger sie unterdrückt wird. Diese Tendenz zur Öffentlichkeit des Unterdrückten ist übrigens unsere einzige Hoffnung wider jegliche Diktatur.

Aber inzwischen leben wir in *einem* Land mit *zwei* Erfahrungen: Im Osten unseres Landes lebten Christen bis 1989 mit der gelegentlich in ihrer Intensität schwankenden Erfahrung, dass der Staat die Öffentlichkeit des Evangeliums als störend empfand, obwohl er es nicht wagte, sie gänzlich zu unterdrücken. Im Westen unseres Landes hingegen war es im ersten Anfang politisch sogar ausgesprochen nützlich, der Kirche (möglichst jeweils auch der richtigen Konfession) anzugehören (oder: wieder anzugehören, nach den Jahren zwischen 1933 und 1945), obwohl sich dieser Vorteil nach und nach ebenso abschliff wie die Bedeutung des konfessionellen Milieus für die Parteipolitik. Widerstand und Anpassung: Ich stelle mir vor, wie ein ostdeutscher Christ sich in seinem stillen Kämmerlein fragt, ob er seinem Evangelium etwas schuldig geworden ist, weil er sich vor der staatlichen Aufmerksamkeit fürchtete, wohingegen sein westlicher Bruder sich dasselbe fragt, weil er sich vor der mangelnden Aufmerksamkeit ängstigte.

Nun stellt sich eine Frage, die ich mir mit meiner »westlichen« Erfahrung weder stellen noch an Ihrer Stelle beantworten kann: Mit welcher Schwierigkeit lässt sich weniger belastend umgehen – mit dem Leben als Christ in einem ideologisch geschlossenen Staat, der die Kirche letztlich für einen gefährlichen Gegner hält, sie aber gerade deshalb ernst nimmt, oder mit dem Leben als Christ in einer offenen Gesellschaft, in der jeder prinzipiell sagen kann, was er will, in der er aber nicht verlangen kann, dass seine Äußerung von vorneherein besonders ernst genommen wird. Ich kann mir vorstellen, dass dieser Übergang aus der geschlossenen Druckkammer in die offene Gesellschaft nicht nur als Befreiung erlebt wird, sondern im Einzelfall auch als ein persönlich dramatischer Bedeutungsverlust, der ja auch maßgebliche Sprecher der vormaligen Bürgerbewegung erfasst hat.

Wie immer es sich damit verhalten mag (und ich kann dazu ja nur von außen unmaßgebliche Beobachtungen anstellen und Fragen beisteuern): Es ist nicht – oder: allenfalls nur begrenzt – möglich, Erfahrungen aus dem einen System in das andere System zu übertragen, weder die Frustrationen noch die Bestätigungen. Nun mag ja gerade die Entwertung der eigenen Erfahrungen, und zwar gerade der schwer und lastend erworbenen Erfahrungen das an sich dramatische Ereignis sein. Da mir ein solches Erlebnis bisher erspart geblieben ist, habe ich hierüber beileibe nicht zu urteilen. Aber darf man trotzdem an den Stammvater Abraham und an seine – gewissermaßen: Stamm-Erfahrung erinnern?

Und der HERR sprach zu Abram: Geh aus deinem Vaterland und von deiner Verwandtschaft und aus deines Vaters Hause in ein Land, das ich dir zeigen will. … Da zog Abram aus, wie der HERR zu ihm gesagt hatte … (1. *Mose* 12, 1+4)
Es wird uns, auch in der offenen Gesellschaft, vielleicht noch öfter als uns lieb ist, zugemutet werden, unser ge-

wohntes Gehäuse zu verlassen, ohne dass wir schon wüssten, wohin der Weg uns führen wird – und selbst wenn es ein Weg nur in der offenen Gesellschaft ist, kann es sein, dass wir uns sagen lassen müssen wie weiland Simon Petrus: *Wahrlich, wahrlich, ich sage dir: Als du jünger warst, gürtetest du dich selbst und gingst, wo du hin wolltest; wenn du aber alt wirst, wirst du deine Hände ausstrecken, und ein anderer wird dich gürten und führen, wo du nicht hin willst.* (*Joh* 21, 18) Wie also ist es, wenn in einem demokratischen Staat der Gesetzgeber in bioethischen Fragen Entscheidungen fällt, die einem christlichen Gewissen widersprechen? Freilich: Ein un-demokratischer Staat würde diese Entscheidung vielleicht viel energischer fällen …

Aber von solchen Grenzfällen zunächst einmal abgesehen: Wie sinnvoll ist es in einem Staat der offenen Gesellschaft all jene Spielräume nicht zu nutzen, die sich der kirchlichen Tätigkeit und der Öffentlichkeit des Evangeliums bieten – etwa in der Gefangenenseelsorge, der Seelsorge an Soldaten, im Religionsunterricht an staatlichen Schulen, in der theologischen Lehre an Universitäten? Es mag sein, dass sich solche Fragen inzwischen durch Zeitablauf und neue Erfahrungen weithin entschärft haben.

Die eigentliche Frage an die Kirche und ihr Evangelium liegt aber nicht in der Erinnerung an die geschlossene Gesellschaft, sondern in der Versuchung der offenen Gesellschaft. Und sie lautet etwa so: Wenn die offene Gesellschaft in etwa nach der Regel funktioniert: »Alles ist möglich – und alles ist möglich modern, ja: beliebig« – was bedeutet dies für die evangelische Rede? Wie weit darf sie sich auf diese Gegebenheiten einstellen? Wie weit soll sie den Stachel verbergen, um ja keinen Anstoß zu erregen? Wie weit soll sie in der allgemeinen, unbestimmt wahrgenommenen Säkularisierung die Selbst-Säkularisierung treiben? Oder muss nicht – zum Beispiel – der Satz gelten: »Wo Predigt draufsteht, muss auch Predigt drin sein«? Oder noch zugespitzter: Wo Kirche draufsteht, muss auch Kirche drin sein?

Das ist zugegebenermaßen ein weites Feld – für das ich nur einige vorläufige Wegmarken andeuten möchte. Und merkwürdigerweise muss man dazu zunächst noch gar nicht fundamental-theologisch argumentieren, obwohl einem auch das nicht erspart bleiben wird, sondern man kann sich zunächst an die Gesetze der Mediengesellschaft selber halten.

Einige Beispiele dafür, zunächst die Rede vom *niedrig-schwelligen Angebot.* Man hat der Öffentlichkeit des Evangeliums gewiss noch nicht gedient, wenn man es möglichst steil aufrichtet – was ja nicht schon für Glaubenstreue zeugen muss, sondern auch ein Ausdruck von bequemer Gedanken- und Lieblosigkeit sein kann. Liebe freilich äußert sich nicht in Anspruchslosigkeit. Und die Berechtigung einer niedrigen Schwelle hängt davon ab, in welches hohe Haus sie demnächst führt – oder ob etwa nach der niedrigen Schwelle nur ein modernistischer geistiger Flachbau folgt. Unterschätzt mir aber bitte nicht die Kinder der Zeit: Letztlich haben sie doch, mitunter gegen ihre scheinbar flachen Erwartungen, ein ziemlich brauchbares Gespür für billige Anbiederung. Und der folgt dann doch oft eine kalte Verachtung.

Dasselbe gilt von der Parole: *Die Leute dort abholen, wo sie sind.* Die Leute, wenn man so sagen darf, spüren recht schnell, ob man sie dort wirklich abholen will, um sie woanders hin zu führen, unter Umständen: *gürten und führen, wo du nicht hin willst.* Oder ob man letztlich auch nur dort ankommen will, wo sie schon sind. Entsprechendes gilt wiederum von der Sprache und Ästhetik der evangelischen Rede. Glaubt denn jemand von uns wirklich, die Menschen, vor allem die der Kirche entfremdeten Menschen, kämen je in die Kirche, nur um dort genau dasselbe (und dieses Selbe genau in denselben Worten) zu hören, was sie ohnehin die ganze Woche so reden und hören? Damit kein Missverständnis entsteht: Evangelische Rede muss sich auf nichts anderes beziehen als auf die Erfahrungen, die Menschen auch ohne diese Rede machen – aber sie sollte eben diese Erfahrungen unter ihrem ganz unverstellt anderen Blickwinkel reflektieren und auf das ganz Andere des Evangeliums unverkennbar beziehen.

Wo wir aber dies konzentriert und liebevoll tun, verstehen die Menschen – verlassen wir uns darauf nur getrost! –, durchaus aus dem jeweils ganz Anderen ins jeweils ganz Eigene zu übersetzen. Schon Kinder verstehen Märchen in ihrem ganz Fremden. Erwachsene brauchen keine künstliche – wie gesagt: keine künstliche, willkürliche – Aktualisierung alter Bilder, Dramen und klassischer Literatur. Wobei aus der Aktualisierung schnell die Trivialisierung des Abstandes und damit des Aussagekräftigen zu werden droht. Weshalb sollte für die Rede des Evangeliums etwas anderes gelten? Das bedeutet für mich auch – unter anderem: Wir sollten als Kirche unsere Gottesdienste durchaus mit dem Mut und dem Bekenntnis zur Sache und Sprache des Anderen feiern, wobei ja schon alleine das Feiern als solches das Andere sein kann in unserem so unfeierlichen Leben. Eine Liturgie aber, die alles Mögliche darstellen will, nur keine prägnante Liturgie, verfehlt nicht nur ihr vordergründiges Ziel, sondern wirkt unter Umständen – genau so langweilig, wie sie es nicht sein will.

Es gibt, wenn man so will, einen sehr einfachen Praxistest für gelungene evangelische Rede in der Öffentlichkeit – und zwar sowohl für die liturgische als auch für die politische Öffentlichkeit. Wir brauchen uns nämlich nur Folgendes vorzunehmen: Wir sagen nichts, was nicht andere, ganz ohne Evangelium, genauso sagen können. Und wir sagen aus dem Evangelium all das, was andere so nicht sagen können und wollen. Schweigen, wo Überdruss längst herrscht – und reden, dort wo Mangel an Wahrheit waltet: Das ist die wahre Diakonie der Zeitgenossenschaft.

Zurück zur Ausgangsthese – und zum Schluss: Evangelium ist Öffentlichkeit. Öffentlichkeit aber ist nicht an sich evangelisch. Evangelium ist öffentlich freilich nur insofern, als es der Öffentlichkeit etwas hinzufügt, was noch nicht öffentlich ist. Und nur in dem Maße, in dem die evangelische Rede der Öffentlichkeit etwas beisteuert, was die Öffentlichkeit noch nicht weiß, kann die Öffentlichkeit auch evangelisch aufmerksam werden.

Was ist der Mensch heute – noch? Glauben und Menschenbild

Zum Menschenbild im 21. Jahrhundert

Sie kennen vielleicht diesen ganz schwarzen Witz über den Menschen, genauer über den Unmenschen – er stammt wohl aus der Zeit des Nationalsozialismus, wandert wahrscheinlich aber durch alle Diktaturen dieser Welt: Ein Folterknecht will sein Opfer auf besonders perfide Weise quälen – und sagt ihm deshalb: »Ich habe nur noch ein gesundes Auge. Wenn Sie erraten, welches mein Glasauge ist, lasse ich Sie laufen.« – Das Opfer darauf, auf der Stelle: »Das rechte!« – »Wie haben Sie das so schnell erkannt?« – »Weil es mich so menschlich anschaute!«

Was also ist der Mensch, dass man seiner zuweilen (und in Wirklichkeit doch nicht so selten) auf diese Weise gewahr wird, dass also das einzig Menschliche an ihm das ist, was er *nicht* ist, was *nicht* von ihm ist, was *nicht* zu ihm gehört? Dass also der Mensch sich selber auf so totale, auf so totalitäre Weise verfehlt?!

Oder die Frage anders angesteuert: Da kämpfen Menschen miteinander, in kriegerischer Auseinandersetzung, mit aller Gewalt und Grausamkeit, einzeln und in militärischer oder irregulärer Formation. Beide Seiten sind darauf aus, einander vom Leben in den Tod zu befördern. Auf der einen Seite: zu allem entschlossene, so genannte »Gotteskrieger« – auf der anderen: die Verteidiger der westlichen Werte. Wer von den beiden Kämpfern ist nun mehr Mensch als der andere? Der, der seinen Gott (oder was er dafür hält) auf seiner Seite weiß (oder wähnt) – oder der andere, der ohne einen Gott dafür kämpft, dass nie mehr um Gottes willen, dass um Gottes willen nie mehr gekämpft wird? Und sind die unbeteiligten Opfer dieses Kampfes, Frauen, Kinder, Greise, weniger lebenswürdige Menschen denn bloßes Kanonenfutter, als der Kollateralschaden menschlichen Wesens und Unwesens. Mit Gott für Volk und Vaterland? Oder mit Volk und Vaterland – gegen Gott?

Gehört also die Unmenschlichkeit zum Menschen unvermeidlich dazu – während wir bei unseren Mitgeschöpfen, den Tieren, nie auf den Gedanken kämen zu unterscheiden zwischen tierischem und – untierischem Verhalten. Musste der Mensch erst Mensch werden, damit er unmenschlich werden konnte? Was also ist der Mensch – da er doch so oft gerade sein Gegenteil ist? Oder ist er immer beides zugleich: Teil und Gegenteil seines Wesens?

Wir würden diese Frage gerne dadurch von uns wegschieben, dass wir sie immer auf andere und auf ganz andere Umstände verweisen. Aber können wir dies alles abdrängen, verdrängen aus unserer Existenz? Ich zweifle daran – und will ihnen dazu nur eine kleine, eigene Erfahrung erzählen: Es war eines Morgens vor einem großen städtischen Kaufhaus: Zeit, dass es seine Pforten öffnete. Aber vor einer Tür lagert ein, wie man so sagt, Penner. Stört natürlich mit seinem schmuddeligen Lagern den schönen sommermorgendlichen Eindruck – und wahrscheinlich die anzulockenden Kauflustigen. Da kommen zwei Sicherheitsbeauftragte, schwarze Sheriffs sozusagen, heraus und herrschen den Penner an: »Mach' dich davon.« Der, schlaf- oder sonstwie trunken, rührt sich nicht. Da treten die zwei Sheriffs ihn gewaltig mit Füßen. Jetzt reicht's aber – denke ich mir selber und trete dazu: »Dies ist, so oder so, ein Mensch. Wenn sie nicht auf der Stelle aufhören, ihn zu misshandeln, rufe ich die Polizei.« Im Nu waren wir umgeben von Passanten, die ihrer Empörung laut Luft machten und Schläge androhten – etwa den Sheriffs? Nein, dem, der sich einzumischen versuchte. Das Schlimmste: Im Nu hatte ich im Angesicht der hasserfüllten Gesichter selber die Faust in der Tasche geballt – aus Angst, aus Wut, vorbereitend zur Verteidigung – wer weiß?! Bereit jedenfalls, gleich zuzuschlagen.

Es blieb mir nur eines: Flucht! Weg, weg von hier! Selten zuvor hatte sich mir so plötzlich ein Abgrund aufgetan, in mir selber – und um mich herum. Entsetzt machte ich mich aus dem Staub, schockiert – und sehr traurig, und zutiefst – wenn man das Wort in all seinen Bedeutungen nachklingen lässt: zutiefst verstimmt. Wie dicht doch die Gewalt um uns und in uns lagert, ganz dicht unter der Oberfläche!

Sie wissen so gut wie ich: Dies alles ist nicht das ganze Bild – aber es gehört in das ganze Bild vom Menschen, vor allem für alle seine Opfer. Hier Albert Schweitzer, Mutter Teresa, Dietrich Bonhoeffer, Edith Stein, Bernhard Lichtenberg – dort die Schergen dieser Welt, die Osama bin Ladens, die Milosevics, die Stalins und Hitlers – und ihre Handlanger. Wir kennen die nimmermüden Ärzte und die barmherzigen Samariter ebenso wie die umbarmherzigen Mediziner der NS-Zeit mit ihren grausamen Experimenten, von deren Erkenntnissen wir heute immer noch profitieren. Wir kennen die Kreuzzügler aus dem Mittelalter ebenso wie die heute in ihrem Nachklang so menschenfreundlich wirkenden Malteser und Johanniter. Wir kennen die Missionare, die ihren christlichen Glauben mit Feuer und Schwert verbreiteten, so gut wie die Märtyrer, die sich eher auf Erden verbrennen ließen, als in der Hölle des verleugneten Gewissens zu brennen.

Was also ist der Mensch? Ich möchte Ihnen zeigen, weshalb mir paradoxerweise daran liegt, dass diese Frage ihre Antwort nie finden wird, dass sie nie aufhören wird, uns in Frage zu stellen.

Was ist der Mensch – *noch*? In diesem Wörtlein »noch« liegt offenbar die Vermutung beschlossen, dass es sich – so ewig die Menschheitsfrage zu sein scheint – dabei nicht um eine zeitlose Frage handelt, dass sich diese Frage also nicht nur immer wieder aufs Neue stellt, sondern auch immer wieder – anders: Morgen anders als heute – und heute anders als gestern. Und nun möchten Sie von mir etwas erfahren, wovon wir alle zusammen noch nichts wissen können, also etwas: »Zum Menschenbild im 21. Jahrhundert«. In dieser speziellen Aufforderung liegt nun eine weitere Vermutung, so vermute ich, beschlossen: Dass nämlich die Entwicklung durchaus offen ist – mit der potentiellen Doppeltendenz, nämlich zum Guten wie zum Schlechten, und beides zur gleichen Zeit. Sprächen wir nur vom 20. Jahrhundert, so könnten wir eine symbolische Verdichtung dieser offenen Entwicklung vom Gestern zum Morgen, zum Guten wie zum Bösen nennen – und zwar Wolfgang Mattheuers, des ostdeutschen Künstlers, oft variiertes gemaltes Bild und geformtes Bildnis mit dem Titel »Der Jahrhundertschritt.« Es stellt einen Menschen dar, der mächtig (oder fluchtartig?) ausschreitet – am einen Fuß einen Kampfstiefel, das Bein längs mit einer Generalslitze dekoriert, das andere Bein nackt in die Zukunft gereckt. Aber es bleibt dem Betrachter unklar, auf welche Macht das bewehrte Bein verweist – auf die Macht der rechten Diktatur, auf die Macht der linken Diktatur, die mit dem Faschismus vorgeblich das Böse in der Welt überwunden hat? Aber offenbar soll das Jahrhundert unbewehrt, ungeschützt aus dem Widerspruch der Macht seinen Ausgang nehmen, und nur der nackte Mensch, der bloße Mensch auf Zukunft hoffen können. Das 20. Jahrhundert hat also die Frage »Was ist der Mensch?« auf unerhörte Weise zugespitzt. Aber bevor wir den Blick nun nach vorne wenden, möchte ich Sie dazu einladen, den Blick weit zurückzuwenden auf die Geschichte oder doch wenigstens auf einen ihrer Stränge.

Im Grunde lässt sich die Geschichte unserer Fragestellung als eine widerspruchsvolle und zugleich konsequente Geschichte nachzeichnen. Es geht dabei in unserer jüngeren Geschichte um den gleichzeitigen Dreischritt *von Emanzipation, Entzauberung* und *Ermächtigung* des Menschen. Der Mensch hat sich im Lauf dieser Geschichte zum ersten von den »mythischen« Wurzeln seines Selbstverständnisses emanzipiert. Er hat sich sodann gleichzeitig selber als unverstandenes Geheimnis, wie er glaubt, weithin entzaubert. Und er hat sich zudem unterdessen immer mehr Mittel der Macht verschafft – wissenschaftlich, technisch, wirtschaftlich: Macht über die äußere und innere Welt, über die ihn umgebende Natur und über seinesgleichen und über sich selbst. Man kann dies auch als das doppelte Paradox der Freiheit bezeichnen. Der eine Aspekt des Paradoxes liegt darin, dass dieses Mehr an Freiheit stets mit einem Mehr an Macht einherging, so dass die gewonnene Macht immer auch die gewonnene Freiheit gefährdet. Der andere Aspekt des Paradoxes ist darin zu erkennen, dass die selbstgeschaffene Freiheit über sich selbst deshalb in sich widersprüchlich ist, weil sie – für sich allein genommen – den Menschen vor die Frage stellt, was denn eine Freiheit wäre, die als vollkommen selbstherrliche Selbstverwirklichung ihr Gegenüber und damit ihren Sinn verlöre. Mit anderen Worten: Wenn ich absolut frei bin, was bin ich dann noch? Was ist der Mensch dann – noch?

Ich möchte nun diesen Dreischritt von Emanzipation, Entzauberung und Ermächtigung des Menschen etwas näher skizzieren – wobei wir den Aspekt der Emanzipation fürs Erste fast beiseite lassen können, weil er uns im Grunde schon selbstverständlich geworden ist, auch in seinen durchaus problematischen Seiten. Stattdessen will ich mich auf die beiden anderen Schritte konzentrieren – auf die Entzauberung und Ermächtigung, oder genauer: Auf die Selbst-Entzauberung und die Selbst-Ermächtigung des Menschen. Es handelt sich dabei um das Thema, das in anderen Zusammenhängen unter dem Titel »Dialektik der Aufklärung« verhandelt wird.

Es ist nicht einfach und eindeutig zu sagen, wann dieser Prozess eingesetzt hat. Sollen wir ihn bei Thomas Hobbes beginnen lassen? Der englische Denker der zweiten Hälfte des 17. Jahrhunderts ist jedenfalls ein großer Entzauberer des Menschen, der mit der mittelalterlichen Rezeption des Denkens eines Aristoteles an den europäischen Universitäten und in der Scholastik rigoros, regelrecht höhnisch aufräumt. In unerhörter Weise – soll man sagen: unerhört modern oder unerhört radikal oder nur nüchtern? – betrachtet Hobbes den Menschen fast nur als ein Gestell, das nach dem eingebauten Interesse an Selbsterhaltung (und der ihr dienlichen Machterweiterung) auf Einwirkungen der Außenwelt reagiert (eigentlich recht mechanisch), und der auf diese Weise den Krieg aller gegen alle in Gang setzt, es sei denn, er werde durch die gewaltige, uneingeschränkte und ungeteilte Übermacht des Souveräns daran gehindert. Oder genauer ausgedrückt: wenn er sich nicht durch einen Unterwerfungsvertrag lieber dem Souverän als seinem eigenen Bewegungsgesetz ausliefert. In diesem Menschenbild, das zunächst für sich genommen revolutionärer ist als die eher reaktionäre politische Konsequenz eines unbeschränkten Absolutismus, bleibt nichts übrig von einem Denken an höchste Güter (oder an die höchste Güte), an das *summum bonum*. Und selbst der über alles gesetzte Souverän kann seines traditionellen Lebens nicht froh werden. Alle hergebrachten Begründungen politischer Herrschaft werden beiseitegeschoben: Entweder kann der Souverän seine gewissermaßen technischen Funktionen erfüllen – oder er wird als nutzlos hinweggefegt; nichts da von Gottesgnadentum – alles nur nackte Funktion! Dass religiöse Autoritäten ebenso wie religiös begründete Autorität unter diesem Menschenbild begraben werden, versteht sich von selbst.

Jedenfalls übertrifft dieser Entzauberer Thomas Hobbes bei weitem alle Ansätze zur Emanzipation von traditionellen philosophischen Autoritäten, wie sie mit der Renaissance einsetzte, oder von kirchlichen Autoritäten, wie sie in der Reformation angestoßen wurde. Die Wucht dieses gedanklichen Schlages ist aber zugleich dem traurigen Blick auf einen Menschen geschuldet, der dem

Menschen – jedenfalls im Naturzustand – eben ein Wolf ist: *homo homini lupus.* Wobei wir heute wissen, dass die Ordnung im Wolfsrudel eben gerade nicht ein Krieg aller gegen alle ist, sondern – wenn man das sagen darf – ein ziemlich »zivilisiertes Regelwerk«. So gesehen wäre gerade der Wolf ein *zoon politikon*, ein Wesen, das nur in der Gemeinschaft denkbar und lebensfähig ist.

Warum habe ich Thomas Hobbes als Ausgangspunkt dieser paradoxen Geschichte von Entzauberung und Ermächtigung des Menschen gewählt? Aus dem einen Grunde, dass sich hier zum ersten Mal in so krasser Form die Verschiebung unserer ursprünglichen Fragestellung anmeldet: Die Frage, was der Mensch sei, wird von nun an immer mehr beantwortet aus der Analyse von Vorgängen im Menschen selber. Modern gesprochen: Die externalisierte Frage nach dem Menschen wird internalisiert. Oder nochmals anders ausgedrückt: Die Frage lautet immer weniger: »Was ist der Mensch?«, sondern immer mehr: »Wie funktioniert der Mensch?«

War nun das 18. Jahrhundert als Jahrhundert der Aufklärung noch bestimmt von der Frage nach der Autonomie des Menschen gegenüber externen Autoritäten metaphysischer, politischer und kirchlicher Art, also vom Vertrauen in seine autonome Vernunft, bricht mit dem 19. Jahrhundert und seinen wissenschaftlichen Entdeckungen immer mehr die Frage herein, wie er denn funktioniere: biologisch, physiologisch, in seinem Verhalten, in seiner Fortpflanzung und in seiner Vererbung. Und während dies alles schon ein beachtlicher Schock sein musste für das traditionelle Denken – um wie viel größer musste der Schock der Entzauberung erst sein, als der Mensch erfuhr, dass er keineswegs zur Erstausstattung dieser Erde, geschweige denn dieser Welt gehörte, dass er also – um es in aller Rohheit und falschen Primitivität zu sagen – gewissermaßen »vom Affen abstammt«. Über den dagegen hilflosen religiösen *Creationism* wird heute noch an amerikanischen Schulen gestritten.

Dass über diesen Entdeckungen die religiösen Welt- und Menschenbilder ins Wanken geraten mussten, versteht sich nach alledem von selbst – zumal da ja nicht nur der heutige Mensch im Lichte der naturwissenschaftlichen Kritik mit neuen Augen gesehen wurde, sondern auch das Gesamt seiner Glaubensurkunden im Lichte der historischen Kritik. Doch der Siegeszug des Rationalismus, der demgegenüber als unvermeidlich und unaufhaltsam erschien, wurde seinerseits schneller als gedacht abgebrochen. Mit den Entdeckungen Sigmund Freuds wurde zu Beginn des 20. Jahrhunderts der Mensch als reines Vernunftswesen immer fragwürdiger – so wie am Ende des 20. Jahrhunderts der Mensch sich anschickte, das, was von seiner fadenscheinig gewordenen Vernunft noch übrig blieb, auf einer neuen Stufe wiederum als Funktion neurologischer Vorgänge, eben als neurologisch lokalisierbare Vorgänge im menschlichen Gehirn zu ergründen. Und am Ende soll dies alles, was den Menschen ausmacht, so jedenfalls seine popularisierte und primitive Wahrnehmung als Zeitungsleser, in einer Genomkartei nachzulesen sein.

Ich habe diese Geschichte der Selbst-Entzauberung des Menschen in solchen groben, schwarzen Strichen nachgezeichnet, weil sie sowohl die Voraussetzung wie die Folge der gleichzeitig stattfindenden Selbst-Ermächtigung des Menschen ist. Nichts von dem, was uns heute an wissenschaftlichen, technischen und wirtschaftlichen Möglichkeiten, bis weit in unsere Alltagswelt hinein, selbstverständlich geworden ist – wenn man so will: von der Dampfmaschine bis zum Computer –, nichts von alledem an Ermächtigung wäre möglich geworden, ohne diesen epochalen Prozess der Entzauberung des Menschen und seiner Welt. Wobei die Entzauberung der Welt und ihrer überweltlichen Mächte der Selbst-Entzauberung des Menschen wiederum nur vorausgegangen ist. Der entzauberte Mensch ließ sich aber paradoxerweise – oder konsequenterweise – immer wieder aufs Neue verzaubern – und zwar von seinen technischen Möglichkeiten wie von seinen politischen Phantasien.

Hören wir zunächst, wie Sir Walter Scott den Eintritt ins Kraftmaschinen-, oder genauer: ins Dampfmaschinenalter kommentierte: Da, so heißt es, »stand Mr. Watt, der Mann, dessen Verstand die Möglichkeiten entdeckt hat, die Bodenschätze unseres Landes in einem Maß zu vervielfältigen, das vielleicht sogar über seine eigenen erstaunlichen Berechnungen und Kombinationskräfte hinausreicht; zum Beispiel die Schätze aus dem Erdinnern an die Erdoberfläche zu fördern – dem schwachen Arm des Menschen die Kraft eines Dämonen zu geben – auf Befehl Fabriken entstehen zu lassen, so wie der Stab des Propheten Wasser in der Wüste hervorbrachte – Mittel bereitzustellen, um unabhängig zu sein von Zeit und Gezeiten, die sich um keinen Menschen kümmern – und ohne den Wind, der selbst den Befehlen und Flüchen des Xerxes trotzte, zu See zu fahren. Dieser mächtige Beherrscher der Elemente – die Überwinder von Zeit und Raum – dieser Zauberer, dessen dampfende Maschinen eine Veränderung auf der Welt verursacht haben, deren Auswirkungen, so außergewöhnlich sie sind, vielleicht erst jetzt beginnen spürbar zu werden …« Wie oft haben wir jene feierliche, fast religiös gefärbte Sprache seither immer wieder gehört: bei der Entdeckung des Elektromotors, des Verbrennungsmotors, der Atomkraft – und in entsprechend angepasster Prosa (oder Lyrik) bei all den anderen Erfindungen der Chemie, der Physik, der Raumfahrt – und jetzt der Genetik?

Oder der paradoxe Zusammenhang zwischen der Entzauberung des Menschen im mehr oder weniger dialektischen Materialismus, die ja bruchlos überging in eine geschichtslos-geschichtsüberwindende Weltutopie. Wie denn eben diese Entzauberung es nicht etwa ausgeschlossen, sondern geradezu ausgelöst hat, dass im 20. Jahrhundert völlig entgrenzte, einander völlig entgegensetzte, also totalitäre Ideologien die Menschen massenhaft verzückten; und dass sie ihre Hohepriester instand setzten, weite Teile der Menschheit zu unterjochen und zu vernichten.

Kurz vor der Klimax der Konfrontation dieser beiden ideologisch begründeten Totalitarismen, des Hitlerismus und des Stalinismus, ist es nun ein Theologe in der lebensbedrohlichen Haft, ist es also Dietrich Bonhoeffer, der beides zugleich wagt: vom »religionslosen Christentum« zu reden – *und* von Gott. Da spricht Bonhoeffer, andeutend in seinen Gedankenstücken aus der Haft, vom religiös mündigen Menschen, der ohne die Arbeitshypothese Gott zu leben lernen müsse, ohne Gott als »Lückenbüßer«. Wobei der »Lückenbüßer« doppelt verabschiedet werden muss – zum einen als die Figur, die ins Spiel kommt, wenn wir nicht mehr weiter wissen, zum anderen als eine Figur, die ihre schwindende Rest-Existenz allein in den Nischen unseres noch nicht aufgeklärten Nicht-Wissens fristen darf, auf Zeit, wie sich versteht.

Dietrich Bonhoeffer macht diese tastenden Denkversuche wenige Monate, bevor die erste Atombombe auf Hiroshima fällt. Ob er sie, wäre er nicht ermordet worden, danach noch hätte stehen lassen können? Uns Heutigen muss diese heroisch angenommene »Mündigkeit« des Menschen als zutiefst fragwürdig, ja über-lebensgefährlich erscheinen. In der Mitte der ersten Hälfte des vorigen Jahrhunderts setzt sich der Mensch instand, seine gesamte Gattung zu vernichten – am Ende des 20. Jahrhunderts, und also heute, macht er sich auf, die Gattung umzubauen; wenn wir den wissenschaftlichen Projektionen Glauben schenken wollen. Können wir uns eine radikalere Entzauberung und Ermächtigung des Menschen überhaupt vorstellen?

Hier wird nun endgültig die wirklich beängstigende Paradoxie von Entzauberung und Ermächtigung, die wahrhaft explosive Paradoxie der Freiheit – und die (vorerst, wohl verstanden!) letzte Schärfe der Frage »Was ist der Mensch – *noch*?« deutlich. Wenn dies alles wahr und das letzte Wort sein sollte, dann stünde dem nahezu total ermächtigten Menschen in seinen Möglichkeiten allein ein Mensch gegenüber, der sich nur noch als ein Produkt der physiologischen, der psychologischen und neurologischen Vorgänge in sich selber zu verstehen weiß: Nicht mehr das Geschöpf dem Schöpfer und der Schöpfung – sondern das Produkt dem Produzenten als einem bloßen Produkt, am Ende: das Produkt als Resultat seiner eigenen Produktion. Der »Leviathan« des Thomas Hobbes wäre auf völlig ungeahnte, radikal moderne und unüberbietbare Weise zu sich selber gekommen.

Noch einmal: Dies ist gewiss nicht das ganze Bild, aber doch ein wesentlicher Zug des ganzen Bildes, der – wie in einer Karikatur – etwas Wesentliches krass hervortreten lässt. Mehr oder weniger krass: Das ist das Wesen *all* unserer Bilder, auch aller unserer Menschenbilder, dass wir immer nur bestimmte Wesenszüge zu einer bestimmten Zeit – und stets auch zu Lasten anderer Züge – hervortreten lassen können. Dieser Umstand könnte auch dem archaischen Bilderverbot zu Recht zugrunde liegen: dass wir immer nur Karikaturen zeichnen können – und dass wir niemals den uns jeweils zugänglichen Teil für das Ganze nehmen dürfen, weil der Teil zwar zur Wahrheit gehört, aber sie doch verfehlen muss. Und erst recht, wenn wir uns ein Bild Gottes machen wollten.

Gestatten Sie mir an dieser Stelle einen Exkurs, scheinbar nur einen Exkurs: Wenn wir uns kein Bildnis Gottes machen sollen, hat dies zu allererst damit zu tun, dass wir uns nicht einbilden sollen, wir könnten über Gott verfügen – indem wir ihn zu einem handlichen, handhabbaren Götzen machen. Wenn dies zu Recht so ist, dann muss uns freilich auch die Rede von der Gottebenbildlichkeit des Menschen zutiefst problematisch werden, obwohl wir uns – gerade auch in der gegenwärtigen bioethischen Debatte – gerne auf diese Denk-Figur zurückziehen, um uns kritisch gegen die Instrumentalisierung des Menschen zu seinen eigenen Zwecken zu verwahren. Mir aber wird dieser Topos je länger, desto fragwürdiger. Wenn ich die biblische Rede in Gen 1, 26–31 richtig verstehe, ist dort zunächst nur gesagt: Der Mensch handelt auf der Erde an Gottes Statt, als sein Repräsentant. Das ist einerseits seine Würde – andererseits seine Grenze. Denn der Vertreter ist nie identisch mit dem Vertretenen. Unter der Überschrift »Gottebenbildlichkeit« dürfen wir also nicht sprechen von einer Wesens-Gleichheit zwischen dem Menschen als Bild und Gott als dem darin Abgebildeten. Die Rede ist also gerade nicht von einer substantiellen Identität oder wesentlichen Ähnlichkeit zwischen Gott und Mensch, Schöpfer und Geschöpf – sondern die Rede kann nur sein von einer Beziehung, in der die ganze schöpferische Aktivität exklusiv bei Gott liegt und beim Menschen exklusiv die geschöpfliche Passivität. Dieser uneinholbare Abstand ist die exklusive Voraussetzung der ganzen Beziehung – und dass Adam (der Mensch) den Versuch unternommen hat, diesen Abstand eigenmächtig zu überwinden, dies war der Absturz aus der Beziehung, der Sündenfall schlechthin. Solange der Mensch Gott werden will, bleibt dies eine heillose Geschichte (bis in unsere Tage) – und geheilt wurde diese Beziehung allein dadurch, dass Gott – Mensch wurde. Das Gefälle geht also von der Gottebenbildlichkeit des Menschen *vor* dem Sündenfall zur Menschenebenbildlichkeit Gottes *nach* dem Sündenfall.

Zurück zu jenem Dreischritt der Emanzipation, der Entzauberung und der Ermächtigung des Menschen, hinter den wir sowenig zurückschreiten können wie hinter den Sündenfall: Wir können nicht anders, als in dieser Trias die Wurzel und das Resultat der epochalen Säkularisierung zu erkennen – einer Ent-Sakralisierung des Menschen wie der Welt. Dieses Datum ist auch für die Theologie nicht rückgängig zu machen. Die theologische Aufgabe bestünde nun darin, der Selbst-Säkularisierung der Welt und des Menschen die radikale Selbst-Säkularisierung, die unüberbietbare Selbst-Verweltlichung Gottes in Christi Geburt als dem bisher doch entscheidenden Datum unserer Zeitrechnung entgegenzusetzen.

Wenn man sich nur aufmerksam umschaut, kann man die Zeichen des Unbehagens an der Kälte einer bloß rationalistischen Säkularisierung und einer Säkularisierung, also Globalisierung des Rationalismus überall erkennen: Von der Globalisierungskritik bis zu der Friedenspreis-Rede von Jürgen Habermas. Nun darf auf die Entzauberung der Entzauberung, darf auf die Kälte des technisch-wissenschaftlich-wirtschaftlichen Rationalismus gewiss nicht die Flucht in den (alten oder neuen) Irrationalismus folgen. Auch wäre es mehr als vorschnell, von einem Comeback der Religion zu reden. Schon gar jenen Typ von Religion, der auf die Moderne nur mit einem Ressentiment – erst emotional, dann aggressiv, dann mörderisch – zu reagieren vermag, sollten wir uns vom Leibe halten.

Und wie immer riskant es ist, die Gefängnisnotizen Dietrich Bonhoeffers theologisch und systematisch zu überfordern: die Warnung davor, mit der Arbeitshypothese »Gott« als einem »Lückenbüßer« zu operieren – diese Warnung bleibt allemal ernst zu nehmen und wahr. Es hat also keinen Sinn, auf die Selbst-Zweifel der Moderne (oder Post-Moderne; oder des post-säkularen Zeitalters) mit einem erleichterten Stoßseufzer zu reagieren, gar kirchlicherseits, etwa nach dem Motto: »Ihr naht Euch wieder, schwankende Gestalten …« Es ist ja nicht so, dass die Kirche, dass die Kirchen, bis ins 20. Jahrhundert von all den Entzauberungskrisen unberührt und als solche intakt geblieben wären. Mit anderen Worten: Nachdem alle positiven Gottesbeweise gescheitert sind, ergibt es erst recht keinen Sinn, sich auf negative Gottesbeweise zu verlegen – etwa von der Art: Da die Moderne an ihr Ende gekommen ist, fängt nun die Vor-Moderne wieder an; da der Mensch sieht, dass er mit einem agnostischen oder atheistischen Rationalismus nicht sehr weit kommt, muss er zwangsläufig wieder gläubig werden. (Übrigens: *zwangs*-läufig schon gar nicht!)

Also vielleicht: Notwendiger-, not-wendender-weise – aber nicht: Zwangsläufig! Und nicht: Mit Beweiskraft! Aber nun wird auch die andere Seite der Säkularisierung sichtbar. Diese Entzauberung, diese Ent-Sakralisierung der Welt und des Menschen kann auch verstanden werden, als die radikale Ent-Götzung der Welt und ihrer Herrschaften. Diese Ent-Heiligung der Welt setzt uns erst frei, die Welt als Ort unserer Verantwortung anzunehmen. Es kann also in dieser Säkularisierung auch die Befreiung von falschen religiösen Traditionsbeständen und Einbildungen liegen und also eine radikal moderne Auslegung des ersten Gebotes: Ich bin der Herr, dein Gott. Du sollst keine anderen Götter haben neben mir. Und wir können auslegend hinzufügen: Schon gar nicht dich selbst, deinen Kosovo, deinen Westen … Und so gesehen ist eben jede seriöse Theologie zu allererst – Religionskritik.

Nicht dass unsere aus Selbst-Entzauberung und Selbst-Ermächtigung erzeugte Leere für sich genommen theologisch produktiv sein könnte – aber vielleicht kann diese radikale Entzauberung und Entleerung zugleich wirken wie eine Beseitigung aller unserer eigenmächtig errichteten Teil- und Scheinwahrheiten, die sich der reinen Wahrheit (oder traditionell gesprochen: dem Hören auf Gottes Wort) in den Weg stellen. Zugespitzt ausgedrückt: Vielleicht brauchen wir gerade diese Erfahrung der *tabula rasa*. Wir müssen wohl die Erfahrung machen, dass das

Konzept der selbstherrlichen Selbstverwirklichung dann scheitern muss, wenn damit mehr gemeint sein soll, als sich von der Beherrschung durch andere menschliche Mächte frei zu machen. Und nicht minder müssen wir wohl in allem Schrecken erfahren, wie sehr wir uns als Gesetzgeber, Richter und schließlich Henker unserer eigenen Existenz überfordern würden, wollten wir für den Sinn unseres Lebens und Sterbens aus eigener Kraft aufkommen.

Was also ist der Mensch? Beschreibend können wir dazu manches sagen. Aber können wir aus eigener Kraft die Frage beantworten: Was ist *der Sinn* des Menschen? *Wozu* gibt es Menschen? Was wäre, wer verlöre etwas – wenn es keine Menschen mehr gäbe? Und: Wenn es einmal keine Menschen gab (und dass dies so ist, einmal so war, das wissen wir inzwischen!) – woher nehmen wir dann die Gewissheit, dass es immer Menschen geben wird; erstens: überhaupt – und dann: solche wie wir?

In dieser fragenden Leere sind wir mit einem Mal den alten Psalmen näher als die meisten Menschen denken – und zwar in jener Paradoxie, in der der Psalmist beides zusammendenkt: Das Staunen über sein Dasein – und das Staunen über sein Sosein, etwa in Psalm 8,4–6: »Wenn ich sehe die Himmel, deiner Finger Werk, den Mond und die Sterne, die du bereitet hast: was ist der Mensch, dass du seiner gedenkst, und des Menschen Kind, dass du dich seiner annimmst? Du hast ihn wenig niedriger gemacht als Gott, mit Ehre und Herrlichkeit hast du ihn gekrönt.« (Bemerkenswerterweise übersetzen die Septuaginta, die Vulgata und die King-James-Bibel – und selbst Martin Luther im Hebräerbrief – die Attribution »wenig niedriger als Gott« deutlich bescheidener: »Wenig niedriger als die Engel« –

als schreckten sie vor dem zunächst Gesagten zurück, als sie dessen Ungeheuerlichkeit erkannten.)

Mit anderen Worten: Gerade am Anfang des 21. Jahrhunderts, nach dem Dreischritt der Emanzipation, der Entzauberung und der Ermächtigung des Menschen gewinnen die alten Texte eine neue Sprachkraft – wenn wir nur erkennen: Die Frage, was der Mensch sei, was der Sinn des Menschen sei, können wir nach wie vor nicht beantworten. Es bleibt dies zumindest ein Rätsel, zumal wenn wir uns noch einmal die eklatanten Widersprüche vor Augen führen, von denen unsere Erörterung heute Abend ihren Ausgang genommen hat.

Freilich, und hier bediene ich mich einer Unterscheidung, die wir Eberhard Jüngel verdanken: Ein Rätsel verlöre seine Faszination, sobald wir seine Lösung kennten. Ein Geheimnis hingegen gewinnt an Faszination, je tiefer wir uns darin vertiefen.

Sie haben mir für diesen Abend die Frage gestellt: Was ist der Mensch – *noch*? Dies Wörtlein »noch« – wir haben es anfangs so gedeutet, dass sich diese Frage in der Menschheitsgeschichte immer wieder neu stellt, immer wieder anders, dass überdies die Entwicklung offen sei – zum Guten wie zum Bösen. Wir können uns nun die Frage stellen, ob dies »noch« eine Frage ist – oder ob diese Frage eines Tages aufhört, eine Frage zu sein; ob also die Frage eines Tages aus unseren eigenen Kräften eine (wissenschaftliche) Antwort findet. Zugespitzt gefragt: Wird also die Ent-Zauberung des Menschen eines Tages in die Ent-Rätselung des Menschen umschlagen?

Oder noch einmal anders formuliert: Ist der Mensch an und für sich nur ein Rätsel, das irgendwann seiner dann nicht mehr interessanten Auflösung harrt – oder bleibt er sich selber in Wahrheit und in Ewigkeit ein Geheimnis, in das es sich zu vertiefen lohnt? Rätsel – oder Geheimnis? Rätsel, also eine Frage des Wissens – oder Geheimnis, und also eine Frage des Glaubens: Das ist *die* Frage!

In einem wissenschaftlichen Sinne »glaube« ich und in einem gläubigen Sinne hoffe ich, dass sich diese Frage zu unseren Zeiten nie abschließend, schon gar nicht bequem beantworten lässt.

Was leistet der Begriff Menschenwürde?

Die Würde des Menschen ist unantastbar – dieser erste Satz des deutschen Grundgesetzes spricht, so sollte man es meinen, eine schlichte Selbstverständlichkeit aus. Aber weshalb müssen wir dann darüber reden? Weshalb ist das eigentlich Selbstverständliche ins Gerede gekommen? Es gibt seit ungefähr vier, fünf Jahren einige Diskurse im deutschen Kontext, in denen die Frage der Menschenwürde eine Rolle spielt – oder in denen der Begriff der Menschenwürde und seine Aussagekraft selber in Frage gestellt werden; zwischen diesen Diskursen gibt es naturgemäß Resonanzen und Konsonanzen.

Da ist zum einen – öffentlich wahrnehmbar geworden durch den spektakulär verkündeten Wunsch des Bundeskanzler Gerhard Schröder nach einer Debatte über die Bioethik »ohne ideologische Scheuklappen« – der Diskurs über all das, was mit den Stichworten PID, verbrauchende Stammzellforschung an menschlichen Embryonen und das Klonen in beiderlei Gestalt – therapeutisch und reproduktiv – grob zu umreißen ist. Die Kritiker aller Ausweitung der Forschung stützen sich bei ihrer Abwehr vor allem auf den Begriff der Menschenwürde, der schon den Vorstufen geborenen menschlichen Lebens zukomme – wohingegen die Befürworter den Schutz der Menschenwürde reservieren wollen für die Person, also die mehr oder weniger ausgebildete Persönlichkeit, die ihre Würdefähigkeit nicht von (und vor allem) Anfang an mit sich trage, sondern sie – sozusagen von Person zu Person – erst zugeschrieben bekomme. Wie auch immer: Die Menschenwürde ist zu einem – so oder so betrachteten und eingesetzten – Zentralbegriff des bioethischen Diskurses geworden.

Dies ist insofern eine Zuspitzung und Verschiebung der Debatte, als noch in den Gesetzgebungsverfahren und in den Verfassungsgerichtsprozessen um den Paragraphen 218 vorwiegend der Schutz des menschlichen *Lebens* im Vordergrund stand – nicht der Schutz seiner *Würde*. Von wann an hat der Staat menschliches Leben im Mutterleib zu schützen – und wie? Das war die Frage. Vielleicht ist es die Erfahrungstatsache, dass viele der im Rahmen der künstlichen Fortpflanzung hergestellten, aber überzähligen menschlichen Embryonen, die für die Stammzellforschung in Frage kämen, auf einigermaßen natürliche Weise (oder auf sozusagen technisch in die Naturnähe gebrachte Weise) praktisch keinerlei Chance haben, zu voller menschlicher Aktivität heranzureifen – vielleicht ist es die Prognose, dass ein fortgesetztes Leben dieser Embryonen weder intendiert noch zu realisieren ist, die es plausibler erscheinen ließ, sogleich von Menschenwürde als Implikat zu sprechen.

Ist diese Debatte also seit etwa vier Jahren dezidiert so fokussiert worden, so darf doch nicht vernachlässigt werden, dass es vor der Stammzell-Diskussion (und um die Revision des Embryonenschutz-Gesetzes) schon in der Auseinandersetzung um die deutsche Ratifizierung der Bioethik-Konvention des Europarates ähnliche Anklänge gab. Mit der parlamentarisch eingesetzten Enquêtekommission Bioethik und der gouvernemental verfügten Einrichtung des quasi konkurrierenden Nationalen

Ethikrates jedenfalls ist dieser Diskurs institutionalisiert worden.

Wie am Beginn des Lebens, so steht auch am Ende des menschlichen Lebens die Menschenwürde zur Diskussion – also in den Fragen der aktiven oder passiven Sterbehilfe und in den Überlegungen, auf welche Weise ein Mensch für den später denkbaren Fall seiner Artikulationsunfähigkeit seine Selbstbestimmung durch Patientenverfügungen gewissermaßen vorauseilend betätigen und wahren kann. Haben wir es in der Frühphase menschlichen Lebens mit der Synchronisierung von Lebensschutz und Würdeschutz zu tun, tritt in der Endphase des Lebens der Schutz der menschlichen Würde und Selbstbestimmung unter Umständen in Konkurrenz zum (absoluten) Lebensschutz – und zwar dergestalt, dass eben der selbstbestimmte Mensch selber seine personale Würde sozusagen zu Lasten seines nur noch begrenzt zu verlängernden, möglicherweise quälenden Lebens zu wahren trachtet; wie gesagt – durch eine prognostisch vorweggenommene Selbstbestimmung für den Fall seiner eventuell nicht mehr zu betätigenden Selbstbestimmungsfähigkeit.

Wir werden an dieser Stelle eines Problems gewahr, das möglicherweise sogar die Ursache für beides ist – für die hervorgehobene Bedeutung des Begriffes der Menschenwürde ebenso wie für seine sogar damit einhergehende Infragestellung. Könnten wir ungebrochen und absolut sagen, das menschliche Leben rein als solches sei das höchste der Güter, ja sogar ein absolutes Gut, so wäre der Rekurs auf die Menschenwürde entbehrlich – jedenfalls in diesen genannten Fragen. Aber wann jemals waren wir dieser Überzeugung gewesen? Wer Krieg führt, sei es als Angreifer, sei es als Verteidiger, setzt menschliches Leben ein (und aufs Spiel) – und zwar am wenigsten das eigene. Weshalb? Weil er es für das höchste der Güter offenbar nicht hält. Wer in einem Geiseldrama als Polizeiführer einen so genannten »finalen Rettungsschuss« befiehlt, ordnet eine Tötung an – auch wenn dies in einer Nothilfe-Lage und im Konflikt »Leben gegen Leben« geschieht. Erst recht tut dies jemand (oder ein Staat), der die Todesstrafe vollzieht – denn in deren Vollstreckung kann von akuter Notwehr oder Nothilfe die Rede bestimmt nicht mehr sein. Und nicht nur bei bewussten Anordnungen, sondern auch bei der Inkaufnahme von Risiken dokumentieren wir, dass der vermeintlich absolute Wert »menschliches Leben« doch eher relativ ist. Wer zum Beispiel den Straßenverkehr unter Bedingungen ablaufen lässt, bei denen tödliche Unfälle regelmäßig zu gewärtigen sind, relativiert den Wert menschlichen Lebens zugunsten anderer »Werte«. Und schließlich – deshalb haben wir diesen Gedanken überhaupt erwähnt – kommen wir doch in gewisser Weise und in einem ungewissen Grade von der Überzeugung ab, jeder Mensch habe sein eigenes Leben unter allen Umständen weiter zu leben – wie schmerzhaft und (wie wir sagen) unwürdig zu verlaufen das restliche Leben (oder: das Sterben) bestimmt ist.

Der zweite in diesem Zusammenhang zu nennende Diskurs setzte ein, als der Bonner Staatsrechtler Matthias Herdegen seine Neukommentierung von Artikel 1, Satz 1 GG – also des Satzes: »Die Würde des Menschen ist unantastbar« – in dem fast kanonischen Grundgesetzkommentar Maunz-Dürig veröffentlichte und als der vormalige Bundesverfassungsrichter und Staatsrechtler Ernst-Wolfgang Böckenförde darauf mit einer scharfen

Polemik unter der Überschrift »Die Würde des Menschen war unantastbar« replizierte.

Machen wir einen gewagten Versuch, die damit eröffnete Kontroverse auf einen vereinfachenden Begriff zu bringen! In der ursprünglichen Kommentierung durch Günter Dürig steht der Schutz der Menschenwürde vor und über allen subjektiven Grundrechten der Person als »oberstes Konstitutionsprinzip allen objektiven Rechts« gewissermaßen vor der Klammer des gesamten Rechtssystems. Mit anderen Worten: Nicht nur ist die Menschenwürde unantastbar, sondern auch die Norm selber, die solches besagt, ist unantastbar – und damit jeder Relativierung und Akkordierung mit anderen Rechten entzogen. In der Neukommentierung durch Matthias Herdegen hingegen (die einige neuere Tendenzen in Rechtswissenschaft und Rechtsprechung durchaus aufarbeitet – und durchaus zuspitzend herausarbeitet – wird diese Norm sozusagen heruntergestimmt auf den Rang eines subjektiven Grundrechts neben anderen, auf den Rang eines Grundrechts also, das sich sowohl in Konkordanz, aber eben auch in Konkurrenz zu anderen Grundrechten behaupten muss – und eben auch nur noch begrenzt behaupten kann. Das ist, mit Böckenförde zu sprechen, nicht nur eine Fortschreibung, sondern in der Tat eine Umschreibung des ursprünglichen Ansatzes von Günter Dürig – jenes Ansatzes, der den Gründungskonsens des Grundgesetzes und der von ihm getragenen Republik formuliert hatte.

In der Kommentierung von Herdegen findet sich eine illustrative Passage, die nicht nur die praktische Konsequenz eines solchen veränderten Ansatzes erkennen lässt, sondern gewissermaßen auf den dritten aktuellen, nun eher an einem konkreten Fall einsetzenden Diskurs verweist.

Bisher wurde jede Anwendung willensbeugender oder willenskontrollierender Eingriffe – etwa körperliche Schmerzzufügung oder »Wahrheitsdrogen« – um ihrer selbst willen als eine Verletzung der Menschenwürde betrachtet. Herdegen sagt, dies sei zu kurz gegriffen, wenn dabei abstrahiert werde vom beabsichtigten Schutz eines anderen menschlichen Lebens. Deshalb könne sich »im Einzelfall ergeben, dass die Androhung oder Zufügung körperlichen Übels, die sonstige Überwindung willentlicher Steuerung oder die Ausforschung unwillkürlicher Vorgänge wegen der auf Lebensrettung gerichteten Finalität eben nicht den Würdeanspruch verletzen.«

Mit anderen Worten: Mit der ursprünglichen Lesart des Satzes »Die Würde des Menschen ist unantastbar« war jede Form der Folter unter allen Umständen untersagt, weil allein das Instrument der Folter für sich genommen immer und jederzeit die Würde des betreffenden Menschen verletzt. Mit Herdegen hingegen müsste gefragt werden, zu welchem Zwecke denn, also mit welcher Finalität dieses Instrument eingesetzt würde. Nicht die Folter als solche wäre dann eine Verletzung der Menschenwürde, sondern nur eine bestimmte Finalität ihrer Vornahme. Würde hingegen gefoltert, um ein unmittelbar bedrohtes Menschenleben zu schützen (etwa um den von dem Jurastudenten Gäfgen entführten Knaben von Metzeler zu retten), so wäre diese Aktion nicht nur strafrechtlich zu rechtfertigen, es handelte sich vielmehr rein begrifflich gar nicht um eine Verletzung der Menschenwürde des Entführers. Man kann das auch so sagen:

Nicht das Mittel als solches ist verwerflich. Erst der (falsche) Zweck entheiligt das Mittel.

Ohne nun auf den Fall des vormaligen Frankfurter Polizeivizepräsidenten Daschner im Einzelnen einzugehen, sei doch immerhin ein Problem angezeigt: Gesetzt der Fall läge so, dass der Entführte aus der Hand seines Entführers tatsächlich durch einen finalen Rettungsschuss – und nur so – zu retten gewesen wäre, so hätte man sich kaum darüber erregt, dass der Täter um des Rettungserfolges willen vom Leben zum Tode gebracht worden wäre. Wie immer man den Fall entscheiden möchte, so ist doch kaum zu übersehen, dass man in prekäre Wertungskonflikte gerät, wenn man dagegen den – bezogen auf das Leben des Täters – geringeren Eingriff einer zeitlich und physisch begrenzten Schmerzzufügung für gravierender erklärt, obwohl er nicht das Leben des Täters beendet, sondern »nur« seine Würde tangiert – und dies für Augenblicke.[1]

In allen drei genannten Diskursen, die uns an dieser Stelle nur unter diesem Gesichtspunkt interessieren sollen, stellt sich also unsere Ausgangsfrage: Was leistet der Begriff der Menschenwürde? Stellen wir zunächst die Frage: Wie kam die Menschenwürde überhaupt ins Grundgesetz?

Die Gründung der Bundesrepublik Deutschland und die ihr vorausgehende Ausarbeitung des Grundgesetzes vollzog sich auf dem Hintergrund der schlimmsten Perversion des Rechts und der Staatlichkeit in der deutschen, ja der Menschheitsgeschichte. Umso mehr war den Mitgliedern des Parlamentarischen Rates daran gelegen, der geplanten Verfassung – so sehr sie aus anderen Gründen rein politisch als Provisorium konzipiert wurde – rechtlich einen geistigen, sittlichen und auch juristischen Halt außerhalb des kodifizierten und veränderlichen Gesetzes zu verleihen. Dem Vorstoß, dies über eine *invocatio dei* gedanklich zu bewerkstelligen, also durch eine religiöse Verankerung und Selbstverpflichtung des Staates und der Rechtsgemeinschaft, fand schon im Hauptausschuss des Parlamentarischen Rates nur eine starke Minderheit, aber keine ausreichende Mehrheit. Zieht man einen Strich unter die komplizierte Redaktionsgeschichte des ersten Grundgesetzartikels, so kann man durchaus sagen, dass das Institut der vom Staat nur vorgefundenen, von ihm aber absolut zu schützenden Menschenwürde im Grunde das säkularisierte Surrogat einer echten *invocatio dei* darstellte, also ein Stück einer auf die Rechtsphilosophie heruntergestimmten Rechtstheologie. Man konnte sich dabei durchaus schon auf die Präambel der Charta der Vereinten Nationen vom 26. Juni 1945 berufen (wo mehr deklaratorisch als konstitutiv die Rede war vom »Glauben an die Grundrechte des Menschen, an Würde und Wert der menschlichen Persönlichkeit«), aber in der Stilisierung des Menschenwürdeschutzes zur unmittelbar verpflichtenden Fundamentalnorm ging der Parlamentarische Rat ein ganzes Stück weiter – was man auch daran erkennen kann, dass er die ihrerseits verallgemeinerte und *quelquefaçon* säkularisierte, jedenfalls entkonfessionalisierte und durchaus auch entchristlichte Formel »in der Verantwortung vor Gott und den Menschen« nur in der Präambel zum Grundgesetz aufscheinen ließ, also ohne unmittelbar verpflichtenden Rechtsnormcharakter; erst im Verfassungsgerichtsprozess um das Verbot der KPD griff das Bundesverfassungsgericht, im Grunde aus prozesstaktischer Argumentationsverlegenheit, das »Wiedervereinigungsgebot« – und nur dieses – aus der Präambel als einen unmittelbar verpflichtenden Rechtssatz heraus.

Die Verpflichtung zum Schutz und zur Achtung der Menschenwürde aber wurde, in den Worten Günter Dürigs als »eine axiomatische Ewigkeitsentscheidung zugunsten des der Verfassung vorgegebenen Wertgehaltes der Grundrechte« konstituiert. Folgt man der Philosophie dieser Entscheidung ganz konsequent, dürfte man nicht einmal sagen »konstituiert«, als ob man an dieser Stelle auch etwas anderes hätte konstituieren können, sondern es müsste heißen: erkannt, anerkannt oder evoziert. Aber das Wort »Ewigkeitsentscheidung« zeigt schon eine gewisse Ambivalenz an, denn was ewig wahr ist, kann nicht aus einer momentanen Entscheidung erwachsen. Es kann nur die Entscheidung geben, dieser Wahrheit zu folgen – die Wahrheit aber besteht unabhängig davon, ob man sich für sie entscheidet oder nicht. Doch genau darum ging es auf dem Hintergrund der deutschen Staats- und Rechts- oder genauer: Unrechtsgeschichte: Man wollte – welch' Paradox! – durch eine einmalige Entscheidung das für richtig Erkannte ein für alle Mal einer Revisionsentscheidung entziehen, also durch eine einmalige werthafte (und wehrhafte) Dezision künftigen Dezisionismus verhindern.

Der kräftige Konsens – »Nie wieder Unrecht!« Oder mit der Überschrift über einem Aufsatz von Gustav Radbruch aus dem Jahr 1946: Nie wieder »gesetzliches Unrecht« im Verstoß gegen »übergesetzliches Recht«! – war verständlich und unbefragt geblieben auf dem Hintergrund des Verbrechensregimes der nationalsozialistischen Diktatur. Doch nicht nur die staatliche Katastrophe der Jahre 1933 bis 1945 stand im Bewusstsein der Verfassungsväter. In Wirklichkeit ging es um die gesamte Verlegenheit der modernen Rechtsgeschichte, Rechtsphilosophie und Rechtstheorie seit dem Ausgang des 19. Jahrhunderts – ja im Grunde seit dem Abschied sowohl vom rechtstheologisch unterfütterten Herrschaftsgedanken der Monarchie als vom frührationalistischen Absolutismus. Wenn nicht mehr der Herrscher, sondern das Parlament Recht setzt, wenn also nicht mehr die Autorität, sondern die Majorität hinter den Rechtsnormen steht: Was kann dann eigentlich als Recht gelten? Welche Alternative gab es in der heraufziehenden Mehrheitsherrschaft zu dem Hauptsatz des Rechtspositivismus, wonach Recht all das – und nur das – ist, was der zuständige Gesetzgeber in die Form generell-abstrakter Normen gebracht hat? Thomas Hobbes hatte noch, frührationalistisch, formuliert *auctoritas non veritas facit legem* – Nicht die Wahrheit, sondern die Macht bestimmt, was Gesetz ist. Wenn man nun demokratisch schrieb *majoritas non veritas,* so hatte man zwar den absoluten Herrscher durch den demokratischen Herrscher ersetzt – aber die Frage nach dem wahren Recht, nach der Wahrheit des Rechts als inhärent kritischer Instanz in und gegenüber den Gesetzesbeschlüssen blieb nach wie vor unbeantwortet. Wenn das Grundgesetz von 1949 in Artikel 20, Abs. 3 schreibt: »Die Gesetzgebung ist an die verfassungsmäßige Ordnung, die vollziehende Gewalt und die Rechtsprechung sind an Gesetz und Recht gebunden«, so erinnert es an die potentiell bleibende Differenz zwischen formellen Rechtssätzen und materiell richtigem Recht. Die Institutionalisierung der Verfassungsgerichtsbarkeit ebenso wie die Kodifizierung des eigentlich Nicht-Kodifizierbaren, nämlich der allem Staat vorausgehenden Verpflichtung zum Schutz der Menschenwürde, sind Versuche, das im Kern Trans-Operable zu operationalisieren – also den Anker des Rechtes sowohl jenseits des geschriebenen Rechts auszuwerfen als auch im geschriebenen Recht selber festzumachen.

Diese potentielle Differenz zwischen materialem Recht und formellen Gesetzessätzen muss nicht, kann aber jederzeit auftreten. Das ist ein Faktum unserer Lebenserfahrung – wie könnte sonst auch ein Gesetz als verfassungswidrig erklärt werden? Sie ist aber jenseits der praktischen Erfahrung spätestens seit der neukantianischen Differenz zwischen Sein und Sollen ein ungelöstes theoretisches Problem, auch wenn es sich in Jürgen Habermas' Buchtitel neologisch als Kontrast zwischen Faktizität und Geltung formuliert. Weder aus empirischen Beobachtungen noch aus empirischen Dezisionen noch aus empirischen Diskursen der billig und gerecht Denkenden können wir zuverlässig zu ewig gültigen und ewig wahren Sätzen eines materialen Rechts vordringen.

Nicht aber ist es allein schwierig, aus empirischen Seinstatsachen normative Sollenssätze abzuleiten (wie immer sich auch eine gewisse Spielart der Rechtssoziologie darum bemüht haben mag) – auch der umgekehrte Weg, nämlich der Transfer absolut geltender Sollenssätze in empirisch gültiges Recht, führt über logische Abgründe. Welchen Geltungsgrund und Verpflichtungscharakter könnten zum Beispiel religiös oder anderswie metaphysisch formulierte Normen in einem weltanschaulich neutralen Staat gegenüber Anders- oder Nicht-Gläubigen entfalten? Oder soll es etwa auf die ethischen

Überzeugungen der Mehrheit ankommen? Oder auf die Überzeugungen der billig und gerecht Denkenden, die dann im NS-Regime zum »Volksempfinden« degenerierten? Auch der Versuch, über die Denkfigur des »ethischen Minimums«, also über die pragmatisch zu ermittelnde Schnittmenge aller so oder so von irgendetwas Überzeugten einen festen Kern und Geltungsgrund zu ermitteln, löst das Problem nicht einmal von ferne. Zwar lässt sich mit dem »ethischen Minimum« das Akzeptanz- oder Konsensproblem lösen, nicht aber die Wahrheitsfrage in Bezug auf das richtige Recht. Vor allem aber: So sehr wir uns im Alltagsrecht, vor allem jedoch im Strafrecht (aber da ist das noch einmal eine andere Sache – weil der Staat ja nicht alles bestrafen *muss*, was anstößig sein könnte) – so sehr wir uns also im Alltag vor allem des liberalen Rechtsstaates – und dies zu Recht! – doch an dieses ethische Minimum halten, allein mit diesem Minimum kommen wir nur zu, ja: rechtlichen Banalitäten. In den wirklich komplizierten und präzisen Fragen des Rechts lässt uns dieses Kriterium ratlos. In dieser Sache verhält es sich ähnlich wie mit dem Versuch, aus allen Religionen eine Art Weltethos herauszudestillieren. Am Ende landet man bei ziemlich unergiebigen Trivialsätzen, weil – im Recht wie in der Religion – am Ende alles auf den ersten und letzten spezifischen Geltungsgrund ankommt. Die Wahrheit kennt, aber sie macht keine Kompromisse.

So sind denn auch alle Anstrengungen in der Zeit nach 1945, dem Recht einen sowohl unerschütterlichen als auch zwingenden Halt jenseits der konkreten Rechtssätze zu verleihen, nicht ohne Verlegenheit geblieben. Ich erinnere mich – um dafür nur ein kleines episodisches Beispiel zu geben – aus meiner Studienzeit an die bewegenden, aber doch auch liebenswürdigen Versuche, eine formale Logik des materialen Rechts zu entwerfen. Wer es nicht mit dem traditionellen Naturrecht versuchen wollte, suchte alternativ nach einer »Natur der Sache«, also den französischen Denkern einer *nature de choses* zu folgen, also mit dem Versuch eines säkularisierten Naturrechts. Nach wie vor gibt es eine Tradition des katholischen Naturrechts, die aber konnte jedenfalls in einem weltanschaulich neutralen Staat zwar ihrerseits Faktizität, aber keine unumstrittene Geltung beanspruchen. In der Nachkriegszeit gab es zwar auch Ansätze zu einem protestantisch inspirierten Naturrecht. Diese aber blieben nicht nur in der konfessionellen (polemisch gesprochen: anti-klerikalen, anti-römischen) Differenz stecken, sondern vor allem deshalb, weil das protestantische Denken in *Schöpfungsordnungen* (was ja nichts anderes war als eine Art des Denkens in der *Natur der Sachen* – etwa des Volkes, der Ehe, des Staates und dergleichen) kurz zuvor sich selber in der Zeit des Nationalsozialismus diskreditiert hatte. Karl Barths Polemik gegen eine »natürliche Theologie« oder *analogia entis*, also gegen den Versuch, aus solchen so genannten Schöpfungstatsachen alsbald Heilstatsachen, mithin ewige göttliche Wahrheiten abzulesen, richtete sich ja gegen die Erfahrung, wie schnell diese Schöpfungsordnungen, von der altlutherischen Neu-Orthodoxie hoch gehalten, zu Einbruchsstellen höchst zeitbedingter Ideologien wurden.

Und selbst die frühe Rechtsgeschichte der Bundesrepublik lieferte anschauliche Beispiele für eine höchst flüchtige Ideologisierung des Sittengesetzes. Wenn wir nur daran denken, wie der Bundesgerichtshof noch im

8. Bande seiner Entscheidungen in Strafsachen die Gestattung des Beischlafs zwischen Verlobten durch die Eltern im Elternhause unter pathetischer Berufung auf das Sittengesetz als schwere Straftat der Kuppelei stilisierte, erkennen wir auf eine makaber-anekdotische Weise die Gefahr dieser Ideologisierung, die wir heute vielleicht doch eher als einen Verstoß gegen die Menschenwürde klassifizieren würden.

Was also leistet der Begriff der Menschenwürde? Kann er – und wenn wie – unserem geschriebenen Recht jene Ewigkeitsgarantie verleihen, von der Günter Dürig gesprochen hatte? Wir stoßen bei der Suche nach einer Antwort auf eine Reihe von Paradoxien.

Das erste Paradox der Menschenwürde: Nur in seiner höchsten Allgemeinheit bewahrt der Begriff seine Präzision; wenn man ihn auf lauter Details herunterbricht, zerfasert er sogleich. All unser Recht ruht auf der Menschenwürde – aber sie darf nicht für alles in Anspruch genommen werden. Gleichwohl muss sie Tag für Tag in jeder Kleinigkeit verteidigt werden, denn wenn es erst ums Ganze geht, ist es zu spät. Ein Beispiel dafür liefert unter anderem die Kodifizierung des Widerstandsrechtes im Artikel 20, Abs. 4 des Grundgesetzes: »Gegen jeden, der es unternimmt, diese Ordnung zu beseitigen, haben alle Deutschen das Recht zum Widerstand, wenn andere Abhilfe nicht möglich ist.« Mit anderen Worten: Erst wenn selbst der Rekurs zum Verfassungsgericht keinen Erfolg mehr verspricht, setzt das Widerstandsrecht ein. Aber dann nützt demjenigen, der Widerstand leistet, die in »Friedenszeiten« vorausgegangene Kodifizierung seines Widerstandsrechtes jedenfalls in operationalisierter Form nichts mehr. (Wir übergehen an dieser Stelle die rechtsgeschichtliche und taktische Konzession an die Kritiker der Notstandsgesetze, die mit diesem intellektuellen Opfer geleistet wurde.)

Das zweite Paradox der Menschenwürde: Die Menschenwürde ist allem staatlichen Recht vorgelagert, aber sie ist auf das staatliche Recht angewiesen. Es gibt sehr wohl staatliches Recht ohne die Berufung auf die Menschenwürde (und zwar durchaus genuines, ordentliches Recht, das Allgemeine preußische Landrecht zum Beispiel) – aber es gibt keinen Schutz der Menschenwürde ohne staatliches Recht. Wir kennen andererseits in unserer Gegenwart sehr wohl zivilisierte Rechtsstaaten, die ihr Rechtssystem ohne Berufung auf die Menschenwürde in der Form eines unmittelbar verpflichtenden Rechtssatzes konstituiert haben – mit eindrucksvoller Tradition, die weiter zurückreicht als das Grundgesetz.

Das dritte Paradox: Die Menschenwürde ist durch den Staat zu schützen – aber sie ist auch gegen den Staat zu verteidigen. Gerade aber dann, wenn es darauf ankommt, kann ihr der staatliche Schutz fehlen. Wir stehen also immer wieder vor der Frage: Muss jeder Halt, den das Recht braucht, in das Rechtssystem – in das System der geltenden Rechtssätze also – hereingeholt, gewissermaßen internalisiert werden? Ist es erforderlich – aus einer rationalistischen Abwehr gegen eine Klerikalisierung oder Metaphysierung des Rechts – das empirisch geltende Rechtssystem sozusagen von innen heraus gegen Einbruchsstellen eines meta-juristischen Sollens hermetisch abzudichten? Oder wird nicht eben darin die Grenze und Würde des Rechts insgesamt erst darin deutlich, dass wir es als ein gewissermaßen nach oben offenes System erkennen und respektieren?

Wir sehen also, der Begriff der Menschenwürde muss allen unseren rechtlichen Operationen zugrunde liegen – doch er lässt sich selber nicht operationalisieren, er geht in einem rationalen Kalkül nicht auf. Anders als etwa der Begriff »Eigentum« lässt sich der Begriff »Menschenwürde« auch nicht tatbestandlich scharf fassen. (Bei anderer Gelegenheit könnte man dann fragen, inwieweit das wenigstens beim Eigentum wirklich möglich ist – das aber nur nebenbei gesagt.) Man kann sich sogar fragen, ob das Wort »Menschenwürde« überhaupt ein Begriff ist oder nicht vielmehr ein Stichwort für ein umfassendes, jeden Begriff übersteigendes Konzept. Gewiss aber darf man sagen, dass unsere zentrale Frage (»Was leistet der Begriff Menschenwürde?«) gewissermaßen schon begrifflich falsch gestellt ist. Denn das Wort Menschenwürde steht im Grundgesetz nicht wie ein gewöhnlicher Tatbestand (seien es die »hergebrachten Grundsätze des Berufsbeamtentums« oder die »Bundeswasserstraßen« – oder eben, recht präzise definiert, die einzelnen Menschenrechte und Grundrechte.). Mit der Beschwörung der Menschenwürde will das Verfassungsrecht nicht einige abgegrenzte Sachverhalte, sondern sich vielmehr insgesamt selber regulieren.

Wir stehen also gewissermaßen vor dem vierten Paradox der Menschenwürde: Die Menschenwürde ist das erste und letzte Kriterium aller Staatlichkeit – aber anders als bei allen anderen (logischen) Kriterien sonst entbehrt sie der begrifflichen und logischen Schärfe, weil sie – rechtlich gesehen – nicht ein Begriff unter Begriffen ist, sondern das Regulativ aller rechtlichen Begrifflichkeit. Die Menschenwürde steht dabei für das Recht insgesamt. Alles, was wir hier über den Terminus »Menschenwürde«

sagen, gilt aber für das Recht als solches. Genauer und allgemeiner ausgedrückt stoßen wir hier auf das Grundparadox allen Rechts, sofern wir uns auf die Erkenntnis der Differenz zwischen materialem und formalen Recht, zwischen Sein und Sollen, zwischen Faktizität und Geltung überhaupt einlassen. Das Recht und die Rechtlichkeit ist zwar der Grundwert und »Grenzgott« der Ausübung des staatlichen Gewaltmonopols oder – wie Max Weber, der Hausgott dieser Stätte es genannt hat – des »Monopol(s) legitimer physischer Gewaltsamkeit« als dem *differentium specificum* des Staates schlechthin. Doch obwohl das Recht den Gebrauch des »weltlichen Schwerts« begründen und begrenzen soll, entbehrt es in seinen obersten Geltungsgründen einer begrifflichen Gewalt und Schärfe, die der des Schwertes gleichkommen könnte.

Das mag man als Mangel des Rechts überhaupt betrachten – und mag das so tun, wenn man nur an der *Macht* des Rechtes interessiert ist. Fragt man aber nach der *Wahrheit* des Rechtes, so zeigt sich darin nicht nur – wie bereits angedeutet – die *Grenze*, sondern auch die *Würde* des Rechtes selber und insgesamt. Wenn nämlich die Wahrheit des Rechtes nicht nur der »Grenzgott« seines »Inhaltes« (also der Aussage seiner Normen) sein soll, sondern auch seiner Macht, so versteht es sich fast von selber, dass die Wahrheit des Rechtes selber nicht vermachtet, internalisiert und in den formellen Rechtssätzen restlos konsumiert werden kann.

Aufgeklärten Geistern mag es befremdlich erscheinen, dass wir auf diesem Wege zurückzufallen scheinen hinter die einmal erreichte, scheinbar unausweichliche Ent-Sakralisierung, ja die Säkularisierung des Rechts. Haben wir nicht mit gutem Grund die Metaphysik nicht nur aus unserem Leben und Denken, sondern auch aus dem Recht verabschiedet? Zugegeben, wir kennen die Gefahren der Klerikalisierung und der Ideologisierung des Rechts und der Macht. Es kann kein Zurück geben hinter die Aufklärung – aber es muss ein Vorwärts geben über eine verengt verstandene Aufklärung hinaus, nämlich eine Aufklärung des rationalen Rechts und des Rationalismus über deren eigene Grenzen. Das Recht ist eben keine bloß rationale, sondern eine reflexive Instanz. Das Recht hat es im letzten Grunde mit dem Unverfügbaren und dem Unantastbaren zu tun. Und es ist nicht nur ein philologischer Trick, wenn wir darauf hinweisen, dass »unantastbar« doch nur eine Übersetzung ist für das Wort »sakral« – für das, aus welchem Überzeugungsgrunde auch immer: Heilige.

Ich füge drei Glossen hierzu an. Erstens: Wir sehen nun, dass es sich bei der Ersetzung der im Parlamentarischen Rat aus durchaus nachvollziehbaren Gründen nicht mehrheitsfähigen *invocatio dei* durch die Berufung auf die Menschenwürde keineswegs nur um einen pragmatischen Ersatz handelt, sondern in der Tat – zwar entkonfessionalisiert und religionslos ausgedrückt – in der Sache genau um dasselbe. Zweitens: Vor allem in der bioethischen Debatte spielt die Behauptung eine Rolle, Menschenwürde sei etwas, was Menschen einander zuschreiben – das aber erst auf dem Wege zur vollen Entwicklung der Persönlichkeit. Meine Zweifel dagegen richten sich nicht an die Vorstellung der Zuschreibung selber und an das Objekt gewissermaßen der Zuschreibung, sondern gegen das hierbei zumeist unterstellte *Subjekt* der Zuschreibung (nämlich den Menschen) und gegen eine darin vollzogene Verwechslung der Instanz dieser Zuschreibung. Dieses Subjekt, diese (für mich: religiöse) Instanz will ich an dieser Stelle nicht selber subjektiv mit objektiver Wirkung auf andere beschreiben. Es kann aber für die Menschenwürde als einer unantastbaren und unverfügbaren Größe nicht darauf ankommen, ob und wie viele und wann Menschen ihren Mitmenschen in welchem Umfang Würde zuschreiben. Sie können darin nicht aktiv, sondern nur passiv sein – nicht Verpflichtende, sondern allein Verpflichtete; und nicht einmal nur Verpflichtete, sondern allem voraus Empfangene. Der Imperativ folgt dem Indikativ – nicht umgekehrt. Und drittens: Manches von dem, was ich mit alledem zu sagen versuchte, klingt – so scheint es mir – an in dem, was Jürgen Habermas mit seinen Aussagen über das post-säkulare Zeitalter andeutete und mit seinem Versuch, das was einstmals im Kontext religiösen Denkens gedacht, gesagt und geglaubt wurde, sozusagen post-metaphysisch und in nicht-religiöser Semantik zu bewahren. Ich zweifle allerdings sehr daran, dass sich die Sache und die Semantik wirklich voneinander trennen lassen.

Lassen Sie mich schließlich – und hier überschreite ich nun bewusst und endgültig den rein juristischen Diskurs – das von mir Gemeinte und meine Überzeugung an folgender Betrachtung bildkräftig werden, in der die tiefste Paradoxie der Menschenwürde anschaulich wird. Stellen Sie sich vor, Sie stünden vor dem Isenheimer Altar des Matthias Grünewald in Colmar und betrachteten den Leichnam des Gekreuzigten in der Predella des Altars. Wer könnte sich da der Einsicht entziehen, dass die Würde eines Menschen zwar auf das Grauenhafteste geschändet werden, aber doch im Kern schlechterdings nicht angetastet werden kann? Ja, mitunter kommt die Würde eines Menschen in seiner tiefsten Erniedrigung erst wirklich zum Vorschein! Selbst in ihrer absoluten Ohnmacht enthüllt sich die absolute Wahrheit der Menschenwürde. Und gerade dort, wo die Macht sich grenzenlos austobt, erweist sie sich als absolute Lüge. Die Würde des Menschen geht also nicht nur allem Recht und aller Macht voraus, sondern sie eilt ihnen – im Letzten unantastbar – noch im Inferno nach, als jene Wahrheit, die zwar verleugnet, aber nicht bestritten werden kann.

Dies ist schließlich der Grund dafür, dass das Grundgesetz der Bundesrepublik Deutschland mit den Sätzen beginnt, die mehr sind als eine gesetzte Rechtsnorm, nämlich ein demütiges Bekenntnis: »Die Würde des Menschen ist unantastbar. Sie zu achten und zu schützen ist Verpflichtung aller staatlichen Gewalt.« Wer wollte da noch fragen: Was leistet der Begriff Menschenwürde?

Weil aber nicht alle bleiben können

Vor 50 Jahren also wurde das Bundesamt für die Anerkennung ausländischer Flüchtlinge unter ihrer damaligen Bezeichnung gegründet. Vor vier mal 50 Jahren, nämlich vor 200 Jahren, genau: am 12. Februar 1804 starb Immanuel Kant. Nun mögen Sie sich fragen: Was hat denn der Philosoph in Königsberg des ausgehenden preußischen Spätabsolutismus zu tun mit einer im schönsten Mittelfranken gelegenen Behörde des demokratischen Nachkriegsdeutschland? Überhaupt: Philosophie und Behörde – wie soll das zusammengehen? Immerhin: Im Neuhochdeutsch der Kunst- und Blähworte könnte man inzwischen wohl schon von der »Philosophie« einer Behörde sprechen. Aber spätestens bei der Vorstellung von einer »Behörde der Philosophie« versagt unsere Phantasie. Oder?

Weit gefehlt! Denn in Wirklichkeit liegen Kant und das Bundesamt für die Anerkennung ausländischer Flüchtlinge näher beieinander, als Sie alle vielleicht vermutet hätten. Denn im Jahr 1795 hat Immanuel Kant in noch nicht eingeholter und noch nicht übertroffener Weise das Dilemma formuliert, das der Notwendigkeit und der Arbeit Ihres Amtes zugrunde liegt – und zwar in seinem philosophischen Entwurf »Zum ewigen Frieden«.

Kant formuliert in diesem Traktat zum ersten Mal in der Geschichte der Philosophie und des Völkerrechts die

»Idee eines Weltbürgerrechts«. Und wenn wir heutzutage schon so viel von der »Globalisierung« reden: Kant geht bei seiner Idee als erster von einer sowohl juristischen als auch moralischen Globalisierung aus – und zwar darin, dass er wie folgt schreibt: »Da es nun mit der unter den Völkern der Erde einmal durchgängig überhand genommenen (engeren und weiteren) Gemeinschaft so weit gekommen ist, dass die Rechtsverletzung an einem Platz der Erde an allen gefühlt wird: so ist die Idee eines Weltbürgerrechts keine phantastische und überspannte Vorstellungsart des Rechts, sondern eine notwendige Ergänzung des ungeschriebenen Kodex, sowohl des Staats- als Völkerrechts zum öffentlichen Menschenrecht überhaupt ...« Wie begründet Kant nun dieses Weltbürgerrecht wurzelhaft, also: radikal? Er spricht von einem Recht »des gemeinschaftlichen Besitzes der Oberfläche der Erde auf der, als Kugelfläche, sie sich nicht ins Unendliche zerstreuen können, sondern endlich sich doch neben einander dulden ... müssen, ursprünglich aber niemand an einem Ort der Erde zu sein mehr Recht hat, als der andere.«

Heißt das nun, dass – nach diesem Konzept des Weltbürgerrechts – ein jeder, eine jede jederzeit auf dieser Welt dort leben kann, wo er oder sie gerade will – und alle Staaten diesem Wunsch aus weltbürgerlichen und moralischen Gründen willfahren müssen? Wenn man Kant ganz konsequent auf sich wirken ließe, müsste man geradezu folgerichtig auf diesen Gedanken kommen. Denn gerade in seinem Traktat »Zum ewigen Frieden« lehnt Kant den unter Juristen so beliebten und gültigen Satz ab, jedenfalls für das Verhältnis zwischen dem moralisch Gebotenen und dem politisch Gewollten: *ultra posse nemo obligatur* – Keiner muss mehr müssen, als er kann. Nein, denn so Kant zum Verhältnis von Theorie zur Praxis: »Die Moral ist schon an sich selbst eine Praxis in objektiver Bedeutung, als Inbegriff von unbedingt gebietenden Gesetzen, nach denen wir handeln sollen, und es offenbare Ungereimtheit, nachdem man diesen Pflichtbegriff seine Autorität zugestanden hat, noch sagen zu wollen, dass man es doch nicht könne.«

Wir sprachen von dem Dilemma, das der Notwendigkeit und der Arbeit Ihrer Behörde zugrunde liegt. Und eben dieses Dilemma meldet sich in Kants eigenen Formulierungen selber schon unaufgelöst (und wohl unauflöslich) an. Zwar gehört die Erdoberfläche allen gemeinsam, gewissermaßen zur gesamten Hand. Aber geht das denn praktisch? Deshalb nun formuliert Kant, ohne dieses Dilemma ausdrücklich einzugestehen, den folgenden »Dritten Definitivartikel zum ewigen Frieden«: »Das Weltbürgerrecht soll auf Bedingungen des allgemeinen Hospitalität eingeschränkt sein.« Und er fährt zur Begründung fort: »Es ist hier … nicht von Philanthropie, sondern vom Recht die Rede, und da bedeutet *Hospitalität* (Wirtbarkeit) das Recht eines Fremdlings, seiner Ankunft auf dem Boden eines anderen wegen, von diesem nicht feindselig behandelt zu werden. Dieser kann ihn abweisen, wenn es ohne seinen Untergang geschehen kann; so lange er aber auf seinem Platz sich friedlich verhält, ihm nicht feindlich begegnen. Es ist kein *Gastrecht*, worauf dieser Anspruch machen kann (wozu ein besonderer wohltätiger Vertrag erfordert werden würde, ihn auf eine gewisse Zeit zum Hausgenossen zu machen), sondern ein *Besuchsrecht*, welches allen Menschen zusteht, sich zur Gesellschaft anzubieten …« – und dann folgt, begründend, die berühmte, schon zitierte

Formel: »vermöge des Rechts des gemeinschaftlichen Besitzes der Oberfläche der Erde …«

Seit den frühesten Ansätzen im hebräischen, griechischen und römischen Rechtsraum, eine juristische Fassung des Status des Fremden (und des Gastes oder Ausländers) zu suchen, durchzieht das Thema eine immer neue Zwiespältigkeit, die ja auch ihren Ausdruck darin findet, dass im Lateinischen die Worte für den *Gast*, den *Fremden* und den *Feind* eine gemeinsame philologische Wurzel haben. Einfach haben es nur die, die alles Fremde aggressiv und primitiv ablehnen. Wer aber anfängt, ernstlich nachzudenken, kommt doch auch heute nicht an folgender Spannung vorbei, die ich für mich vorläufig wie folgt formuliere: Ich wüsste zum einen kein absolutes moralisches Prinzip, das es mir erlaubte, einem armen Schlucker zu verwehren, an meinem Lebensplatz und Wohlstand teilzuhaben. Und ich weiß zugleich, dass ich zu keiner Praxis fähig (oder auch nur willens wäre), diesem kreatürlich-moralischen Gefühl nachzuleben. Das eben ist das Dilemma!

Besonders plastisch wird dieses Dilemma dann, wenn eine Dorf- oder Stadtgemeinschaft, die gewiss nicht – wie soll man dass missverständnisfrei formulieren? – »überfremdet« werden will, sich außerordentlich einfühlsam und energisch für eine Ausländerfamilie einsetzt, die sich eine Reihe von Jahren akzeptiert in ihrer Mitte gewissermaßen »eingelebt«, also: hinein-gelebt hat, ja von den deutschen Nachbarn geradezu ins Herz geschlossen wurde, nun aber aufgrund einer letztgültigen Entscheidung abgeschoben werden soll. Fragte man diese guten Leute: »Ja, soll denn jeder kommen können?«, würden sie gewiss sagen: »Aber natürlich nicht! Aber diese hier sollen bleiben!« (Es soll ja auch Minister geben, die entgegen ihrem öffentlichen Image durchaus gelegentlich zum Telefonhörer greifen, wenn sie ein Einzelfall anrührt.) Dies alles gehört eben auch zu unserem Dilemma – oder ist doch ein Aspekt davon! Zu diesem Dilemma gehört es freilich auch, dass jene engagierten Bürger zumeist plausible Fälle sozusagen »netter« Notleidender vor Augen haben – dass aber die Beamten auch all jene Fälle zu sehen bekommen, in denen mit aller erdenklichen Schieberei, mit teilweise großer krimineller Energie, teilweise aber nur mit billigen Tricks versucht wird, unberechtigten Zugang zu erlangen. (Und mitunter mag sich ein Beamter, eine Beamtin trotzdem denken: Armes Schwein, das zu solchen Tricks greift ...)

Das Bundesamt für die Anerkennung ausländischer Flüchtlinge ist also, zusammen mit seinen Rechtsgrundlagen, regelrecht die Institutionalisierung dieses vielseitigen Dilemmas von uns allen. Die gesamte Gesellschaft lädt ihr Dilemma letztlich auf eine Behörde ab – und verdrängt es damit gewissermaßen aus ihrem zwiespältigen Gefühlshaushalt, zuweilen auch aus ihrem Moral-Haushalt. Sollen denn alle kommen können? Natürlich nicht! Also muss es doch vom Begriff her auch Menschen geben, die nicht bleiben können. Und was ist mit denen? Ach, da haben wir doch eine zuständige Behörde ... Und wenn sie handelt, kann man sie ja kritisieren. (Was ja im Einzelfall durchaus denkbar und nötig sein könnte.)

Ich habe, um dies an einem Beispiel zu verdeutlichen, zwar nicht für Kirchen zu sprechen, kenne mich aber in der meinigen einigermaßen aus. Deshalb stelle ich mir – als Gedankenexperiment – eine Diskussion in einem Kirchenvorstand einer Gemeinde vor, die einer Familie das so genannte »Kirchenasyl« gewährt. Nehmen wir nun an, ein Mitarbeiter Ihrer Behörde oder ein Beamter des Bundesgrenzschutzes, der konkret mit Abschiebungen zu tun hat, säße im Kirchenvorstand just dieser Gemeinde. Könnte er aus der Sicht seiner Dienstherren in diesem Gremium bleiben, obwohl dort solch ein Beschluss gefasst worden ist? Aber noch viel heikler: Wird ihn die Gemeinde im Vorstand weiter behalten und tragen wollen? Wenn aber die beiden Kirchen in die Formel einstimmen: »Es können nicht alle bleiben« – was bedeutet dies für den Umgang mit denen, die den Rest des Dilemmas in ihrem Beruf bewältigen müssen? Meint man die Formel ehrlich, so müssen doch diese Beamten ebenfalls Christenmenschen sein und bleiben können – zumal, wenn die Formel in Wirklichkeit (und konkretisiert) so lautet: Von denen, die kommen wollen, können nur die wenigsten bleiben. Aber bevor man darüber allzu anschaulich nachdenkt, verlässt man sich eben auch in den moralischen Anstalten nur zu gerne darauf: Für die Seite des Problems haben wir doch eine Behörde … Aber wie steht es mit der Seelsorge gegenüber jenen, die dieses Dilemma täglich austragen müssen, und dies nicht nur in ihrer Brust?

Wie also soll man mit diesem Dilemma umgehen, wir als Öffentlichkeit – und Sie als Behörde? Das Beste, was man mit einem Dilemma tun kann, das sich ja per Definition nicht auflösen lässt, ist dieses: Man muss es sich so ehrlich wie möglich eingestehen. Man muss es so genau wie möglich beschreiben. Und man muss darin alle moralischen und materiellen Ressourcen mobilisieren, deren der spontane und bedachte menschliche Anstand fähig ist – und doch wissen: Eine rundum befriedigende, eine sowohl moralische als auch materielle (und gar politisch allseits) befriedigende Lösung wird es selbst dann nicht geben.

Deswegen war es sehr weise, dass vor Jahren ein Bundesinnenminister einem Ministerpräsidenten (seinem Parteifreund aus der Union) im Blick auf die Asylproblematik sagte: Ein Problem, das sich im Prinzip nicht wirklich lösen lässt, soll man politisch nicht noch extra hochspielen! – Diese praktische Weisheit ist *auch* eine, und nicht die schlechteste Möglichkeit, mit einem Dilemma umzugehen. Umgekehrt zeigt diese Weisheit aber auch: Die Frage, wie vielen Menschen wir helfen wollen und können, lässt sich nicht nur objektiv beantworten, sondern sie hat auch sehr direkt damit zu tun, wie vernünftig und anständig wir darüber öffentlich reden und wie wenig wir aus dem Thema ein populistisches Kampfinstrument in der Parteipolitik machen.

Nun versuche ich, Ihnen drei Regeln dafür vorzuschlagen, wie man mit diesem Dilemma umgehen könnte – und zugleich anzuerkennen, dass wir in der letzten Zeit, aus meiner beschränkten Sicht, einige Schritte vorangekommen sind, obwohl es gut auch ein paar mehr hätten sein dürfen.

Die erste Regel: Staaten haben Grenzen – und zwar nicht nur territoriale, sondern auch politische und materielle. Das mag man in bestimmten Situationen bedauern, aber insgesamt macht es gerade die Würde der Staaten aus: dass sie Grenzen haben. Wer wollte denn wirklich den grenzenlosen Staat? Wenn aber Staaten Grenzen haben, so haben sie auch Grenzen der Moral (das wissen wir freilich gut genug), genauer aber auch: der moralischen Möglichkeiten. Freilich gilt auch dieses: Wer Grenzen hat, hat innerhalb derselben auch Möglichkeiten – auch moralisch relevante Möglichkeiten. Auch dies macht die Würde des Staates aus – dass der Staat Möglichkeiten hat. Und der Staat, der seine Möglichkeiten nicht ausschöpft, bleibt unter seinem Rang und unter seiner Würde. Die Berufung auf die Ersichtlichkeit von Grenzen darf kein Vorwand dafür werden, die eigenen Möglichkeiten zu bestreiten oder zu unterfordern. Was für den Staat insgesamt gilt, gilt auch für seine Teile, auch für seine Behörden.

Die zweite Regel: Ein Dilemma hat, so ist das eben definiert, immer zwei Seiten, manchmal sogar mehr. Man darf dabei aber nicht übersehen, dass jede der beiden Seiten des Dilemmas wiederum für sich zwei Seiten hat. Einerseits: Wer dem in einer globalisierten Welt völlig unvermeidlichen Migrationsdruck an seinen Grenzen entgegentritt und Zuwanderungswillige abweist, hat damit noch nicht alles Nötige getan. Auch wenn dies nicht in die Reichweite Ihrer Behörde gehört, sei es angemerkt: Die Minderung des Migrationsdrucks, die Bekämpfung der Not und der Fluchtursachen an Ort und Stelle bleibt nach seiner Abwehr immer noch eine ungelöste Aufgabe. Aber wenn erst einmal die Abwehr sozusagen der Fluchtfolgen gelungen ist, dann erlahmt zumeist, trotz aller anders lautender Beschwörungen und Versprechungen, die Bekämpfung der Fluchtursachen. Andererseits: Wenn man etliche Flüchtlinge und Asylbewerber ins Land gelassen hat, hat man auch darin beileibe noch nicht alles getan. Die Integration der Neuankömmlinge ist eben der zweite Teil der Anstrengung – sowohl für diese Menschen als auch für uns Eingesessene. Das kostet Anstrengung (schon beim Spracherwerb) – das kostet Geld und Einsatz und Phantasie; es kostet Zuwendungen und Zuwendung, beiderseits.

Lassen Sie mich in diesen Zusammenhang zwei Anmerkungen hinzufügen: Erstens: Ihre Behörde hat in dem zurückliegenden halben Jahrhundert viele Funktionswandel und Namenswechsel durchgemacht – sozusagen auf dem Weg zur Wiedereingliederung und Wiedervereinigung Deutschlands. Dass das Bundesamt jetzt eines ist und werden soll, das, sozusagen einer integrativen Funktionswahrnehmung folgend, auch für die Integration, also für alle Aspekte unseres Themas in einer Zusammenschau zuständig ist (für Flüchtlinge, Asylbewerber, für Zuwanderung *und* Integration), stellt einen beachtlichen Fortschritt auf dem Weg zur vollständigen und ehrlichen Wahrnehmung des Ursprungsdilemmas dar. Dieser Kern, dieser politische Quantensprung darf auf dem Weg zu einem Zuwanderungsgesetz schon gar nicht aufgegeben werden.

Zweitens: Wer wirkliche Integration will, muss Geld in die Hand nehmen. Das mag man als eine Investition in unsere Sicherheit interpretieren und politisch so »verkaufen«. Ich warne aber davor, die propagandistische Verwertung des Eigeninteresses sachlich zu überschätzen. Ich halte zum Beispiel die Annahme für eine Illusion, wir könnten Probleme auf unserem verzerrten und blockierten Arbeitsmarkt oder in unserem demographischen Aufbau erstlich und ernstlich durch gezielte Immigration sanieren, und zwar billiger als durch die Lösung dieser Probleme jeweils an ihrer spezifischen Wurzel. Wer Integration ernst nimmt und ihre wahren Steuerungsprobleme kennt, weiß, dass dies zumindest finanziell eine Milchmädchenrechnung ist. Wir müssen schon noch begreifen lernen, dass jede Generation die Folgen ihrer eigenen biographischen Lebensentscheidungen und ihrer eigenen politischen Fehlentscheidungen letztlich – so oder so – selber bezahlen muss, und sei es durch immense Integrationsanstrengungen. Ich sage dies auch deshalb, weil sich niemand einbilden soll, er könne seine moralischen Dilemmata durch eigensüchtige Rechenkunststücke gänzlich auflösen. Allenfalls Milchbuben versuchen derlei. Und das geht eben nicht nur rechnerisch schief.

Die dritte Regel: Zuerst hatten wir gesagt, Staaten hätten beides – Grenzen *und* Möglichkeiten. Dasselbe gelte für seine Behörden. Eine Behörde – auch die Ihre – hat nach Recht und Gesetz vorzugehen und folglich gebunden zu handeln. Aber selbst innerhalb dieser Bindungen gibt es spezifische Grenzen und Möglichkeiten. Ob eine geflohene Frau oder eine weibliche Asylbewerberin ihr Schicksal vor einem Mann offenbaren muss oder vor einer Frau vortragen kann – das lässt aus derselben gesetzlichen Regelung ein je unterschiedliches Verfahren werden, mit gegebenenfalls unterschiedlichen und jeweils durchaus gesetzeskonformen Ergebnissen.

Sehe ich es recht, so haben sich in 50 Jahren nicht nur Bezeichnungen und Funktionen des Amtes verändert, sondern außerdem hat sich in den letzten Jahren auch – ja, zu Beginn ironisierten wir den Begriff noch: – die »Philosophie« des Amtes verändert, wenn sich nicht sogar eine solche erst herausgebildet hat. Diese Entwicklung hat sich nicht nur in der Haltung der Mitarbeiter und Mitarbeiterinnen vollzogen, sondern wohl auch darin, das dem Amt ein Präsident vorsteht, der nicht nur etwas von Verwaltung versteht, sondern auch von Philosophie

– und mehr als das, wenn man die Symbole in seinem Büro richtig wahrnimmt.

Belassen wir es bei diesen drei Regeln und kommen wir noch einmal auf die Philosophie zu sprechen. Immanuel Kant hat seine Idee des Weltbürgerrechts zwar philosophisch begründet – er wollte aber ein Recht begründen. Er begnügt sich, wie er es sagte, nicht mit der »Philanthropie«, also nicht mit einer sozusagen nur unverbindlichen Menschenliebe. Er begründete trotz der offenbaren Dilemmata – und das sehr wohl aus dem Geist einer *verpflichtenden* Philanthropie – durchaus *verbindliche* Rechte, eben das »Besuchsrecht« und das strikte Verbot, jemanden mit der Folge seines Unterganges abzuweisen. Daraus ist dann zum Beispiel – just um die Zeit der Gründung dieses Amtes – das Gefüge der Genfer Flüchtlingskonvention geworden. Insofern dürfen wir die bleibende Aufgabe dieses Ihres Amtes nicht nur aus der Perspektive der schwierigen Seite unseres gemeinsamen Dilemmas sehen. Unsere Gesellschaft lädt bei Ihnen nicht nur die unangenehme Seite des Problems ab, sondern zugleich ist Ihnen auch stellvertretend die edle Seite alles dessen zum behördlichen Vollzug übertragen, was sich aus Immanuel Kants längst noch nicht eingelösten und nicht zu überholenden Ansatz zu einer Idee des Weltbürgerrechts verpflichtend ergibt. Mögen Sie also auch in Ihrer künftigen Arbeit stets beides sehen – Ihre Grenzen *und* Ihre Möglichkeiten, die Bürde *und* die Würde Ihres Amtes.

Du sollst nicht falsch Zeugnis reden wider deinen Nächsten!

Zur Auslegung des achten Gebots

Über das Thema »Medienethik« habe ich noch nie ausführlich nachgedacht, obwohl mir damit gewiss viele teils honorarträchtige Auftritte entgangen sind, auch in evangelischen Akademien. Weshalb nicht? Weil die Sache mir als Praktiker, da zu einfach gelegen, keinen komplizierten Gedanken abnötigte. Mir reichten zwei Gebote vollends aus – das siebte und das achte. Du sollst nicht stehlen« und (etwas einfacher noch als bei Luther) »Du sollst nicht lügen!« Und fertig ist die Medienethik. Stiehl den Leuten nicht die Zeit durch langweilige und nichtssagende Artikel, bring' sie nicht um ihr Geld, indem du ihnen dafür minderwertige Texte lieferst. Und im Übrigen: Sag' ihnen die Wahrheit – sonst nichts. Was bedarf es da weiterer Worte?

Warum aber soll dies alles genau so sein? Wollen die Leute wirklich nicht bestohlen und belogen werden? Verlangt es sie wirklich nur nach ausgezeichneten Artikeln und der reinen Wahrheit? Wer nur einmal durch den Zeitschriftenladen eines größeren Bahnhofs streift oder durch die Programme der (privaten) Fernsehanstalten, muss den Eindruck gewinnen: Während ihnen hinterrücks der Taschendieb das Portemonnaie herauszieht, werfen die Leute sehenden Auges (und lustvoll) ihre Zeit und ihr Geld den Tagedieben nach – mitunter auch den Herstellern seriöser Presse-Produkte.

Und wer wollte denn wirklich die Wahrheit lesen? Zum Beispiel als Politiker (oder als Journalist) über sich selber? Oder als Bürger über die *wirklichen* Probleme im Lande und in der Welt? Hängt der Wert eines Journalisten für den Politiker nicht in weit höherem Maße davon ab, dass er eher ihn selber, als die objektiven Probleme richtig »versteht« – und schätzt es nicht auch der Journalist, wenn er »verstanden« und also regelrecht geschätzt wird? Was ist Wahrheit?

Und schon stehen wir vor einem Paradox – und einer ersten Einsicht. Das Paradox: Ethik ist (wie die Auslegung aller Gebote der zweiten Tafel) entweder ganz elementar und von unmittelbarer Plausibilität (Nicht morden, stehlen, lügen …) – oder aber, schon beim ersten genaueren Nachdenken, eine höchst verzwickte Angelegenheit.

Die erste Einsicht hingegen lautet: Offenbar lassen sich ethische Fragen nicht danach beantworten, was »die Leute« entweder einzeln oder in ihrer Mehrheit wünschen. Wollen sie die Wirklichkeit wahrhaftig wahrnehmen – oder von ihr abgelenkt werden; ihre Zeit vernünftig nutzen – oder sie totschlagen, sich sammeln – oder zerstreuen? (Mancher Text wird gerade um seiner Sinnlosigkeit willen verschlungen.) Wer also die ethischen Fragen bearbeiten will, die sich aus dieser vertrackten Lage ergeben, der kann nicht mit dem größten Behagen der größtmöglichen Zahl, also rein utilitaristisch (oder marktkonform) operieren; er braucht – als Individuum für das Individuum – vielmehr ein *normativ fundiertes Menschenbild*. Der Titel des entsprechenden Grundlagenaufsatzes hätte zu lauten: Was kann, darf, soll der Mensch unserer Zeit wissen?

Eine zweite Konkretion zum achten Gebot: Jeder, der einmal als Arbeitgeber (oder als Personalsachbearbeiter) Verantwortung getragen hat, hat unter der Aufgabe gelitten, einem ausscheidenden Mitarbeiter ein Zeugnis zu schreiben – und zwar umso heftiger, desto lieber er diesen Menschen nur noch von hinten gesehen hätte. Denn das arbeitsrechtlich korrekte Zeugnis soll zwei Zielen dienen: Es soll insofern wahr sein, als der Leser ein zutreffendes Bild des Menschen gewinnen möchte, der sich bei ihm um einen neuen Arbeitsplatz bewirbt; es muss aber zugleich aus Rechtsgründen – und aus der Sicht des betreffenden Mitarbeiters – »berufsfördernd« sein. Wenn man also schriebe: »Dies war der dümmste Buchhalter, der mir je über den Weg gelaufen ist«, so bliebe man möglicherweise eng bei der Wahrheit, und jeder potenzielle künftige Arbeitgeber wäre auch hinreichend gewarnt; freilich, berufsfördernd und arbeitsrechtlich korrekt wäre das Zeugnis nicht. (Ganz abgesehen davon, dass man auch noch mit einer Anklage wegen Beleidigung zu rechnen hätte.) Lobt man aber den ausscheidenden Mitarbeiter über den Schellenkönig (in der Praxis werden solche lobhudelnden Zeugnisse sogar zur Bedingung von Trennungsvereinbarungen gemacht), sieht man sich vielleicht recht bald der Anfrage des nachfolgenden Arbeitgebers ausgesetzt, weshalb man ihn denn in die Irre geführt habe. (Wenn der sich nur in der Stille denkt, man habe selber die Schwäche des Mannes nicht entdeckt, kommt man vielleicht noch mit einem diskreten Rufschaden davon.) Der Ausweg, sich einer kodierten Schleiersprache zu bedienen (etwa »Herr M. war allzeit sehr kollegial engagiert« für »Achtung! Will unbedingt in den Betriebsrat gewählt werden – falls Sie schon einen haben; dann unkündbar!«), ist nicht nur unwürdig, sondern auch noch ineffizient, denn das funktioniert nur so lange, bis das entsprechende Kürzel sich unter allen Beteiligten herumgesprochen hat.

Aus diesen Beobachtungen ergibt sich nun die zweite grundlegende Einsicht: Will man das achte Gebot recht auslegen, so bedarf es nicht nur eines normativ geprüften Bildes des *individuellen* Menschen, sondern auch einer normativen (zum Beispiel: arbeitsrechtlichen) Vorstellung von den sozialen Beziehungen *zwischen* den Menschen. Jedenfalls ist mit einer schlichten Ermittlung dessen, was »die Leute« gerne hätten, erst recht dann nichts gewonnen, wenn sich deren Erwartungen aus der Verschiedenheit ihrer Rollen heraus (hier: Arbeitnehmer und Arbeitgeber, zudem: bisheriger und künftiger) widersprechen.

Und noch eines, keineswegs nebenbei: Es kommt in der Tat auf die Rolle an. Ein Zeugnis zu schreiben, ist Aufgabe eines Trägers einer bestimmten Rolle, eines bestimmten, funktional Zuständigen – eines »Amtsträgers«. Es schreiben schließlich nicht alle Kollegen dem Abgänger ein Zeugnis – und der nächste Personalchef will nicht (nur) wissen, was die Kollegen sich so gedacht haben, sondern was der Zuständige schreibt, worauf er sich festlegt und worauf er sich behaften lässt. Ja, die Äußerungen aller Nicht-Zuständigen stehen, mangels Verantwortung und Haftung, unter dem Vorbehalt des Tratsches und Klatsches, was übrigens nicht immer ihren Wahrheitsgehalt, aber stets ihre Zurechenbarkeit vermindert.

Die erste und die zweite Einsicht lässt sich wie folgt zusammenfassen: Die Auslegung des achten Gebotes

– im Grunde aller ethischen Imperative – setzt als Minimum dreierlei voraus, nämlich ein normativ grundiertes Menschenbild, ein normativ grundiertes Gesellschaftsbild und eine Differenzierung der Rollen und Zuständigkeiten, der »Ämter«. Individualität (*Wer bist du, wer und wie sollst du sein?*), Sozialität (*Nach welchen Normen wollen wir zusammenleben?*), Funktionalität (*Wer darf und muss was?*) – diese Trias hilft uns, das konkrete Konfliktmaterial der scheinbar so unmittelbar plausiblen ethischen Grundnormen zu sortieren.

Lesen wir mit diesen Gesichtspunkten im Hinterkopf zunächst Martin Luthers Auslegung des achten Gebotes, erst im Kleinen, dann im Großen Katechismus! Da heißt es, wir sollen »unseren Nächsten nicht fälschlich belügen, verraten, afterreden oder bösen Leumund machen«, sondern »ihn entschuldigen, Gutes von ihm reden und alles zum besten kehren«. Bei genauer Betrachtung erweist sich also die volkskundliche Version »Du sollst nicht lügen!« bereits als Verkürzung. Es geht nämlich nicht sogleich um »wahr« oder »unwahr«, sondern um »schädlich« oder »unschädlich«. Schädlich können freilich auch Aussagen sein, die vollkommen wahr sind. Die üble Nachrede ist nach unserem Strafrecht strafbar, sofern ich nicht für die Wahrheit meiner Aussage aufkommen und das Beweisrisiko erfolgreich tragen kann. Habe ich aber wahr geredet und kann es beweisen – so habe ich strafrechtlich nicht übel geredet. Gleichwohl aber durchaus gegen das achte Gebot verstoßen, insofern ich meinen Nächsten eben nicht entschuldigt, sondern belastet habe. Schon in dieser Auslegung des Kleinen Katechismus ist aber der Sozialbezug dieses Gebotes vorherrschend (»Wir sollen förderlich – zum Beispiel: berufsfördernd – übereinander reden.«) – ein Sozialbezug, der nicht allein mit dem Satz abgetan werden kann: »Alles, was ich über X gesagt habe, ist doch erweislich wahr.«

Studieren wir hingegen Luthers Auslegung im Großen Katechismus, so differenziert sich das Bild. Es kommt nämlich die Funktionalität des Übereinander-Redens ins Bild: »Wer darf oder muss wann reden – oder nicht?« Offenkundig gibt es Redesituationen, in denen man nicht alles »mit dem Mantel der Liebe zudecken kann«, selbst wenn man es wollte. Für Luther vordringlich ist zunächst das Reden vor dem öffentlichen Gericht, als Zeuge nämlich. Gerecht kann es da nur zugehen, wenn der Zeuge sich nicht einmal davor fürchtet, dass die »gute[n] Freunde, Schwäger, Nachbarn, Reiche und Gewalthaber« ihm hernach in vielem entweder dienlich sein oder aber schaden könnten: »Darum muss er ganz blind sein, Augen und Ohren zutun, auf nichts sehen noch hören, als stracks vor sich hin auf die Sache selbst, die ansteht, und dementsprechend muss er seinen Entschluss fassen.« Denn, so weiter: »Darauf ist nun erstens dieses Gebot zu beziehen, dass ein jeder seinem Nächsten zu seinem Rechte helfen und es nicht hindern oder beugen lassen, sondern es fördern und stracks darüber wachen soll.«

Mit anderen Worten: Vor Gericht muss die Wahrheit heraus, »ohne Ansehen der Person«. Der positive Sozialbezug der Aussage vor Gericht hängt also paradoxerweise davon ab, dass der Sozialbezug der Rede nachgerade bewusst ausgeblendet, dass ohne Ansehen der Person und der zwischen ihr und dem Zeugen bestehenden Sozialbeziehung geredet wird. (Freilich, geredet wird ohne Ansehen der Person auch insofern, als nicht über deren Eigenschaften geurteilt, sondern nur über Tatabläufe

Auskunft gegeben wird. Also nicht etwa: »X ist ein übler Halunke«, sondern allenfalls: »Ich habe gesehen, dass X dem Y den Geldbeutel aus der Tasche gezogen hat.«) Von dieser heroischen Ausblendung der Person beim gerichtlichen Zeugnis kennen wir heute nur wenige Ausnahmen. Nur wenn der Zeuge zur Person in einem intimen Verhältnis steht, darf er (oder sie) die Aussage zwar nicht beschönigen (wenn überhaupt geredet wird, dann muss wahr geredet werden), aber gänzlich verweigern. Das intimste Verhältnis ist dabei das zu sich selbst: Niemand darf gezwungen werden, sich selber zu belasten.

Bin ich aber nicht in den gerichtlichen Zeugenstand gerufen, so habe ich zu schweigen: »Sehen und hören kann ich wohl, dass mein Nächster sündigt, aber es anderen gegenüber weiterzusagen, dazu habe ich keinen Auftrag.« Wir kennen heute bestimmte normierte Anzeigepflichten – aber diese gelten gegenüber staatlichen Instanzen der Verbrechensverhütung und Strafverfolgung. Nicht hingegen sind wir nach diesem Gebot befugt, über die Verfehlungen anderer vor solchen anderen zu reden, die ihrerseits nicht ein Amt haben, dem nachzugehen. Hingegen sind von diesem Verbot, Böses zu reden, ausgenommen jene, die nebst dem Staate und dem Prediger, zum Beispiel als Vater und Mutter, das Böse nicht ungestraft lassen dürfen. »Für seine eigene Person soll keiner jemanden richten oder verdammen; wenn jedoch diejenigen es nicht tun, denen es befohlen ist, so sündigen sie ebenso sehr als einer, der es von sich selber aus täte, ohne den amtlichen Auftrag dazu zu haben.«

Hieraus wird deutlich: Der Sozialbezug des offenen (und öffentlichen) Redens über Verfehlungen ist konkret geknüpft an die Funktionalität: Wer ein Amt hat, der rede – wer nicht, der schweige. Freilich: Wie weit hilft diese Abgrenzung noch dort, wo in der Politik ein jeder Mensch zugleich ein (demokratischer) Bürger ist – und eben als ein je einzelner Bürger zugleich ein »Amtsträger« des Ganzen ist? Das heißt: Jeder muss in jeder Situation prüfen, ob er in Bezug auf die zur öffentlichen Erörterung anstehende Sache selber befugt ist – und wie weit seine Befugnis in der Sache selber reicht.

Eine Ausnahme, die Luther gelten lässt, bleibt zu erwähnen, weil sie im modernen Gewande zur grundlegenden Legitimationsnorm des Redens über andere geworden ist: »Wenn aber die Sünde ganz öffentlich ist, dass es der Richter und jedermann wohl weiß, so kannst du ihn ohne alle Sünde meiden und fahren lassen als einen, der sich selbst zu Schanden gemacht hat; außerdem kannst du auch öffentlich über ihn zeugen.« Wir sagen heute dafür (und leichthin): »Wer seine private Sphäre selber in die Öffentlichkeit bringt, muss es hinnehmen, dass die Öffentlichkeit in seine Privatsphäre eindringt« – eine ebenso plausible wie letztlich unzureichende Regel. Denn es ist durchaus fraglich, ob man den Schutz der letzten Privatsphäre wirklich gänzlich verspielen kann, ob es also wirklich nur darauf ankommt, was der Einzelne irgendwann einmal mit seiner Privatsphäre angestellt und gewollt hat. Gewiss ist über den letzten Kernbereich der persönlichen Intimität nach objektivierten Normen und nicht nur nach voluntaristischen Gesichtspunkten zu urteilen, auch unabhängig vom vorausgegangenen Tun des »schuldigen Opfers«. Bei Luther ist dieser Verlust des Schutzes der Privatsphäre – wohlgemerkt! – geknüpft an die öffentliche (und objektive) »Sünde«, nicht an jegliches persönliche (private) Verhalten in der Öffentlichkeit.

Wo stehen wir heute, nach diesem historischen Exkurs? Zum einen sind wir laxer geworden, weil die moralische Entscheidung zwischen »Sünde« und »Nicht-Sünde« selber öffentlich nivelliert, ja regelrecht privatisiert wurde. Es bleibt – öffentlich relevant – sozusagen nur das »ethische Minimum«, das strafrechtlich sanktioniert ist. Zum anderen sind wir aber strenger geworden: Es kommt bei den Schranken des öffentlichen Redens nicht allein darauf an, ob es um die Wahrheit geht oder nicht, ob es sich um Sünde handelt oder nicht, ob um eine schädliche oder eine förderliche Äußerung, ob befugt oder nicht, ob Fakt oder Werturteil – sondern wir kennen inzwischen eine Rechtsfigur, mit der die Preisgabe von »persönlichkeitsrelevanten Informationen« schlechterdings eingeschränkt wird, nicht etwa ohne Rücksicht auf die *Person,* sondern gewissermaßen – aus Rücksicht auf die Person! – ohne Rücksicht auf die potenziellen *Folgen,* seien sie nun positiv oder negativ: nämlich die Figur der »informationellen Selbstbestimmung«. In diesem Kernbereich gebt es weder ein Recht noch eine Pflicht Dritter zu reden, davon oder darüber.

»Du sollst nicht lügen!« – So hatten wir es als Kinder vereinfacht gelernt oder einfach behalten. Also muss und darf ich immerzu die Wahrheit sagen? Spätestens jetzt sehen wir, dass wir mit dieser versimpelten Regel und ihrer ebenso versimpelten Umkehrung nicht bestehen können, schon deshalb, weil uns das Sagen der schlichten Wahrheit nicht schon für sich genommen aus allen Konflikten befreit – wie wir am Beispiel des arbeitsrechtlichen Abschlusszeugnisses sahen; eine Situation, aus der uns noch nicht einmal die Berufung auf das eindeutig gegebene »Amt«, Zeugnis zu geben, aus dem Dilemma befreit – anders als etwa den Zeugen vor Gericht.

In diesem Zusammenhang ist an Immanuel Kants kleine Schrift zu erinnern »Über ein vermeintes Recht aus Menschenliebe zu lügen«. Es geht dabei um die später auch von andern traktierte Frage, ob ich – wenn der Mordwillige vor der Tür steht und nach der Person fragt, die vor ihm in mein Haus geflüchtet ist – ihm die Wahrheit schulde: Ja, er ist in meinem Haus. Kant sagt: »Ja!«, gegen Benjamin Constant, der ganz im Gegenteil dafür hält: »Kein Mensch aber hat ein Recht auf eine Wahrheit, die anderen schadet.« Lassen wir die Einzelheiten beiseite, so bleibt als starkes Argument Kants; Wenn ein jeder für sich entscheidet, wann er es für richtig hält, die Wahrheit zu sagen oder nicht, schwindet das Vertrauen, aufgrund dessen »Aussagen (Deklarationen) überhaupt« noch öffentlichen Glauben finden. Kant stellt also für die Wahrheitspflicht allein ab auf den Gesichtspunkt der Sozialität. Wir können also fragen: »Wenn einer einmal lügt – und sei es aus ihm berechtigt erscheinenden Gründen –, wie kann man dann noch allen immer glauben?« Gesichtspunkte der Funktionalität dessen, der redet oder schweigt, oder der Individualität dessen, über den geredet oder geschwiegen (oder über dessen Aufenthaltsort gelogen) wird, treten dabei gänzlich in den Hintergrund.

Wir aber müssen, wenn wir einige Grundregeln und -einsichten gewinnen (oder: zurückgewinnen) wollen, uns zunächst auf das Individuum richten – und zwar nicht auf jenes, *gegen* welches sich das Gebot richtet, sondern auf jenes, *zu dessen Gunsten* es etabliert worden ist. Die Würde des Menschen schließt es aus, dass das Individuum je zum Mittel eines Zwecks gemacht wird. Deshalb ganz zugespitzt: *Mit* dem Menschen darf (und muss) geredet werden, weil er sonst verkümmert; *über* den

Menschen darf (im Grunde) *nicht* geredet werden, weil er sonst verkümmert – zum Objekt und Instrument des eigennützigen Kommunikationsinteresses Dritter.

Dies jedenfalls ist die elementare Grundnorm, von der nur abgewichen werden darf, wenn es um die gemeinsamen und fundamentalen Voraussetzungen der sozialen Existenz auch des Betroffenen (und der über und von ihm Redenden) geht. Insbesondere darf (und muss sogar) über den anderen geredet werden, wenn dieser (und insoweit dieser) kraft seines »Amtes« (oder aufgrund seiner Ambition, ein Amt zu erringen, das ihn legitimerweise auf das Leben anderer Einfluss nehmen lässt), in die Lebensbedingungen anderer eingreift; oder wenn er in diese Bedingungen unlegitimiert eingreift.

Aber von solchen im Einzelnen zu begründenden Ausnahmen einmal abgesehen, gilt gegenüber einem sich rechtmäßig verhaltenden Mitmenschen das Grundgebot der Diskretion und das Verbot, ihn zum Gegenstand des eigenen Unterhaltungs- oder Klatsch- und Tratsch-Bedürfnisses zu machen, also zu einem Mittel zum Zweck.[1] Und zwar ungeachtet des mehr oder weniger großen Wahrheitsgehaltes des Geredes. Denn das achte Gebot zielt nicht auf die Wahrheit der Sache, sondern auf die Würde der Person. Und eben diese schließt den Missbrauch als Mittel zum Zweck aus.

Um dies an einem gegenwärtig aktuellen Beispiel zu demonstrieren. Im Streit um die Freigabe der Akten der Bundesbeauftragten für die Stasiunterlagen geht es unter anderem darum, ob Personen der Zeitgeschichte sich die Einsicht in ihre Akten gefallen lassen müssen, obwohl sie Opfer der rechtswidrigen Stasi-Ausforschungen waren – und zwar allein deshalb, weil es doch so ein ehrenwertes Ziel ist, zu erfahren, wie tief die Stasi in das Leben dieser Personen eingedrungen ist. Und wer dies wirklich erforschen will, der muss eben mit und nach der Stasi ebenso intensiv in das Leben dieser Personen eindringen. Im Prinzip: Ausnahmen muss das Individuum begründen und zur Not gegen die Behörde durchsetzen. (So jedenfalls wird im Umfeld und im Zentrum der Behörde argumentiert.) Ihr im Westen mögt euch ja auf das Individuum kaprizieren, für uns war »Glasnost« das Ziel, dem sich alle unterzuordnen haben. Hier ist man aus guten (aber natürlich: aus genauso schlechten) Gründen bei der kollektiven Inanspruchnahme des Individuums angelangt, gegen die sich nicht nur das »ontologische prae« der Menschenrechte wendet, sondern eben auch das achte Gebot. Ich muss mich nicht mühsam gegen die Preisgabe der Integrität und Intimität meiner Individualität von Fall zu Fall zur Wehr setzen (vor allem: wenn das Kind schon in den Brunnen gefallen ist), sondern: Wer in diesen Schutzbereich eingreifen will, muss zuvor seine guten Gründe nennen und beweisen. Vor allem: In diesen Gründen darf meine Individualität nicht zum Instrument der Zwecke allein Dritter werden – sonst sind es schlechte Gründe.

Dies also ist gemeint, wenn wir sagten: Wer solche Gebote auslegen will, braucht zuvor ein normativ grundiertes Menschenbild. In der Tat: Wer sich ein wohlbegründetes Bild vom Menschen macht, der hat es mit der Anwendung ethischer Normen (fast) so einfach, wie jener Praktiker, der sich für die Medienethik in mehr oder weniger gespielter Naivität, also völlig vernünftig auf das siebte und achte Gebot zurückzieht. Denn Hand aus Herz: Wir wissen doch alle ziemlich genau, was sich gehört und was nicht!

Und nun: die Theologie? Das Menschenbild des Dekalogs ist nur die Entsprechung eines Gottesbildes. Jedes Gebot der zweiten Tafel weist weg von dem Menschen, *der* ihm gerecht werden soll, auf den Menschen, *dem* er gerecht werden soll. Beide Menschen, der, an den sich das Gebot richtet, und jener, auf den das Gebot verweist, beide sind sie ein Ebenbild Gottes, der ihnen selber gerecht werden will. Nur unter dieser Voraussetzung ist es möglich, dass der eine nicht zum Zweck des anderen wird – und sei es, aus den angeblich besten Absichten, zum Gegenstand der eigenen Selbst-Gerechtigkeit.

Ehre und Öffentlichkeit

Der Begriff »Ehre« löst heute zumeist Verlegenheit aus – selbst in höheren bürgerlichen Kreisen. Typisch dafür war eine Situation auf einer Synode der EKD, in der es um den Menschen und seine Würde ging und in der die Frage auftauchte, ob man nicht auch etwas mehr für die Achtung der persönlichen Ehre tun müsse. Alsbald kam es zu einigen Voten, die das verständnislose Befremden schon über diesen Begriff artikulierten, als handle es sich bei der Ehre um das »Unwort des Jahres«. Bei diesem reflexhaften, quasi protestantisch-korrekten gedanklichen Befassungsverbot, das da über dem Verhandlungsraum waberte, wäre es wohl geblieben, wenn nicht der Synodale Richard Schröder sich zu Wort gemeldet hätte und seinen Schwestern und Brüdern dieses vorgehalten hätte: Wer nicht verstehe, weshalb evangelische Christen sich mit der Ehre des Mitmenschen befassen dürften oder sollten, der brauche nur im Gesangbuch – es lag auf allen Plätzen aus – unter der Nummer 412 nachzuschlagen und die dritte Strophe zu lesen: »Wer seines Nächsten Ehre schmäht und gern sie schmähen höret, sich freut, wenn sich sein Feind vergeht, und nichts zum Besten kehret, nicht dem Verleumder widerspricht, der liebt auch seinen Bruder nicht.« Wenn ich mich recht entsinne, verwies Schröder dabei auch auf Luthers Auslegung des achten Gebotes im Kleinen Katechismus, in der Luther auf die Lehrfrage: »Was heißt bösen Leumund machen?« antwortet: »Den Nächsten verdächtigen und ihn um Ehre und guten Namen bringen.«

Wenngleich es notwendig ist, in klarer und aufgeklärter Weise den Begriff der »Ehre« sozusagen selber (wieder) in Ehren zu bringen und zu halten, kann man das Unbehagen dagegen immerhin erklären, selbst wenn man es in der zeitgeistigen Attitüde natürlich nicht ernstlich verteidigen möchte. In der deutschen Geschichte ist eben mit vielen »ehrenhaften« Begriffen so viel Schindluder betrieben worden, dass man sie kaum mehr unbefangen im Munde führen kann: Vaterland, Nation, Pflicht, Treue, Elite – und eben auch Ehre. Und es hat die Sache in jüngster Zeit gewiss nicht einfacher gemacht, dass ein vormaliger Bundeskanzler darauf bestand, sein einmal gegebenes »Ehrenwort« rangiere vor seinen gesetzmäßigen Pflichten.

Im Johannes-Evangelium (5, 43) lesen wir: »Wie könnt ihr glauben, die ihr Ehre voneinander annehmt, und die Ehre, die von dem alleinigen Gott ist, sucht ihr nicht?« Dieser Tadel verpflichtet uns zumindest, deutlich zu unterscheiden, zwischen der Ehre, die wir als Mitglieder der ehrenwerten Gesellschaft uns untereinander gewähren und wahren, und der Ehre, die von dem alleinigen Gott ist – welche wiederum von der Ehre zu unterscheiden ist, die Gott selber und ihm allein gebührt. Die Ehre, die von Gott ist, kommt jedem seiner Geschöpfe frei und unverdient zu – einfach weil es da ist und weil es als Gottes Geschöpf nach seinem Willen da ist. Wir drücken diesen Sachverhalt mit einem die Ehre steigernden Begriff aus, mit dem der Würde, und schreiben deshalb im Artikel 1 des Grundgesetzes: »Die Würde des Menschen ist unantastbar.« Der folgende Satz: »Sie zu achten und zu schützen ist Verpflichtung aller staatlichen Gewalt«, ist nicht so zu verstehen, als sei diese Achtungs- und Schutzpflicht auf den Staat alleine beschränkt. Sie gilt genauso stark auch für jeden einzelnen Staatsbürger – und nicht nur das: für jeden Menschen schlechthin, erst recht für jeden Christenmenschen. Und dies unter allen, auch den widrigsten Umständen! Diese Menschenwürde – oder Ehre –, die von dem alleinigen Gott ist, kann nicht einmal durch ihren Träger selbst verspielt werden, durch keine Tat oder Un-Tat auch immer. Insofern handelt es sich tatsächlich um ein »unveräußerliches« und »unverlierbares« Menschenrecht. Wenn wir diese Ehre des Mitmenschen, die von Gott ist, missachten, vergehen wir uns nicht nur am Menschen, sondern an Gott selber.

Davon zu unterscheiden ist nun, wie gesagt, die Ehre, die wir voneinander annehmen, von gleich zu gleich. Von gleich zu gleich kann vieles heißen: als gleiche Staatsbürger, als Angehörige des gleichen ehrlichen Berufsstandes (die Ehre des Handwerkers, des ehrbaren Kaufmannes). Von gleich zu gleich kann aber auch heißen: als Angehörige eines gleichermaßen fragwürdig oder gar rechtswidrig handelnden Zirkels (Spielschulden sind Ehrenschulden, Ganovenehre). All diese Ehrenkodizes haben eines miteinander gemeinsam: Sie sind nicht identisch mit den formalisierten und rechtlich sanktionierten Regelwerken – sei es, dass sie juristisch nicht durchsetzbar sind, weil sie Verhaltenserwartungen normieren, die über das rechtlich unbedingt Gebotene hinausgehen, sei es, dass sie nicht durchsetzbar sind, weil sie *sub omnium canone* rangieren, unterhalb des Regelgerechten – oder, wie der Volksmund sagt, unter aller Kanone: Spielschulden sind eben Ehrenschulden, weil sie vor Gericht nicht einzutreiben sind. Der Dirnenlohn kann nicht vor Gericht eingeklagt werden, weil ihm ein sittenwidriges Geschäft zugrunde liegt, obgleich dies den Staat nicht daran hindert, den gleichwohl freiwillig (oder gar als Ehrenschuld?) gezahlten Dirnenlohn als ordentliches Einkommen zu besteuern. Und noch eines haben diese Ehrenkodizes miteinander gemeinsam: Ihre Verletzung wird in aller Regel informell schärfer sanktioniert als der Verstoß gegen eine rechtliche Pflicht – nämlich durch den Ausschluss aus der Gruppe, für die dieser Kodex etabliert wurde. Unter Ganoven kann dieser Ausschluss zuweilen durch einen Kopfschuss vollzogen werden, unter Ehrenmännern geschah dies früher nicht selten durch einen Schuss im Duell. Der Totschlag unter Ehrenmännern wurde erst gar nicht, dann jedenfalls milder bestraft. Beidem, der Ehre unter Ehrenmännern ebenso wie deren Sanktionierung im Ehrenhandel verdanken wir die bedeutendsten Romane der Literaturgeschichte, denken wir nur an Theodor Fontanes »Effi Briest« oder »Cécile«.

Diese gewöhnliche Ehre also war abhängig von der Anerkennung bestimmter Kodizes – und sie wurde belohnt durch die Anerkennung der Person, die sich an die Regeln hielt. Die moderne, demokratische und formal egalitäre Gesellschaft kennt solche Zunft-, Standes- oder anderweitig separierte Kreise nicht mehr – allenfalls der Adel, der mit seinen Privilegien seit der Weimarer Reichsverfassung abgeschafft ist, simuliert diese Tradition weiterhin. Jedenfalls kann man in der heutigen Gesellschaft ohne die Zugehörigkeit zu sonder-kodexgestützten Zirkeln recht gut auskommen (man muss noch nicht einmal einem Rotary- oder Lions-Club angehören); und man überlebt sogar den Ausschluss aus Clubs und Kreisen

– besser jedenfalls, als einen negativen Eintrag in der Kreditauskunftei – und selbst bei dieser Kartei geht es weniger um die Ehre, als vielmehr um die Zahlungsfähigkeit. Gleichwohl ist die gesellschaftliche Anerkennung auch in unserer egalitären Gesellschaft ein wertvolles und gesuchtes Gut. Nur wird heute nicht mehr in Ehrbegriffen abgerechnet, sondern an deren Stelle ist der Ruf getreten, der Status oder das Prestige. Das Prestige kann auch durch Statussymbole errungen, nicht selten sogar bloß vorgetäuscht werden. Titel tragen immer noch zum Prestige bei, deswegen werden sie zuweilen gehandelt. Orden werden gesucht – als besonders apart gilt es, einen Orden abgelehnt zu haben, und darüber, entgegen der Etikette, öffentlich zu reden, als ob ein abgelehnter Orden wertvoller sei als ein *rite* entgegengenommener. Beim Antrag auf eine Kreditkarte, so berichten Bankangestellte, sollen manche Antragsteller auf der Nennung ihrer Titel auf dem Plastikkärtchen bestehen – nicht der Ehre wegen, sondern weil sie (erfahrungsgestützt?) vermuten, dies steigere ihre Kreditwürdigkeit beim Lieferanten oder Verkäufer.

Richteten sich die Ehrerwartungen früherer Zeiten in erster Linie an die Zunft- oder Zirkel- oder Milieu-Genossen, so ist in der egalitären Gesellschaft die Prestigeerwartung nicht mehr nur an Sondermilieus, sondern an die allgemeine Öffentlichkeit gerichtet. Die »alte« Ehre richtete sich an ein Teil-Publikum und sie war durch ebenso übersichtliche wie klare Sonderregeln kodifiziert. Demgegenüber erzeugt gerade die etablierte Egalität ein besonders gesteigertes, aber diffuses Anerkennungsbedürfnis, dessen Einlösung durch instabile Moden und wechselnde Trends ständig variiert wird. Das traditionelle Institut der Ehre mag veraltet wirken – das Bedürfnis nach Anerkennung, die wir voneinander annehmen, bleibt davon unberührt und wird durch die informelle Instabilität eher noch gesteigert.

Wenn wir also über »Ehre und Öffentlichkeit« nachdenken und dabei, durchaus zeitgemäß, den geschichtlich belasteten Begriff der »Ehre« durch den neutraleren und funktionaleren Begriff »Anerkennung« ersetzen, und folglich über »Anerkennung und Öffentlichkeit« nachdenken, so erkennen wir sehr schnell, dass es sich nicht um einen begrifflichen Gegensatz derart handelt, dass etwa die persönliche Anerkennung mit der weiteren Öffentlichkeit in einem unauflöslichen Spannungsverhältnis steht. Vielmehr ist die Öffentlichkeit geradezu zum kardinalen Medium der Anerkennung geworden – und zwar im doppelten Sinne: Wirkliche Anerkennung ist die öffentlich sichtbare – und öffentliche Sichtbarkeit ist oft schon Anerkennung. Ja, man kann sogar sagen: Die öffentliche Sichtbarkeit einer Person ist die eigentliche Form der Anerkennung: Prominenz gleich Prestige.

Wer freilich seine Anerkennung nicht vor sich selber und vor seinen primären Lebenspartnern und direkten Arbeitskollegen sucht, sondern in der Form von öffentlicher Prominenz (welch' Pleonasmus!), geht einen riskanten Weg. Denn je weiter das Forum gezogen ist, vor dem man Anerkennung sucht, desto instabiler die Anerkennung, desto weniger sind die Bedingungen der Anerkennung von demjenigen zu steuern, der sie sucht. Die Öffentlichkeit wiederum konstituiert sich weithin über die Zuteilung und Entziehung von Anerkennung, die Medien wiederum, als Instrumente und als Teilforen der gesamten Öffentlichkeit, schreiben sich ihre eigene Importanz nicht zuletzt aufgrund jener Auswahl von prominenten Personen (wichtige Politiker – wichtige Zeitung, Stars und Starlets – wichtiger Boulevard) zu, denen sie Bedeutung verleihen und deren Bedeutung sie hernach wieder dekonstruieren. Doch weder die Öffentlichkeit noch die Medien richten sich dabei nach den wirklichen Interessen, nicht einmal nach den schutzwürdigen Interessen der Personen, die ihrerseits die Medien und die Öffentlichkeit als Garanten ihrer Anerkennung zu instrumentalisieren suchen – was gelegentliche, sogar länger anhaltende Kooperationen (Kumpaneien auch) nicht ausschließt; dies sind aber Bündnisse auf Zeit, die bei passender Opportunität sofort in ihr Gegenteil umschlagen können: Der Günstling wird dann unversehens zum Opfer seiner vermeintlichen Diener.

Wann wird die Ehre eines Bürgers zum Opfer der Öffentlichkeit? Der Straßburger Gerichtshof für Menschenrechte hat jüngst die Rechtssprechung des deutschen Bundesverfassungsgerichts korrigiert. Nur solange eine öffentliche Person in dieser öffentlichen Funktion auftritt, muss sie sich der öffentlichen Neugier und der entsprechenden Berichterstattung in der Presse aussetzen; sobald sie sich aber privat bewegt, genießt sie denselben Schutz wie jedermann. Also – vereinfacht: Hält der Kanzler auf dem Podium am Marktplatz eine Wahlrede, so muss er es sich gefallen lassen, dass über alles auf dem Podium berichtet und räsoniert wird; geht er anschließend (nur!) mit seiner Frau oder seiner Geliebten ein Bierchen in der Eckkneipe am selben Marktplatz trinken, dann ist er unter sich – und folglich bleibt die Presse ausgesperrt; sind die örtlichen Parteigrößen dabei – dann wiederum auch die Journalisten. Mir persönlich ist eine solche Rechtssprechung ausgesprochen sympathisch – entgegen den Interessen meines Berufsstandes und entgegen der deutschen Rechtssprechung, die den Begriff der absoluten und relativen Person der Zeitgeschichte zu weit ausgedehnt hat. (Die Richter haben gut judizieren – sie werden ja kaum durch den öffentlichen Kakao gezogen.) Nur: Mit Ehre hat dies alles nichts zu tun. Oder doch nur sehr vermittelt.

Der Gegenbegriff zur Öffentlichkeit ist nicht die Ehre, sondern die Privatsphäre. Wo immer die Grenze zwischen öffentlich und privat richtig gezogen werden soll – die Privatsphäre soll nicht die Ehre der Person schützen. Auch ist der Schutz der Privatsphäre nicht davon abhängig, dass der Geschützte sich privatissime ehrenhaft benimmt, sondern darauf soll es gerade nicht ankommen. Das Private ist eben privat – weil es privat ist, solange in seinem Schutz nicht richtige Verbrechen ausgeheckt oder sogar begangen werden. Der Schutz der Privatsphäre steht der einzelnen Person deshalb zu, weil sie Bedingung seiner menschenwürdigen Existenz ist; insofern hat sie als Reflexwirkung eher mit jener Ehre zu tun, die von dem alleinigen Gott ist. Wenn der Schutz der Privatsphäre als Abgrenzung gegen jede Öffentlichkeit gewährt und gewahrt wird, so steht er vor allem jenen Personen zu, die – in ihrer amtlichen, in ihrer öffentlichen Rolle – sich ansonsten der legitimen öffentlichen Kritik und Berichterstattung aussetzen lassen müssen. Schwierig wird die Sache, wenn jemand seine Privatsphäre in berechnender Weise (weil er dies zur Gewinnung von Prominenz, zur Sicherung seiner politischen Ambitionen für zweckmäßig hält) den Medien zur Schau stellt; dann verliert er zwar nicht objektiv seinen Schutzanspruch, wird aber unglaubwürdig, wenn er ihn – *contra factum proprium*, wie der Jurist sagt – einklagt.

Wann kommt nun aber die Ehre der Mitmenschen so ins Spiel, dass es sich auch auf einer evangelischen Synode lohnt, darüber zu diskutieren?

Zwei Ebenen sind demnach zu unterscheiden. Reden wir über die Ehre, die von dem alleinigen Gott ist, so verteidigen wir den Schutz der Menschenwürde. Selbst der Verbrecher kann sie nicht verspielen – und deshalb muss selbst die Berichterstattung über Verbrecher (erst recht über bloß Verdächtige oder Beschuldigte) bei allem legitimen öffentlichen Interesse Schranken wahren. Auch der Verbrecher darf nicht zum bloßen Objekt und Spekulationsobjekt der Sensationsausbeute gemacht werden. Es bleibt ein Kernbereich seiner Persönlichkeit, die sich nicht der öffentlichen Exhibition unterwerfen lassen muss.

Was aber machen wir mit jenen Personen, die sich freiwillig öffentlich exhibitionieren, indem sie etwa willig in irgendwelche Container der privaten Fernsehanstalten steigen? Hier gilt: Die Freiwilligkeit der öffentlichen Selbst-Prostitution heilt nicht die objektive Verletzung der Menschenwürde. Doch wiederum: Mit der Ehre, die wir voneinander annehmen, hat dies nichts zu tun. Die kann man erwerben, wenn man will; man kann auf sie verzichten, wenn man will. Sie kann einem, anders als die Menschenwürde, gleichgültig sein.

Wer indessen diese Art der Anerkennung auf dem Forum der Öffentlichkeit sucht, wie dringend auch immer, hat einen Anspruch darauf, dass sie nur nach Kriterien in Frage gestellt wird, die den Bedingungen ihrer Gewährung entsprechen: Wer ein ehrbarer Kaufmann sein will, muss sich die Frage nach seinem Geschäftsgebaren gefallen lassen. Wer ein Star sein möchte, muss die Konkurrenz mit anderen Stars bestehen. Wer sich als Politiker bewirbt, muss sich an politischen Erwartungen zur Rede stellen lassen. Die Ehre kommt bei diesem kritischen Test auf zweierlei Weise ins Spiel: Zuzulassen im Test sind nur die Kriterien, auf die es für die entsprechende soziale Rolle tatsächlich ankommt (die also dem Geschäft auf Anerkennung zugrunde liegen – folglich scheidet die Frage nach der Haarfarbe oder -färbung eines Kanzlers als Testkriterium aus); und zugelassen sind nur wahrheitsgemäße Einwendungen. Der Umgang zwischen Personen, die öffentliche Anerkennung suchen, muss ehrlich sein.

Ehrlich freilich ist um ein Entscheidendes mehr als nur wahrheitsgemäß. Wer ehrlich, also ehrenhaft streitet (und sei es in aller Schärfe), der darf ruhig die selbst-beanspruchte Ehre seines Gegenübers, mithin jene Ehre, die wir voneinander annehmen, in Zweifel ziehen – aber er wahrt in der Achtung vor der Menschenwürde auch seines erbitterten Gegners die Ehre, die von dem alleinigen Gott ist. Das ist es, ins Zeitgemäße übersetzt, was Martin Luther im Kleinen Katechismus mit seiner Auslegung des achten Gebots sagte: »Wir sollen Gott fürchten und lieben, dass wir unseren Nächsten nicht fälschlich belügen, verraten, afterreden oder bösen Leumund machen, sondern sollen ihn entschuldigen, Gutes von ihm reden und alles zum Besten kehren.«

Christentum als Beruf

Manche von Ihnen werden Hermann Hesses Erzählung »Unterm Rad« in Erinnerung haben. Man kann diese Erzählung – wie jede gute Literatur (übrigens: auch die Bibel!) – unter sehr vielfältigen Aspekten lesen, zum Beispiel als Geschichte einer schrecklich an Überforderungen scheiternden Jugend; dies die vorwiegende Lesart. Man kann sie aber auch lesen als Auseinandersetzung mit verschiedenen Spielarten des Protestantismus. Und aus dieser Perspektive betrachtet möchte ich Ihnen zunächst die Gegenüberstellung zweier Typen aus diesem Frömmigkeitsrepertoire vergegenwärtigen – zum einen die Figur des Stadtpfarrers, zum anderen jene des Schuhmachers Flaig, zunächst nur erzählend-zitierend, dann aber schon in gewisser Weise systematisierend und hinführend zu unserem Thema: »Christentum als Beruf«.

Hans Giebenrath, so der Name des Jünglings, soll, falls er das »Landexamens« besteht, auf das Seminar nach Maulbronn. Ein Faden der Geschichte spannt ihn ein in die Beziehung zwischen dem pietistischen Schuhmacher Flaig einerseits und dem namenlosen Stadtpfarrer andererseits, bei dem er seine Kenntnisse der alten Sprachen aufbessern soll. Schauen wir uns den Morgen vor dem Examen an:

Am folgenden Morgen, während Hans Kaffee trank und die Uhr nicht aus den Augen ließ, um ja nicht zu spät in die Prüfung zu kommen, wurde seiner im Heimatstädtchen von vielen gedacht. Zuerst vom Schuhmacher Flaig; der sprach vor der Morgensuppe sein Gebet, die Familie samt den Gesellen und beiden Lehrlingen stand im Kreis um den Tisch, und seinem gewöhnlichen Frühgebet fügte der Meister heute die Worte bei: »O Herr, halte deine Hand auch über den Schüler Hans Giebenrath, der heute ins Examen tritt, segne und stärke ihn, und lass ihn einmal einen rechten und wackeren Verkündiger deines göttlichen Namens werden!«

Der Stadtpfarrer betete zwar nicht für ihn, sagte aber beim Frühstück zu seiner Frau: »Jetzt geht der Giebenrathle ins Examen. Aus dem wird noch was Besonderes; man wird schon auf ihn aufmerksam werden, und dann schadet es nichts, dass ich ihm mit den Lateinstunden beigesprungen bin.«

Der Stadtpfarrer war – für die damaligen Verhältnisse – offenbar ein Modernist. Sein Studierzimmer wird wie folgt beschrieben:

Man bekam den Eindruck, dass hier viel gearbeitet werde. Und es wurde hier auch viel gearbeitet, freilich weniger an Predigten, Katechesen und Bibelstunden als an Untersuchungen und Artikeln für gelehrte Journale und an Vorstudien zu eigenen Büchern. Die träumerische Mystik und ahnungsvolle Grübelei war von diesem Ort verbannt, verbannt war auch die naive Herzenstheologie, welche über die Schlünde der Wissenschaft hinweg sich der dürstenden Volksseele in Liebe und Mitleid entgegenneigt. Statt dessen wurde hier mit Eifer Bibelkritik getrieben und nach dem ›historischen Jesus‹ gefahndet.«

Der fromme Schuhmacher hatte seine starken Reserven gegenüber diesem Stadtpfarrer. Einmal begegnen beide, Giebenrath und Flaig dem Manne auf einem Spaziergang:

In der Kronengasse begegneten sie dem Stadtpfarrer. Der Schuster grüßte gemessen und kühl und hatte es plötzlich eilig, denn der Stadtpfarrer war ein Neumodischer und stand im Ruf, er glaube nicht einmal an die Auferstehung.

Der junge Giebenrath hält den ständigen An- und Überforderungen nicht stand, er erkrankt zunächst und wird aus dem Seminar weggeschickt in sein Heimatstädtchen, wo er auf der Straße auch dem Rektor, einem Lehrer und dem Stadtpfarrer begegnet, die ihm zwar wohlwollend zunickten, aber – und so heißt es dann wörtlich –

... aber eigentlich ging Hans sie nichts mehr an. Er war kein Gefäß mehr, in das man allerlei hineinstopfen konnte, kein Acker für vielerlei Samen mehr; es lohnte sich nicht mehr, Zeit und Sorgfalt an ihn zu wenden.

Vielleicht wäre es gut gewesen, wenn der Stadtpfarrer sich seiner ein wenig angenommen hätte. Aber was sollte er tun? Was er geben konnte, die Wissenschaft, oder wenigstens das Suchen nach ihr, hatte er dem Jungen seinerzeit nicht vorenthalten, und mehr hatte er eben nicht. Er war keiner von den Pfarrern, in deren Latein man begründete Zweifel setzt und deren Predigten aus wohlbekannten Quellen geschöpft sind, zu denen man aber in bösen Zeiten gerne geht, weil sie gute Augen und freundliche Worte für alles Leiden haben.

Wie immer man diese Erzählung oder das Bild der verschiedenen protestantischen Rollen – je nach Perspektive, sei es aus der des Hans Giebenrath oder des Schuster Flaig oder des Autors Hesse – zu interpretieren hätte (alles sehr interessante Fragen!): Wir finden jedenfalls in diesem Episodenstrang erzählerisch all jene Aspekte entfaltet, die in systematischer Absicht unser Thema ausmachen: »Christentum als Beruf«. Da ist zum einen das Verhältnis zwischen wissenschaftlicher Theologie und geistlichem Amt, das Verhältnis zwischen wissenschaftlicher Skepsis und gläubiger Frömmigkeit, zwischen professioneller, ja routinierter Pfarrerschaft und einer echten, wenn auch schlichten *praxis pietatis*, zwischen amtlicher Frömmigkeitsverwaltung und tief empfundener Seelsorge, ja wirklich: Sorge um eine junge Seele.

Der Schuhmacher deutete den durchs Kirchhoftor abziehenden Gehröcken nach – heißt es am Schluss der Erzählung, nach Giebenraths frühem Tod und seiner Beisetzung.

»Dort laufen ein paar Herren«, sagte er leise, »die haben auch mitgeholfen, ihn soweit zu bringen.«

»Was?« fuhr der andere – das war Giebenraths Vater! – auf und starrte den Schuster zweifelnd und erschrocken an. »Ja, sackerlot, wieso denn?«

»Seien Sie ruhig, Herr Nachbar. Ich hab' bloß die Schulmeister gemeint.« (Man spürt, dass das nicht ganz stimmt, der Stadtpfarrer war auch gemeint – weil der dem Knaben eben auch nur ein Schulmeister war.)

»Wieso? Wie denn?«

»Ach, nichts weiter. Und Sie und ich, wir haben vielleicht auch mancherlei an dem Buben versäumt, meinen Sie nicht?«

Viele interessante, beklemmende Perspektiven also. Das Wichtigste aber: Das Gegenüber eines kühlen, fast toten Berufschristen – des Stadtpfarrers – und eines berufstätigen lebendigen Christen – des Schusters Flaig! Hermann Hesse bringt hier im Grunde in schönster Präzision das zur Sprache, was Martin Luther – und mit ihm die Reformation – zum Beruf eines Christenmenschen gesagt hat: *Die Welt glaubt und erkennt nicht den verborgenen Schatz Gottes; sie kann nicht überredet werden, dass eine gehorsame Magd, ein treu arbeitender Knecht und ein gebärendes Weib einen betenden Mönch weit übertrifft, der nur auf seine Larve sieht, jene aber auch den Befehl und die Ordnung Gottes.* Wobei wir ja erfahren haben, dass der Stadtpfarrer in Hesses Erzählung, also funktional das Analogon zum Mönch in dem Luther-Zitat, nicht einmal mehr betete.

Wir stoßen hier nun auf eine merkwürdige Paradoxie: Zwar hat die Reformation das religiöse Standeswesen als obsolet erklärt in der Denkfigur vom »Priestertum aller Gläubigen«. Sie hat in der Aufhebung der religiös verdienstlichen Werke die christliche Existenz befreit, ja geradezu bestimmt zum weltlichen Beruf – in der ein Christenmensch sich zu bewähren hat wie der Zeltmacher Paulus. Dennoch haben die Kirchen der Reformation bis auf den heutigen Tag praktisch, bisweilen bürokratisch, bisweilen subkutan weihepriesterlich festgehalten an einer geistlichen Standesordnung, die sich über lange Zeit auch noch eng an das staatliche Beamtenwesen angelehnt hat. (Subkutan weihepriesterlich – das mag ihnen unangebracht polemisch vorkommen, doch was anderes steckt hinter der Aufteilung, wonach in den Kirchen der VELKD ein Laie zwar zur freien Wortverkündigung – pro tempore et pro loco – berufen werden kann, die Feier des Abendsmahls aber unbedingt einem »echten« Pfarrer vorbehalten bleiben muss. Wo bleibt da die theologische Logik?) Nein, die Geringschätzung des weltlichen Berufs hat sich noch bis in die siebziger Jahre des vorigen Jahrhunderts fortgesetzt, als es selbst in der rheinischen, also eher »liberalen« Landeskirche der Ehefrau eines Pfarrers im Grunde kaum erlaubt war, einem weltlichen, bestimmt aber keinem »kommerziellen« Beruf nachzugehen. Ich habe jedenfalls eine Pfarrfrau vor Augen, die zwar noch Religionsunterricht geben durfte, als sie aber eine Kunstgewerbe-Boutique aufmachen wollte, gab es ein Veto – da wird ja richtig schmutziges Geld verdient, durch Handel und Wandel. Eine Bemerkung am Rande: Natürlich kennen wir alle unsere Confessio Augustana und die Norm »nil nisi vocatus«; aber eben diese Norm begründet aus sich heraus weder eine Priesterkaste noch einen rechtlich und soziologisch abgesonderten Pfarrerstand.[1]

Das Gegenstück zu diesem am Beispiel des »Berufsverbotes« für die Pfarrfrau (eigentlich müsste man doch sagen: Ehefrau des Pfarrers) deutlich gewordenen latenten Misstrauen gegenüber dem »standeswidrigen« weltlichen Beruf ist nun umgekehrt die strikte Ver-Beruflichung des Amtes eines Gemeindeleiters zum Pfarramt. Dafür gibt es durchaus ansehnliche Gründe. Es gibt aber auch problematische – und es stellt sich inzwischen immer mehr die Frage, sowohl wegen des Rückganges der Kirchenmitgliedschaft als auch wegen der Finanznöte der Kirchen, ob diese »Standesordnung« sich ad infinitum verlängern lässt. Hinzu kommen manch andere zeitgenössische Faktoren, welche die einst geschätzte Institution des evangelischen Pfarrhauses (und damit unvermeidlich auch des traditionellen Berufsbildes des Pfarrers) gründlich verändern – Faktoren, solche und solche: unvermeidliche wie unerfreuliche.

Nil nisi vocatus – muss man dazu nicht doch Folgendes sagen? Nämlich: In der Aussonderung der Gemeindeleitung zu einem institutionalisierten Pfarramt ist diese notwendige Berufung durch die Gemeinde zu einem Beruf formalisiert worden – und dies auf eine Weise, in der die Ausbildung (sozusagen: die »Professionalisierung«) zwar durchaus verdichtet wurde, bei der aber nicht unbedingt und unausweichlich sichergestellt ist, dass die Aus-Strahlung proportional mit der Aus-Bildung, dass das Charisma der *professio* parallel mit der Professionalisierung anwächst.[2]

Die Ver-Beruflichung der Berufung konzentriert sich heute vor allem auf das wissenschaftliche Studium der Theologie. Es gibt zwar gewiss keine wahre Theologie ohne innere Berufung – aber eine rein naive, gewissermaßen unkritische Berufung, ohne Sturm und Stachel der Aufklärung, ohne Durchgang durch die historische-kritische Auseinandersetzung mit den Heiligen Schriften, ein geistlicher Beruf also ohne wissenschaftliche Grundlage kann zwar durchaus eindrucksvolle christliche Biographien tragen – siehe den Schuster Flaig – würde aber letztlich auch zu einer Verkümmerung des Ganzen des christlichen Glaubens, zumal im Konzert der modernen, pluralistischen Welt führen.

Es gibt also neben den fragwürdigen Gründen für die Aussonderung eines institutionell versäulten Pfarrerberufes – trotz des reformatorischen »Priestertums aller Gläubigen« – durchaus sachlogische Notwendigkeiten einer rein funktional verstandenen Arbeitsteilung. Wenn wissenschaftlich anspruchsvolle Theologie als Lebenselixier zur christlichen Gemeinde gehört, dann versteht es sich von selbst, dass nicht alle Christenmenschen umfassend ausgebildete und ständig weiterforschende Theologen sein können. Sich ständig theologisch weiterzubilden – dazu kommen nicht einmal (mehr?) alle Pfarrerinnen und Pfarrer, sei es aus Überforderung, sei es aus mangelnder Motivation.

Ich empfinde aber ein tiefes Unbehagen angesichts der Erfahrungstatsache, dass aus dieser sachlogisch notwendigen Arbeitsteilung nicht nur die – trotz aller ekklesiologischen Dementis – real-soziologische Ausgliederung eines Pfarrer- und Pfarrerinnenstandes, mehr noch: dass daraus ein »Christentum als Beruf« geworden ist.

Ich kann dieses Unbehagen gegenwärtig nur in einigen prinzipiellen und praktischen Ambivalenzen formulieren – eine ideale Auflösung in praktischer Hinsicht kann ich mir noch nicht vorstellen.

Zum ersten: In der Logik meiner vorausgegangenen Argumentation zum Verhältnis von Theologie und Glaube (und Kirche) müsste es liegen, von unseren Kandidaten und Geistlichen noch mehr an theologischer Bildung wie Fortbildung – und das im Grunde doch höchst interdisziplinär – einzufordern. (Ich gestehe, dass ich mitunter den Eindruck eines empfindlichen theologischen Defizits gewinne. Die Verleger theologischer Fachliteratur berichten von einem starken Rückgang des Erwerbs ihrer Bücher – und das kann ja nicht nur daran liegen, dass die Pfarrer in einem Aufbruch an ungeahnter Solidarität die wenigeren erworbenen Bücher heftig untereinander austauschen ...) Also einerseits die Forderung nach mehr Theologie, mehr moderner, auch fundamentaler Theologie – gerade im kirchlichen Alltag. Andererseits müsste die Einlösung dieser Forderung nicht nur zu einer weiteren Überforderung der Pfarrer führen, sondern die Kluft zwischen den berufstätigen Christen und den berufsmäßigen Christen zusätzlich verschärfen.

Eine Fußnote zu dieser ersten Ambivalenz: So sehr man den Trend zur Multi-Kompetenz und Rollenvielfalt der hauptamtlichen Theologen einerseits begrüßen mag – sie kann auch ein Ausweichen vor der zentralen theologischen Herausforderung sein. Ich wünschte mir, dass unsere Prediger sich viel mehr Zeit und Muße nähmen für eine Verkündigung, die mehr bietet als eine Art sozial-ethischer Aktualitätskommentar, bei dem man oft bezweifeln mag, ob der Prediger von den ökonomischen, politischen und – sei's drum – militär-politischen Sachverhalten wirklich etwas versteht. Jedenfalls: Wenn die Predigt damit beginnt, in dieser Woche habe dieses oder jenes in der Zeitung gestanden, schlage ich sofort hinten im Gesangbuch die Bekenntnisschriften oder die Rubrik »Dichter und Komponisten der Lieder« auf – da erfahre ich dann doch etwas Neues und etwas anderes als im Alltag, zu dessen bloßer Verlängerung ich eben nicht zur Kirche gehen würde.

Eine zweite Fußnote: Es wäre mir lieb, unsere Pfarrer würden ihrer eigenen Sache mehr vertrauen als etwa der journalistischen, also dem Handel mit bloßen Aktualitäten. Das Sperrige, Befremdliche, das *totaliter aliter*, das uns aus der Bibel entgegentritt, hat seine eigene ursprüngliche Kraft. Gerade das Andere begründet die Einladung der Kirche – nicht das Gewöhnliche. Von mir aus sogar »niederschwellig« – aber bitte nicht als Zutritt zu einem geistigen Flachbau …

Zur zweiten der Ambivalenzen: Ich halte es für ein unmöglich Ding, dass wir aus Gründen der sachlogischen Arbeitsteilung zugleich die Geistlichen – gewissermaßen wie Sündenböcke – mit unserem eigenen Ungenügen an unserer christlichen Existenz befrachten: Sie – die Pfarrersleute! – sollen (an unserer Statt!) moralische Vorbilder sein, sie sollen (an unserer Statt!) wirklich fromm und genügsam sein. Vor allem genügsam: In der kirchlichen Finanzkrise erwarten wir von ihnen Einkommensverzichte – aber wer von uns würde sie für sich selber gleichermaßen hinnehmen. Kurzum: Die »Berufschristen« sollen ein stellvertretendes, umfassendes Vorbild an Moral, Frömmigkeit und relativer Armut abgeben – *pro nobis*. Das nenne ich eine ungerechte Lastenverteilung und eine unbarmherzige Forderung zugleich. Aber umgekehrt: Wenn nicht einmal in den Pfarrhäusern Vorbilder zu finden sind, wie wollen wir sie in der Gemeinde und Gesellschaft erwarten? Wird dann aber einmal ein Pfarrersehepaar geschieden, kommt es zu g'schlampigen Verhältnissen, gar zu nichtehelichen oder gleich-geschlechtlichen Lebensgemeinschaften – dann ist Skandal angesagt. Manchmal, so habe ich den Eindruck, entlastet sich die lästernde, skandalisierte Gemeinde auf diese Weise recht bequem – zur Pflege eigener Selbstgerechtigkeit oder Verdrängung eigener Sündhaftigkeit. Nicht dass ich in dieser Hinsicht die Herausforderungen verharmlosen wollte – es wäre ja auch zumindest irgendwie komisch, wenn eine mehrmals geschiedene – oder in einer, wie das heute heißt, »Schwulen-« oder »Lesben-Ehe« lebende – Pfarrersperson einem Paar das ewige Eheversprechen abnehmen wollte. Mit anderen Worten: Wir können von unseren »Berufschristen« in der Nachfolge Christi nicht mehr verlangen, als von uns selber – und wahrscheinlich verlangt diese Nachfolge, jedenfalls in der ursprünglich strengen Form bei Bonhoeffer, mehr von uns allen, als wir können?[3]

Freilich, wie immer betrachtet: Der Verkündiger steht stets in einer – begrenzten –Öffentlichkeit, die sein fundamentales Glaubwürdigkeitsproblem weiterhin verschärft, denn ihm droht das Dictum Heinrich Heines in besonderer Weise: »Ich weiß, sie trinken heimlich Wein und predigen öffentlich Wasser.« Ich weiß noch keine Antwort auf die Frage, wie wir mit dieser projektiven Arbeitsverteilung umgehen sollen – ich ahne aber, dass ich mich in einem so verstandenen Pfarramt ständig überfordert fühlen müsste. Die Literatur und die real existierende protestantische ist voll von Beispielen, wie sich dieser Überdruck auf die Kinder des Pfarrhauses auswirken kann. (Nicht zu reden von der Lage, in die über Jahrzehnte die geschiedenen Ehefrauen von Pfarrern gerieten, weil der schiere Tatbestand der Scheidung möglichst verdrängt werden musste – und damit auch die Berücksichtigung der materiellen Interessen der Frauen.)

Nun könnten wir weitere solcher verwirrender Ambivalenzen noch in großer Zahl aneinanderreihen, ohne dass unsere Lage klarer würde. Lassen Sie mich also am vorläufigen Ende dieser Kette nur noch eine weitere, die dritte provozierende Ambivalenz nennen: Ich argumentiere, Sie haben es deutlich gehört, gegen jede Aussonderung eines quasi-priesterlichen »Berufschristenstandes« – und das ganz bestimmt, soweit sie über das hinausgeht, was mit der sachlogisch unvermeidlichen Arbeitsteilung nun einmal verbunden ist. Dennoch betrachte ich mit einer gewissen Nervosität einen deutlichen – auch ästhetischen – Formverlust im Protestantismus (vor allem in der Liturgie, aber dieses Thema wollen wir heute gar nicht erst richtig eröffnen), auch im öffentlichen Auftreten unserer, wenn man das so sagen darf, »Geistlichkeit«. Ich bin zum Beispiel der – auch für mich eigentlich – merkwürdigen Ansicht, Pfarrer sollten sich im Alltag durchaus als solche erkennbar machen, auch in Kleidung und Habitus. Sie sollten für jeden Zeitgenossen auch auf der Straße ansprechbar sein. Das heißt nun nicht, dass ein junger Pfarrer der in einer kleinen Dorfgemeinde in der Lausitz ständig im Lutherrock herumstolziert, mein Vorbild wäre: Wenn die Leute in diesem Dorf ihn nicht als ihren Pfarrer erkennen, dann sind eh' Hopfen und Malz verloren. Aber in einer Großstadt, in den Massenverkehrsmitteln? Ich denke, Kirche sollte – zumal in unserer Mediengesellschaft – auch in ihren Personen von einer gewissen Unverschämtheit sein, sichtbar also und ansprechbar, wenn Sie so wollen: in einer diskret-auffälligen Form. Und wenn die berühmt-berüchtigte »Kalk-Leiste« nicht zum Markenzeichen einer mitunter sehr verengten Orthodoxie geworden wäre, hätte ich noch nicht einmal etwas gegen ein durchgängig getragenes Collar mit Kalkleiste. Wenn erst die »linken« Pfarrer Habit trügen … Schon zögere ich freilich, wenn ich höre, dass sich junge, angehende Pfarrer heutzutage mit einem Habit eine Rollensicherheit[4] ausborgen wollen, die ihnen noch nicht zugewachsen ist – oder wenn durchaus arrivierte Theologen und Theologinnen aus dem Habit einen Ausweis ihrer modischen Kreativität machen. Trotzdem, trotzdem – eine bescheidene, verbindliche Amtstracht hätte etwas in dieser über Symbole gesteuerten Gesellschaft, trotz meiner fundamentalen Bedenken.

Eine Bemerkung zum Talar: Wenn ich es recht verstehe, soll dieses Amtsgewand den Liturgen und Prediger in mehrfacher Hinsicht entlasten – zum einen von der Sorge um die aufwendige Kleidung darunter. Sodann von dem Zwang zur permanenten Individualität im Aussehen und Auftreten – übrigens auch in geistlicher Hinsicht. Der Talar verweist den Geistlichen auf eine ihm zugewiesene Rolle – und entlastet ihn vom Druck, sich durch immerzu famose Äußerungen und Predigten als Original-Genie zu beweisen.[5] Aber irgendwie ist diese entlastende Bescheidenheit, dieses befreite Selbstbewusstsein in einem Rollengewand, inzwischen nicht mehr überall *en vogue*. Mir fehlt inzwischen die Übersicht über all die Farbvarianten von Talaren und Stolen – manche streng nach dem liturgischen Kalender (Achtung: konservativ!), andere, teils gehäkelt, teils gestickt aus Marias Batik-Shop, mit starker Hinwendung zur Dritten Welt oder ökologischer Textilverwendung … Kunsthandwerk, – als ob die Fröhlichkeit des Evangeliums nicht aus dem Text käme, sondern aus den Textilien, jedenfalls künstlich in hohem Maße und in Wirklichkeit, wenn nicht innerkirchliche Parteilichkeit oder persönliche Eitelkeit mit hineinspielen, eine Ausweis von trivial verstandenem Individualismus und nicht verstandenen Rollenspielen.

Damit sind meine letzten Stichworte gefallen: die Rolle – und das Spiel. Wir werden – so wir praktisch denken – auf absehbare Zeit an den Verhältnissen des »Berufschristentums« wenig ändern können. Aber vielleicht könnte dies schon eine Hilfe sein, wenn wir deutlich wahrnähmen, dass jene, die als »Profis« des Christentums ausgesondert sind, in Wirklichkeit doch – was heißt hier: – »nur« eine Rolle spielen, die prinzipiell auch anderen, ja: allen in der Gemeinde zugängig ist – und die auch von Gliedern der Gemeinde eines Tages übernommen werden müsste, wenn uns die Finanzen und andere Knappheiten dazu zwingen, Kirchen- und Gemeindestrukturen fundamental zu ändern.[6] Vielleicht kommt es ja einmal soweit, dass wir wieder – wie zu den Zeiten des Apostels – Zeltmacher als Prediger brauchen und haben werden, Menschen, die einem Beruf nachgehen und Christen sind, allein aus Berufung. Und vielleicht finden sich dann Menschen darunter, die Generationen von Theologen bis an der Welt Ende Briefe und Materialien zur textkritischen Analyse und hermeneutischen Reflexion liefern.

Und Ihnen, die Sie angehende Theologen sind und Christen sein wollen, nicht nur aus Berufung, sondern auch in einem Beruf mit Festanstellung und Pensionsanspruch: Ihnen wünsche ich zunächst, dass Ihnen stets gegenwärtig bleiben möge, dass jede Professionalität ursprünglich aus der *professio* stammt, die gekonnte und erlernte Sachlichkeit also aus dem Ruf in die Sache – oder, um es mit Max Weber und seinen Bemerkungen zur Berufsethik zu sagen: aus der sachlichen Leidenschaft.

Schließlich aber – lesen Sie doch immer wieder Hermann Hesses Erzählung »Unterm Rad«! Vor allem jene Passage, in der es, im Anschluss an jene schon zitierte Bemerkung über den Stadtpfarrer mit all seiner Bibelkritik, wie folgt weitergeht: *Es ist eben in der Theologie nicht anders als anderwärts. Es gibt eine Theologie, die ist Kunst, und eine andere, die ist Wissenschaft oder bestrebt sich wenigstens, es zu sein. Das war vor alters so wie heute, und immer haben die Wissenschaftlichen über den neuen Schläuchen den alten Wein versäumt, indes die Künstler, sorglos bei manchem äußerlichen Irrtum verharrend, Tröster und Freudenbringer für viele gewesen sind. Es ist der alte, ungleich Kampf zwischen Kritik und Schöpfung, Wissenschaft und Kunst, wobei jene immer recht hat, ohne dass jemand damit gedient wäre, diese aber immer wieder den Samen des Glaubens, der Liebe, des Trostes und der Schönheit und Ewigkeitsahnung auswirft und immer wieder guten Boden findet. Denn das Leben ist stärker als der Tod, und der Glaube ist mächtiger als der Zweifel.*

»Wozu und zu welchem Zweck betreiben wir Theologie?«

Komplizierte Probleme geht man am Besten dadurch an, dass man sie in einfache Fragen unterteilt. Fragen wir also, erstens: Muss man Theologie studieren, um ein guter Christ zu sein? Natürlich nicht! Die Kirche Jesu Christi wurde ganz ohne Universitäten erbaut – und ohne erstes und zweites Dienst-Examen.

Zum zweiten: Muss man ein guter Christ sein, um Theologie zu studieren? Auch hier lautet die Antwort: Nein! Es mag wohl rein praktisch unwahrscheinlich sein, dass jemand, der zum christlichen Glauben keine persönliche Beziehung unterhält, auf den Gedanken kommt, in aller Sorgfalt Theologie zu studieren. Aber möglich ist dies allemal – und der Weg könnte gegebenenfalls zu einem ordentlichen akademische Abschluss führen, obschon nicht *rite* zu einer Ordination. Wenngleich schon Leute ordiniert worden sind, die entweder keine guten Theologen oder keine guten Christen waren oder keines von beidem.

Zum dritten: Gewährleistet denn ein Studium der Theologie, dass der Absolvent ein guter oder gar besserer Christ wird? Auch hier lautet die Antwort wiederum: Nein! Man braucht dazu zum Beispiel nur nachzulesen, welchen – gemessen zumal an den Anforderungen des schlichten menschlichen Anstands – aberwitzigen intellektuellen Unsinn nicht wenige hauptamtliche Theologen (darunter solche höchsten hierarchischen Ranges) während des Dritten Reichs zur sogenannten »Judenfrage« verkündet haben – und das von Amts wegen. Ich frage mich nach wie vor: Wozu ist ein Studium der Theologie des Alten wie Neuen Testamentes nütze, über mehr als acht Semester hinweg, wenn es die Absolventen nicht einmal davor bewahrt, über das Volk Israel und die Juden in Deutschland derart dumpfes und aggressives Zeug zu verzapfen? Oder für jene, die sich etwas aktueller unterrichten wollen: Greifen Sie doch bitte zu dem 2004 erschienenen Band der Briefe Karl Barths aus dem Jahr 1933 und erleben sie nach, wie Barth selbst im Kreise seiner (vermeintlich engsten) theologische Weggenossen die Erfahrung machen muss, wie wenig die Existenz als hauptberuflicher Theologe Menschen davon abhalten kann, Gottes Wort zu verkennen und zu verleugnen.

Drei einfache Fragen also – und als Antwort ein dreifaches: Nein! Wozu also und zu welchem Zweck betreiben wir Theologie?

Freilich, dass vom Punkte A der Weg nicht immer und mit Sicherheit zum Ziele B führt (oder dass A nicht die zwingende Voraussetzung für B ist), heißt ja noch lange nicht, dass es keinerlei produktiven Zusammenhänge gibt. Die offenkundige Tatsache, dass nicht jedes Studium gelingt, ist ja auch noch kein zureichender Grund dafür, die Universitäten insgesamt abzuschaffen. Aber wir haben uns doch vor Illusionen und gedanklichen Engführungen zu bewahren und sollten die Dinge mit äußerster kritischer Wachsamkeit betrachten.

Setzen wir also, rein vorläufig, nochmals bei der ersten einfachen Frage an: Muss man Theologie studieren, um ein guter Christ zu sein? Darauf haben wir zunächst mit einem Nein geantwortet. Es liegt ja auch offen zu Tage, dass es Christen gab, zu wenige, aber doch auch zuhauf, die in schwersten moralischen Herausforderungen »christusgemäß« gehandelt haben, ohne Theologen zu sein – aber eben auch Menschen, die »christusgemäß« handelten, ohne Christ zu sein. Dieser Sachverhalt steht übrigens auch hinter Dietrich Bonhoeffers noch provisorischen Bemerkungen zu einem »religionslosen Christentum«. Aber Christ, *bewusst* Christ sein – das kann man nicht, ohne von Christus zu *wissen*. Ein christlicher Glaube, der nicht ungefähr zutreffend über seine Grundelemente Auskunft geben kann, ist in Wirklichkeit kein Glaube. Im Gegensatz zu manch anderer Religion, die ganz ohne Dogma und kommunizierbare, also verstehbare Lehre auskommt, muss der christliche Glaube imstande sein, über sich selbst Auskunft zu geben. Vom wenigen zum Ganzen: Wenn man von etwas zumindest *etwas* wissen muss, dann gibt es zumindest die Möglichkeit und folglich unter bestimmten Voraussetzungen auch die Notwendigkeit, *alles* zu wissen. Ein Glaube, der ohne Erkenntnis nicht auskommt (denn nur Erkenntnis, und zwar gemeinsame Erkenntnis, ermöglicht Gemeinschaft), drängt – jedenfalls potentiell – auf vollständige Erkenntnis, auf die Erkenntnis des Ganzen.

Nun ist aber unser Leben begrenzt und die Zeit eine knappe Ressource. Und folglich können nicht immer alle alles wissen. Doch alle müssen zumindest etwas wissen. Einige wissen mehr. Wenige wissen vieles. Keiner weiß wirklich alles. Aber an *einer* Voraussetzung für den Zusammenhang von christlicher Existenz und Theologie müssen wir festhalten: Jeder Christ sollte bereit sein, von seinem Glauben mehr zu wissen – und jeder Theologe, auch und gerade ein Theologe, der viel weiß, muss – und zwar um des spezifisch christlichen Glaubens willen! – bereit sein, davon auch den schlichtesten unter seinen Geschwistern dienliche Mitteilung zu machen. Man kann über seinen Glauben und mit seinem Glauben im Grunde nie zuviel wissen. Würde also keine Theologie mehr getrieben, würde der Glaube mit der Zeit gänzlich verdummen.

Wir halten also fest: Man muss zwar kein Theologe sein, um guter Christ zu sein. Aber auch dieses gilt: Für den Christen gibt es einen notwendigen und unauflöslichen Zusammenhang zwischen Glauben und Lehre – zwischen dem Glauben als einer das Wissen orientierenden Haltung einerseits und der Lehre als der Vermittlung eines den Glauben orientierenden Wissens andererseits. Im elementarsten Sinne wird dies anschaulich an dem pädagogischen Grundbegriff der »Christenlehre«.

Gestatten Sie mir an dieser Stelle eine Fußnote: Nach der Wende von 1989 waren viele evangelische Christen in der DDR stolz auf die von ihnen in harten, kargen Jahren durchgehaltene, von den Gemeinden selber verantwortete »Christenlehre«, dass sie sich zunächst gegen die (Wieder-)Einführung des Religionsunterrichtes als eines ordentlichen Lehrfachs an öffentlichen Schulen wehrten. Lassen wir einmal die Frage beiseite, ob nicht ein freiheitlicher Staat von sich aus gerade um der Freiheit seiner Bürger sowie der Eltern und Kinder willen, den freiwilligen Religionsunterricht ermöglichen muss (ich bin entschieden der Meinung, dass es sich allein aus verfassungsrechtlichen Gründen so verhält!) – eines sollte immer klar bleiben: Die christliche Gemeinde muss auch selber imstande sein, die christliche Unterweisung zu sichern. Nüchtern urteilende, und zwar: ostdeutsche Protestanten versichern allerdings, dass die in den Zeiten der DDR wie immer heroisch durchgehaltene »Christenlehre« keineswegs jederzeit und überall den Anspruch auch nur an einen ordentlichen Religionsunterricht standhalten konnte.

Die christliche Religion ist also eine Wissensreligion, genauerhin: eine Bildungsreligion. Das fängt an der Basis mit der »Christenlehre«, ja schon in der familiären Weitergabe an – und hört bei der Theologie keineswegs auf. Wer aber an der Basis eine ordentliche, taugliche Christenlehre erwartet, braucht an der Spitze eine ordentliche, den zeitgenössischen Anforderungen und Herausforderungen gewachsene Theologie.

So einfach dies alles auf der Hand zu liegen scheint, so wenig dürfen wir uns über die Voraussetzungen dieser ersten, einfachen Antwort täuschen – und so wenig dürfen wir außerdem darüber hinweggehen, welche Fragen mit dieser Antwort noch lange nicht beantwortet sind.

Zum ersten: Unsere vorläufige Antwort auf die Frage, weshalb wir Theologie betreiben – und zu welchem Zwecke –, kann überzeugen und Geltung beanspruchen nur für Christen, allenfalls noch für Zeitgenossen, die zwar selber keine Christen sind, es aber aus irgendwelchen Gründen gut und nützlich finden, dass es Christen gibt. Was aber sollen all jene davon halten, die dem Christentum neutral oder abwehrend gegenüberstehen, seien es nun Atheisten oder Agnostiker?

Und damit stellt sich die schon viel kompliziertere Frage. Sie lautet nicht: »*Wozu* betreiben wir Theologie?«, sondern: »*Wo* betreiben wir Theologie?« Die gegenwärtige deutsche Praxis zeigt uns: überwiegend an den Universitäten. Dafür spricht vieles – schon rein praktisch: Dieser Zustand ist zunächst historisch gewachsen – und hat daher eine innere faktische Schwerkraft. Theologie an der Universität – diese Lokalisierung gewährleistet zum einen den Vergleich mit den zeitgenössischen wissenschaftlichen Standards in andern Fächern, erleichtert also die Sicherung des wissenschaftlichen Niveaus. Zum anderen aber gewährleistet die staatliche Universität nach dem Artikel 5 des Grundgesetzes einen Freiraum für Wissenschaft, für Forschung und Lehre, den kirchliche Instanzen unter Inanspruchnahme des Artikels 4 über die Religionsfreiheit in ihren eigenen Räumen erfahrungsgemäß nicht immer und jederzeit einzuräumen geneigt sein werden; diese Liberalität schwankt – wie wir alle wissen – von Kirche zu Kirche, von Konfession zu Konfession. Und gewiss wird eine Universität nicht ärmer dadurch, dass in ihren Hallen Theologie betrieben und gelehrt wird. Sie wird ja auch nicht reicher dadurch, dass irgendwelche Fächer gestrichen werden.

Dies sind alles schöne Gründe, den status quo weiter zu pflegen. Längst aber wissen wir, dass dieser status quo schon jetzt jedenfalls quantitativ, künftig aber möglicherweise auch qualitativ nicht mehr unbegrenzt zu halten sein wird. Es wird in absehbarer Zeit erst recht nicht mehr so sein, dass an jeder deutschen Universität theologische Fakultäten existieren werden. Wo immer der Staat nicht vertraglich gebunden ist (und mitunter haben Landeskirchen den Abschluss solcher Verträge aus taktischem Ungeschick verspielt), wird er Spielräume zur Einsparung nutzen – und im Übrigen über Änderungen in den Verträgen verhandeln wollen.

Dagegen kann man hinhaltenden Widerstand leisten – oder zu leisten versuchen, nach dem Motto: Jeder rette *für sich*, was er kann. Nach meiner, freilich völlig unmaßgeblichen Meinung wäre es in einer solchen Lage viel besser, die Landeskirchen, vereinigt mit der EKD, würden zusammen mit dem Fakultätentag einen realistischen Netzplan ausarbeiten, der dem Staat (auch hier hat man es freilich mit sechzehn Ländern zu tun) einen Vorschlag macht, an wie vielen Universitäten in Deutschland – sinnvoll verteilt über die Republik und orientiert an nachhaltigen Ressourcen und belastbaren »Bedarfsprognosen« – künftig vollwertige theologische Fakultäten unterhalten werden sollten. In Wirklichkeit aber, so fürchte ich, wird jede Fakultät an jeder Stätte, wird jede Landeskirche in ihrem Territorium für sich und kaum koordiniert um ihre Besitzstände kämpfen – mit der Wirkung, dass am Ende die theologisch-wissenschaftliche Landschaft unkonzentriert verflacht und ausgezehrt wird: Viel Halbes, aber wenig Ganzes …

Denn welchen zwingenden systematischen Grund (wohlgemerkt: außer den oben genannten historisch-pragmatischen Erwägungen) hätten wir dem freiheitlichen, weltanschaulich neutralen Staat für die Fortführung möglichst vieler theologischer Fakultäten an seinen Universitäten vorzuweisen; erst recht dann, wenn die latente Tendenz zum staatlichen Laizismus im Kontext der Europäisierung sich verstärken sollte? Der einzige spezifische staatliche Grund, den ich zu nennen wüsste, leitet sich folgendermaßen ab: Wenn wir aus hier nicht näher anzugebenden Gründen am freiwilligen Religionsunterricht als einem ordentlichen Unterrichtsfach an öffentlichen Schulen festhalten, und zwar eben aus

Gründen des staatlichen Verfassungsrechts (nicht als Privileg für die Kirchen, sondern als Konsequenz aus der freien Bildungswahl von Eltern und Schülern) – wenn dies so ist und bleiben soll, dann muss der Staat selber zwingend an der Rekrutierung wissenschaftlich gebildeter Religionslehrer interessiert bleiben; denn an seinen Schulen darf das Niveau des Religionsunterrichts nicht unter das wissenschaftliche und pädagogische Niveau des übrigen Unterrichts fallen. Aber jenseits dieses Arguments? Weshalb sollte der weltanschaulich neutrale Staat darüber hinaus auf immer und ewig gehalten sein, die wissenschaftliche Rekrutierung von Pfarrern für die Kirchen – auch bei drastisch sinkendem Personalbedarf in künftig deutlich verarmender Kirchen – derart zu gewährleisten, dass er flächendeckend theologische Fakultäten vorhält?

Man kann die gestellten Fragen meinetwegen völlig anders beantworten wollen – aber es leidet keinen Zweifel, dass über diese Fragen mit langer Perspektive viel gründlicher, ja radikaler und schneller nachgedacht werden muss, als dies derzeit in sichtbarer Weise der Fall ist. Eines jedenfalls ist klar: Die Kirchen werden niemals imstande sein, den gegenwärtigen, auf wissenschaftlichem Niveau gepflegten Theologie-Betrieb aus eigener Kraft zu unterhalten – nicht einmal einen derzeit bedarfsgerechten Ausbildungsbetrieb. Gerade dieser Umstand aber schwächt ihre Verhandlungsposition gegenüber dem Staat und den laizistischen Tendenzen in der Politik.

Auf einem anderen Blatt steht freilich die Frage, ob es, wenn es denn finanziell möglich wäre, auch von der Sache her zu wünschen wäre, dass Theologie ausschließlich an kirchlichen Hochschulen betrieben würde. Manches könnte dafür sprechen – manches dagegen, zum Beispiel die Frage: Wie viel Liberalität, wie viel Wissenschafts-, also Forschungs- und Lehrfreiheit würden denn die Kirchen als Träger eigener Hochschulen auf Dauer einräumen? Die Antwort fiele gewiss von Kirche zu Kirche deutlich anders aus – aber fiele sie bei sämtlichen Kirchen unproblematisch aus? Außerdem bliebe zu fragen, ob es der Theologie eigentlich gut bekäme, wenn sie nur in ihren eigenen Zirkeln betrieben würde – und nicht im großen freien Konzert der gesamten Universität. Aber das sind Fragen der praktischen Sinnhaftigkeit, die Antworten darauf begründen noch keinen Anspruch auf staatlich finanzierte Fakultäten. Und ohnehin, aber dies deute ich nur von ferne an, könnte es ja sein, dass die Gründung immer neuer privater Universitäten die Kirchen in einiger Zeit unter neuen Darstellungs- und Rechtfertigungsdruck setzen. Wie sähe es übrigens mit der Bereitschaft von Kirchen aus, sich mit einer theologischen Abteilung an der Gründung einer privaten – ja: sogar an einer privaten Elite-Universität zu beteiligen? Zukunftsmusik – wenn überhaupt? Die Zukunft findet stets zuerst in frühen Gedanken statt, im Denken des zunächst Unmöglichen!

Wozu wir also Theologie betreiben, das wissen wir ungefähr. *Wo* wir sie künftig – noch – betreiben werden, liegt freilich im Ungewissen. Aber *wie* sollen wir Theologie betreiben? Unverkennbar hängt die erste Frage nach dem »Wozu?« eng zusammen mit der Frage nach dem »Wie?«.

Wir hatten anfangs gesagt, der christliche Glaube sei angewiesen auf eine den zeitgenössischen Anforderungen und Herausforderungen gewachsene Theologie. Es läge nun nahe, an dieser Stelle ein fundamental-theologisches Kolleg einzuschalten, denn die Frage, wie Glaube und Lehre, wie Glaubenserfahrung und Erfahrungswissen ineinander zu greifen hätten, müsste der Frage nach dem »Wie?« eines Studiums der Theologie notwendigerweise vorausgehen. Belassen wir es bei den nur allzu bekannten Hinweisen: Kein empirisches Sein trägt sein Sollen erfahrbar in sich, keine Sache ihren Sinn. Nicht einmal eine Person kann für den Sinn ihres Lebens aus eigener Kraft in einer Weise aufkommen, die nicht nach ihrem Tod ähnlich wie ihr Leib verwesen würde. Und was das vermeintlich gesicherte empirische Wissen angeht, so wissen wir – hermeneutisch geschult –, dass es schlechterdings keine Empirie gibt, die nicht schon unter Maßgaben der Deutung erhoben wird. Aber so, wie die Empirie ohne Deutungshorizont nicht auskommt, kann die Theologie – jene Deutungsdisziplin *par exemple* – nicht an der Empirie vorbeiexistieren. Man muss wissen, worüber man redet, wenn man es deutet. Ohne Wissen keine Weisheit – aber auch ohne Weisheit kein Wissen. Mit anderen Worten: Ohne Erkenntnis von Gottes Willen können wir mit dem Wissen der Welt nichts Rechtes anfangen; aber ohne exaktes Wissen über die Welt können wir Gottes Willen in ihr nicht zur Geltung bringen.

Das war übrigens der Grund dafür, dass der Pfarrer Friedrich Oberlin in seinem rückständigen und abgeschlossenen elsässischen Dorf Waldersbach zu Anfang des 19. Jahrhunderts geradezu unnachsichtig auf ununterbrochenem Kenntniserwerb und nahezu pausenloser Wissenserweiterung bestand – gegenüber Kindern, Jugendlichen wie Erwachsenen, Männern und Frauen. Warum? Oberlin war der Ansicht, dass – wer sich nicht um größtmögliche Kenntnis der realen Welt, ihrer Phänomene und Gesetze, bemühe – sich nicht nur an seine gegenwärtige Rückständigkeit und Armut fessele, sondern sich vor allem geradezu schuldhaft außerstande setze, seinen pflichtgemäßen Platz im Heilungs- und Erlösungsplan Gottes einzunehmen. Denn wer nicht weiß, wie diese Welt im Einzelnen beschaffen ist, kann sie auch nicht pflegen. An dieser Ansicht finde ich beides zusammengenommen eindrucksvoll: Die sozusagen theo-zentrische Perspektive all unseres Wissens – und der daraus folgende ruhelose Wissensdrang unseres Glaubens; und unseres frommen Lebens.

Hinzukommt unterdessen ein spezifisches Paradox unseres christlichen Glaubens, auf das uns Albert Schweitzer aufmerksam gemacht hat, nämlich der Umstand, dass dieser Glaube sich einerseits geschichtlich ereignet hat (ein für alle Mal) – und doch zugleich beansprucht, wahr, also zeitlos, nämlich ewig wahr zu sein: Dem Christentum werde zugemutet, »sich von seiner Entstehung Rechenschaft zu geben und sich einzugestehen, dass es, so wie es jetzt ist, das Ergebnis einer Entwicklung ist, die es durchgemacht hat. Es wird eine Anforderung an es gestellt, die noch an keine Religion erging und der wohl keine andere gewachsen wäre.«

Lassen Sie mich noch einen weiteren fundamentalen Sachverhalt anfügen: Natürlich kann kein irgendwie optimiertes »weltliches« Wissen den Glauben an Gott erzeugen. Es gibt keine irgendwie gearteten Gottesbeweise. Oder mit Dietrich Bonhoeffers Diktum, das von Karl Rahner aufgegriffen wurde: »Den Gott, den es gibt, gibt es nicht!« Andererseits gibt es kein empirisches Wissen, das die Existenz Gottes zuverlässig bestreiten könnte. Und hoffentlich sind wir über jene Apologetik des frühen naturwissenschaftlichen-technischen Zeitalters hinausgewachsen, in der für Gott nur – aber immerhin noch – jene Nischen der Existenz übrig geblieben sind, die von der modernen Wissenschaft bisher noch nicht ausgeleuchtet wurden – sozusagen: eine abnehmende Restexistenz auf Zeit. Der christliche Theologe hat also, recht verstanden, keinerlei Grund, irgendeine Erkenntnis der historischen oder naturwissenschaftlichen Wissenschaften zu scheuen – oder sie gar, aus solcher Scheu (oder aus schlichter Bequemlichkeit), am besten gleich zu ignorieren. Im Gegenteil, er wird sich ihr in aller Offenheit und in allem Erkenntnisdrang neugierig und unvoreingenommen stellen, sie geradezu suchen. (Übrigens, dies nur nebenbei gesagt: Jeder seriöse Wissenschaftler wird sich seinerseits davor hüten, Gott mit den Mitteln seiner Wissenschaft aus der Welt schaffen zu wollen.)

Was bedeutet dies nun für die Art und Weise, in der wir Theologie zu betreiben haben? Im idealtypischen Fall, der freilich in der praktischen Realität nicht in eine zwanghafte Selbstüberforderung ausarten darf, sondern in eine arbeitsteilige, interdisziplinäre Form zu übersetzen wäre, etwa Folgendes:

Erstens: Hinter das Paradigma einer historisch-kritischen Forschung führt schlechterdings kein Weg mehr zurück. Jede nur denkbare und sinnvolle Forschung in dieser Perspektive verdient es, unternommen zu werden. Was meinen eigenen Glauben betrifft, so habe ich in der historischen Kritik nie eine Gefährdung, sondern geradezu eine Rettung meines Kinderglaubens erfahren. Natürlich sehen wir unterdessen auch die Grenzen (und – blicke ich auf einige wissenschaftliche Produktionen – auch den Grenznutzen) diese Geschäfts.

Ein rechter Theologe hat keinen Grund, im Vollzug der historischen Kritik um seinen Glauben zu fürchten – so sehr ihm das jeweils Neue zunächst eine Anfechtung sein mag. Übrigens würde dies auch von einem Anfänger des Theologiestudiums gelten, der von einem noch wenig erprobten Kinder- oder Konfirmanden-Glauben in das vermeintliche Säurebad der Wissenschaft fällt, wo es doch nur um Kritik um der Wahrheit willen geht. Wer von neu erhobenen, empirisch unbestreitbaren Tatsachen der Text- wie Faktenlage in seinem Glauben getroffen wird, wer sozusagen auf die Lücken des Wissens und der Forschung hin glaubt, der glaubt nicht etwa – sondern er glaubt nur, dass er glaubt. Was nichts daran ändert, dass wir solchen Geschwistern alle seelsorgerliche Zuwendung schulden – denn letztlich glauben doch auch wir alle nur, dass wir glauben. Historisch-kritische Forschung – wie alle wissenschaftliche Kritik überhaupt – ist also nicht imstande, den Glauben, der Berge zu versetzen vermag, zu zer-setzen. Doch wenn man den wissenschaftlichen Alltag in manchen Aspekten betrachtet, darf man wohl hinzufügen: Das ganze philologisch-kritische Geschäft ist auch nicht in der Lage, den Glauben zu er-setzen. Der schließlich lässt sich nur er-bitten.

Zweitens: Zu dieser historischen Perspektive gehört nicht nur die kritische Analyse der Texte, sondern auch eine solide positive Kenntnis der Kirchen- wie der Dogmengeschichte. Wir sollten jedenfalls nicht verkennen, dass in deren Verlauf durchaus produktive, manches Mal auch intelligentere Antworten auf Fragen gegeben wurden, die uns noch heute umtreiben. Bevor ich also – um nur ein Beispiel zu geben – dazu neigen würde, das Nizänische Glaubensbekenntnis aufzugeben (angeblich, weil es dem modernen Menschen nicht mehr zuzumuten sei), warte ich auf Vorschläge, die denselben Kern gescheiter und glaubwürdiger ausdrücken. Und glaube doch niemand, zeitgenössische – im Zweifel eher banalere – Textvorschläge seien nicht ebenso auf anstrengende Interpretationen des damit Gemeinten angewiesen! Es ist dies ja ohnehin eine merkwürdige Erwartung, dass es ausgerechnet dort, wo es um das Ganze unserer menschlichen Existenz in Zeit und Ewigkeit geht – dass es ausgerechnet dort mühelos und eingängig, sozusagen süffig zugehen könnte. Einen solchen Simplizismus würden wir nicht einmal unserem Hausarzt durchgehen lassen, vom dem wir doch erwarten, dass er uns nicht nur *lege artis*, sondern zugleich *state of the art* behandelt. Weshalb sollten wir also in den Grundfragen unserer Existenz schlechthin weniger anspruchsvoll sein?

Drittens: Ich kann mir, recht verstanden, keine Theologie mehr vorstellen, die sich von allen anderen Wissenschaften fernhält – und also nur noch: Theologie betreibt. Theologie kann heute nur noch interdisziplinär oder gar nicht mehr betrieben werden, obschon der Theologe in diesem interdisziplinären Konzert stets entschieden: Theologe bleiben muss. Es sind die Zeiten längst vorüber, in denen die Theologie die Mutter aller Fakultäten und Wissenschaften war. Aber wie in gewöhnlichen Familien, so auch hier: Das Erwachsenwerden der Kinder hebt die Familienbande keineswegs auf.

Dazu zwei eher praktische Fußnoten. Zum ersten: Als den Kirchen langsam dämmerte, dass sie nicht immer alle

Absolventen dieses Studiums als Pfarrer würden einstellen können, erging an die Kandidaten nicht selten der Rat, sie sollten sich auch nach einem anderen »Standbein« umsehen, was allerdings – so habe ich mir sagen lassen – dazu führte, dass gerade die beweglicheren unter ihnen bald anderswo einträgliche Berufe wählten, während den Kirchen jene übrig blieben, die gar nichts anderes gefunden haben. Ob dem wirklich so war und wie dem auch sei: Das mag für die kirchliche Personalpolitik ein ironisches Dilemma erzeugt haben – für die christliche Sache muss es kein Schaden sein, wenn in ganz weltlichen Berufen theologisch gebildete Menschen tätig sind.

Zum zweiten: Es sollte in den vielen sozialethischen oder bioethischen oder anderen Debatten durchaus ein Ende damit haben, dass Christen und Kirchenleute sich etwa so am Gespräch beteiligten: »Ich bin selber zwar kein Ökonom (bzw. Naturwissenschaftler), aber …«, um sich dann fernerhin dergestalt zu äußern, dass vor allem ein Wahrheitsbeweis für die Eingangsbemerkung erbracht wird. Ich halte es, als jemand, der aus einem weltlichen Beruf stammt (und in einem Teil meiner Existenz da und dort unternehmerische Verantwortung trug und trage), ohnedies für ein Problem, dass der größte Teil kirchlicher Stimmführer im weithin gesicherten Gehäuse des öffentlichen Dienstrechts lebt und folglich über keine echte psychologisch wirksame Erfahrung mit unternehmerischen Risiko (und mit sozialer Verantwortung) am Markt verfügt. Gelegentlich sieht man dies auch den Verhältnissen in kirchlichen Eigen-Unternehmen an, wovon ich inzwischen das eine oder andere Lied singen könnte, obwohl des Sängers Höflichkeit sich gerade im Schweigen manifestiert.

Da erging es dem Apostel Paulus, der sich als Zeltmacher über Wasser zu halten hatte, noch anders. Dafür kann man ihm dann bei Gelegenheit zusehen, wie er zum Beispiel in Röm 15, 3–5 einen vierfachen Schriftbeweis anführt, getreu der recht praktischen Erfahrung: Vierfach genäht, hält besser. Und damit streifen wir, nur um das Problem wenigstens zu erwähnen, nochmals die Frage, ob ein studierter Theologe wirklich nur Pfarrer werden kann oder sollte – und ob wirklich nur studierte Theologen oder nicht auch gelegentlich Menschen mit anderer, wenigstens zusätzlicher Kompetenz ins Pfarramt streben sollten. Allein in meinem unmittelbaren Bekanntenkreis habe ich vier Beispiele einer solchen Doppel- oder Mehrfach-Kompetenz vor Augen – in einem Fall einen Arzt, in einem anderen einen Psychoanalytiker, in einem dritten einen Juristen, im vierten einen Historiker, Juristen und Ökonomen in einer Person – Voll-Theologen allesamt.

Freilich, es wäre wenig gewonnen, wenn wir Theologie allein als Kopfwissenschaft betrieben und einer verkopften Theologie nur – interdisziplinär! – weitere verkopfte Wissenschaften, eine nach der anderen hinzugesellen wollten, ohne der Einsicht Luthers eingedenk zu bleiben: *experientia facit theologum.* Erfahrung, zumal existentielle Erfahrung aber lässt sich schwerlich lehren, schon gar nicht akademisch – man kann sie nur *machen.* Was man aber tun kann ist dies: Diese Erfahrung *gemeinsam* machen, einmal als Studierende untereinander, sodann als Gemeinschaft der Lehrenden und Lernenden, ein ander Mal aber mit allen Menschen in unserer Nähe, die Gemeinschaft in der Gemeinde suchen.

Nun wären wir also fast beim Idealtypus des professionellen Theologen angekommen. Doch Professionalität als Kategorie ist ein merkwürdig doppelgesichtiges Ding. Natürlich wollen wir in der Klinik oder in der Kanzlei einem wirklich hoch-professionellen Arzt oder Anwalt gegenübersitzen. Aber – so wenig wir darauf verzichten wollen: Reicht uns das aus? Und was würden wir von einem Theologen an Professionalität erwarten? Reichte uns all das soeben Angeführte wirklich aus?

Professionaliät – diese scheinbar rein technische, kalt sachgerechte Kategorie verweist indessen schon (oder: noch?) in ihrer wörtlichen Wurzel auf die *professio*, also auf das Bekenntnis – und zwar nicht nur auf das Bekenntnis zu einer neutralen, mehr oder weniger austauschbaren Sache, sondern auf ein Bekenntnis, in dem sich die ganze Existenz des Berufsausübenden mit der ganzen Existenz des Empfängers dieser Leistung trifft, von Mensch zu Mensch.

Wir haben also eine der einfachen Antworten auf unsere einfachen Anfangsfragen zu differenzieren: Man kann sehr wohl Theologie *studieren*, ohne ein Christ zu sein – aber Theologie *treiben*, das geht nur als Getriebener, von der Sache des Jesus von Nazareth wirklich bewegter Mensch.

Worum es mir geht, wird vielleicht besser deutlich aus der Erzählung »Unterm Rad« von Hermann Hesse, in der – neben einem pietistischen Schuster, der wohl stärker glaubt, als er formal weiß – ein Stadtpfarrer auftaucht, von dem es am Ende heißt, er sei (leider) keiner von den Pfarrern gewesen, »in deren Latein man begründete Zweifel setzt und deren Predigten aus wohlbekannten Quellen geschöpft sind, zu denen man aber in bösen Zeiten gerne geht, weil sie gute Augen und freundliche Worte für alles Leiden haben.« Anfangs aber heißt es »Unterm Rad«: »Es ist eben in der Theologie nicht anders als anderwärts. Es gibt eine Theologie, die ist Kunst, und eine andere, die ist Wissenschaft oder bestrebt sich wenigstens, es zu sein. Das war vor alters so wie heute, und immer haben die Wissenschaftlichen über den neuen Schläuchen den alten Wein versäumt, indes die Künstler, sorglos bei manchem äußerlichen Irrtum verharrend, Tröster und Freudebringer für viele gewesen sind.«

Lassen wir es dahingestellt, ob in Glaubenssachen der Graben der Differenz wirklich zwischen Wissenschaft und Kunst verläuft. Aber wie gesagt: Wir wollen mit der idealtypischen Beschreibung der Art, heute Theologie zu betreiben, einander weder überfordern noch die Sache in eine falsche Richtung über-treiben. Denn eines werden und müssen wir doch in alledem unbedingt festhalten, womit wir am Ende zum Anfang zurückkehren: Es ist schließlich nicht der Theologe, der den Glauben macht und den Grund des Glaubens legt.

Der Geist weht, wo *er* will. Nie dürfen wir vergessen, dass jedem Anspruch, den wir an uns selber und untereinander stellen, ein Zuspruch vorausgeht, von dem wir zu Anfang und am Ende leben – und in dem wir schließlich getröstet sterben können. Diese Gewissheit rechtfertigt wahrlich keinerlei Nachlässigkeit (schon gar keine intellektuelle Faulheit!), aber sie schenkt uns die Gelassenheit, auch in Zukunft sorgfältig, eifrig und vor allem: gerne Theologie zu treiben.

Hoffen ohne Illusionen

Über die Bedeutung Dietrich Bonhoeffers für den Protestantismus heute

Was Dietrich Bonhoeffer für den heutigen Protestantismus zu bedeuten habe – dieser Frage gegenüber ist ein gehöriges Maß Bescheidenheit angebracht. Wie jede historische, und das heißt: ereignishafte Persönlichkeit, hat auch Dietrich Bonhoeffer in Leben und Werk seine Bedeutung zunächst ganz in sich selbst – unabhängig davon, welche Bedeutung wir beidem für uns beilegen wollen.[1] Es geht nicht darum, den vermeintlich mächtigen »Nimbus theologischer Unangreifbarkeit«[2] Bonhoeffers weiter zu befestigen. Inzwischen sind wir Zeuge schon so vieler Wellen der Bonhoeffer-Rezeption geworden, dass die eine die andere relativiert – vor allem gegenüber dem Original[3].

Die Chance unseres späteren Blickes! Sie bedeutet keineswegs, dass wir Bonhoeffer heute in abständiger Unbefangenheit lesen könnten. Leben, Martyrium und Werk bedingen und interpretieren einander so eng, dass schon deshalb jener vor einiger Zeit unternommene Versuch, das mörderische Hinrichtungsurteil nachträglich rechtsstaalich korrekt kassieren zu lassen, wie eine naive historische Abstraktion erscheinen muss, die nicht nur das Leben, sondern auch die Theologie um ihre Konkretion bringt – und deshalb um ihre Würde, die eben kein

Nimbus ist, sondern ganz konkret. Bonhoeffers Theologie ist gerade darin begreiflich und an-tastbar[4].

Die Chance des späteren Blicks befreit uns aber von manchen Kontroversen der Nachkriegszeit, lässt vieles von dem, was damals heftig umstritten war, heute mitunter fast schon zu selbstverständlich erscheinen (zum Beispiel die Pflicht zum Widerstand). Die Chance des späteren Blicks befreit uns vor allem von der Neigung, unsere politischen Optionen zum Maßstab theologischer Fundamente zu machen. Damit es kein Missverständnis gibt: Dass die Predigt der Kirche öffentliche Rede ist, und dass deshalb die aus ihr folgenden Taten auch politisch wirksame Taten sein müssen[5], dies alles ist wiederum selbstverständlich; aber hoffentlich gilt das auch für das richtige Interpretationsgefälle.

Die Aufgabe jeder soliden Theologie lässt sich auch so beschreiben: Scharf, ja polemisch zu unterscheiden zwischen Hoffnung und Illusion – zumal in einer Zeit, in der der Mensch keiner Hoffnung traut, die er nicht selber errichtet oder selber demontiert hat. Woran dürfen wir unsere Hoffnung hängen? Und woran hängen wir sie tatsächlich? Ist unsere Hoffnung extra nos – und folglich Hoffnung? Oder ist sie in nobis – und folglich Illusion? Leben wir ex-zentrisch – in Bezug auf einen anderen und für andere? Oder ego-zentrisch – bezogen auf uns selber und für uns selber – geleitet von einem cor incurvatum in se?

Man kann eine solche zwischen Hoffnung und Illusion, zwischen Glaube und Aberglaube unterscheidende Theologie auch ganz einfach als eine Theologie des ersten Gebots bezeichnen: Ich bin der Herr, dein Gott. Du sollst nicht andere Götter haben neben mir. – Schon gar nicht Dich selbst.

Wenn mir nur zwei Worte blieben, um zu sagen, worin mir Dietrich Bonhoeffer als ein Vorbild auch für den heutigen und für den zukünftigen Protestantismus erscheint, dann wären es diese beiden: illusionsloses Hoffen. – Ein scharfes Unterscheiden also zwischen Illusion und Hoffnung. Dies ist das Kontinuum seiner Theologie, die insofern eine Theologie ohne Bruch ist, – (ohne Bruch auch in seiner »Gefängnistheologie«!) – bis ans Ende, bis an den Punkt, an dem die Preisgabe auch jeder religiösen Hoffnung (also: Illusion) zur Voraussetzung von theologisch begründeter Hoffnung wird. Dietrich Bonhoeffer hat seine Theologie beglaubigt durch sein Zeugentum, sein Martyrium. Es schiene mir absurd, wollte man sich des Märtyrers nur als eines politischen Vorbilds erinnern, ohne sich zuerst an das zu halten, was er darin theologisch bezeugt hat.

Noch vor den großen, programmatisch gewordenen Schriften steht die schier unglaubliche Illusionslosigkeit in der Kirchenpolitik: Die geradezu traumwandlerische Instinktsicherheit, mit der Bonhoeffer unmittelbar nach Hitlers »Machtergreifung« den Kirchenkampf aufnimmt, wirkt noch heute atemberaubend – ebenso wie die Tatsache, dass es eben die »Judenfrage« ist, die als erste den status confessionis evoziert und Anlass gibt, das unmittelbar politische Eingreifen der Kirche, also – avant le mot – den Widerstand anzuvisieren und die Verpflichtung anzukündigen, »nicht nur die Opfer unter dem Rad zu verbinden, sondern dem Rad selber in die Speichen zu fallen.«

Gerade angesichts dieser politischen Kühnheit ist mir übrigens immer noch nicht restlos klar, weshalb Bonhoeffer (indem er, theologisch eher zurückhaltend, ansetzt bei der staatlichen Zumutung, die evangelischen Juden innerhalb – und aus – der Kirche auszugrenzen) allein die Taufe zum tertium comparationis der Solidarität wählt, solchermaßen den rassistischen Konflikt auf einen religiösen eingrenzend. Meine Vermutung ist: Er tut dies aus der ganz illusionslosen Einschätzung, dass allein auf dem Boden des »humanitären Ideals«[6] der Kampf gegen den Zeitgeist nicht aufzunehmen ist, dass aber mit dem Berufungsgrund der Taufe eine sakramental zwingende ratio fidei gegenüber den zaudernden Amtsbrüdern vorliegt. In ausgeprägter Schärfe findet sich diese Illusionslosigkeit dokumentiert in einem Brief vom 11. September 1934 an Erwin Sutz. Darin entkleidet Bonhoeffer das theologische Hin und Her um die Ausweichmanöver mancher Kirchenleute ihres tiefsinnigen argumentativen Scheins ganz radikal: »Es muss auch endlich mit der theologisch begründeten Zurückhaltung gegenüber dem Tun des Staates gebrochen werden – es ist ja doch alles nur Angst.«[7] Wenn in manchen kirchlichen Äußerungen nicht nur der unmittelbaren Nachkriegszeit etwas weniger diffus von der moralischen Schuld und dafür konkret von der Angst die Rede gewesen wäre – vielleicht hätte dies ehrlicher gewirkt. – Jedenfalls, diese schier unglaubliche Illusionslosigkeit wünsche ich mir auch heute von meiner Kirche – bis hin in ihre Sprache.

Doch die Entzauberung unserer Illusionen ist nicht nur eine pragmatische, sondern die elementare theologische Herausforderung – wie nun in unziemlicher Hast an einigen Topoi Bonhoefferschen Denkens zu erläutern ist. Da ich an zwei Punkten (zum Stichwort »Nachfolge« und »Stellvertretung«) Einwände formuliere, muss ich diese Kritik vorweg strukturell bestimmen.

Wir kennen das: Ein Argument liegt weitab neben dem Ziel – es liegt also daneben. Es gibt aber auch eine zweite Art, das Ziel zu verfehlen: es sozusagen zu übertreffen. In diesem Fall stimmt zwar die Richtung exakt, aber der Punkt ist zu weit vorangetrieben worden. Das Argument schlägt also – obschon gut gezielt – jenseits des Zieles ein, auch daneben. – Dies ist ein Versuch zu beschreiben, wie eine Aussage bedrängend und richtungweisend sein kann, obwohl man ihr im Letzten nicht zuzustimmen vermag.

Wie könnte man anderes, als in der gegenwärtigen Diskussion über die Rechtfertigungslehre an Bonhoeffers Warnung vor der »billigen Gnade« zu denken, mit der seine »Nachfolge« schockierend schroff einsetzt? Aber machen wir uns überhaupt die Illusion der »billigen Gnade«? Oder ist das Thema der Rechtfertigung allein aus Gnade allein im Glauben in unseren Gemeinden (und mitunter in unserer Theologenschaft) längst so verblasst, zumal in unserer Epoche der autonomen Selbstverwirklichung, dass wir eher der Illusion der Gnadenlosigkeit anhängen?

Als Paradox formuliert: Das Problem, dass die Zeitgenossen sich überhaupt auf irgendeine Gnade verlassen, möchte man erst einmal haben – dann bleibt ja immer noch Zeit, sie vor der billigen Gnade zu warnen. Aber Bonhoeffers Tonart der Einforderung des Gehorsams der Nachfolge, nimmt sie nicht selber einen sozusagen ungnädigen Unterton an? Wie kann diese Gnade einladend sein und die Aufforderung befreiend klingen? Oder – um eine Formulierung Bonhoeffers gegenüber Karl Barth zu paraphrasieren: Begegnet man hier nicht einem Nachfolge-Positivismus? In gewisser Weise stellt sich Bonhoeffer diese Frage später ja selber – und man könnte diese seine Frage vom 21. Juli 1944 in Beziehung setzen zum Ende des mönchischen Weges Luthers vor seinem reformatorischen Durchbruch.[8] In der Tat trifft Bonhoeffers sozusagen einstufiges Modell der Nachfolge als der Imitatio Christi das befreite Handeln der begnadigten Kinder Gottes weniger genau als etwa Luthers zweistufiges Modell: erst die Christusförmigkeit des innerlichen Menschen, sodann die Gleichförmigkeit des äußerlichen Menschen mit dem innerlichen.[9]

Was aber ist die akute Bedeutung dieser Unterscheidung? So wie Hoffnung von Illusion, so ist auch Forderung von Über-Forderung scharf zu unterscheiden. Politisches Handeln ist auch und besonders in einer aufgeklärten Welt von einer tiefen Zwei-, ja: Vieldeutigkeit gekennzeichnet. Wir wissen das spätestens aus den Erfahrungen vor und nach 1989: Was aus einem Völkerfrühling alles werden kann – bis zum Völkermord? Man kann, ja man muss im besten Sinne naiv sein, um sich der befreienden Gnade im Glauben ganz zu überlassen. Aber es wäre falsche Naivität zu glauben, daraus folgten nun unmittelbare, eindimensionale Imperative politischen Handelns als Akt der Nachfolge. Wer kennte dies nicht aus unseren kirchlichen Diskussionen?

Indessen: Bonhoeffers Warnung vor der billigen Gnade bleibt immer dort als scharfes Kriterium wirksam, wo es gilt zu unterscheiden, nicht etwa: zwischen dem quasi autoritärem Gehorsam in der Nachfolge und dem fröhlichen Handeln der befreiten Kinder Gottes, sondern: zwischen dem freudigen Handeln der Befreiten und der Unlust der Unfreien. Dieses Kriterium hält uns die wahren Gründe unseres Zurückbleibens in der Nachfolge vor

Augen: nämlich dort, wo wir uns hinter scheinhaften Sachzwängen verstecken, die unserem befreiten Willen entgegenstehen – und uns so in einer Illusion darüber hinwegtäuschen, dass uns dieser Wille – wie es das schöne deutsche Wort sagt: – gar nicht beseelt.

Auch bei jenem anderen zentralen Topos, bei der »Stellvertretung« stoßen wir auf beides: auf die heilsame christozentrische Perspektive – und auf die Frage, ob der Punkt nicht ein Stück über das Ziel hinaus und eben auf diese Weise an ihm vorbei getrieben worden ist.

Ist verantwortliches Handeln wirklich immer stellvertretendes Handeln? – Dem stehen pragmatische wie theologische Zweifel entgegen. Schlägt hier nicht ein zeitgestimmtes Gesellschafts- und Staatsverständnis normativ durch, das verantwortliche Handeln von oben für unten? Ist es wirklich gar nicht so, dass jeder sein eigenes Leben lebt und zu verantworten hat? Vor allem theologisch gefragt: Kann die Glaubenstatsache, dass Jesus Christus an unserer Stelle für unsere Sünden gestorben ist (und wir deshalb erlöst sind) in einem anthropologischen Spiegelbild so gedeutet werden, dass wir nun unsererseits in derselben Weise und mit gleicher Wirkung für andere leben, leiden und sterben könnten – und folglich an deren Stelle zu leben, leiden und zu sterben hätten? Oder müssen wir nicht gerade aus der christologischen Perspektive auf dem welt- und himmelweiten Unterschied zwischen diesem »wahren Menschen und wahren Gott« einerseits und uns andererseits bestehen – also auf der Einmaligkeit, der Exklusivität seines Heilshandelns, die für uns die heilsame Inklusivität bedeutet?[10]

Ungeachtet dieser Bedenken hat Bonhoeffers Ethik-Fragment beides an sich: etwas ungemein Verpflichtendes – und etwas ungemein Befreiendes. Hier wird Ethik nicht prinzipiell, nicht kasuistisch oder gar sophistisch gedacht – wer das Gegenbild dafür sucht, braucht sich nur der beklemmenden Kasuistik der verschiedenen Indikationsregelungen zu erinnern. Ethik wird also nicht moralisierend, sondern existentiell bestimmt. Das coram deo, das Stehen vor Gott und das Gehen hinter Christus her, wird hier in einer theologischen Konsequenz gedacht, dass allenfalls an das Risiko eines christologischen Dezisionismus zu denken wäre. – Die Probleme einer heroischen Ethik des Vereinzelten bedürfen gewiss keiner Illustration aus der jüngsten deutsch-deutschen Zeitgeschichte.[11]

Und nun allerdings auch dieses: Wer sich coram deo ganz auf diese Welt einlässt, unterliegt, neben der (mitunter leider vernachlässigten) theologischen, auch einer gesteigerten säkularen Bildungspflicht. Auch wenn Christen es den Kindern der Welt nicht gleichtun dürfen, gleich viel wissen sollten sie schon – und deshalb auch besser und strenger unterscheiden, zum Beispiel zwischen Hoffnung und Illusion auch in der Politik. Deshalb tut es mir regelrecht physisch weh, wenn ich mitunter wahrnehmen muss, wie unterinformiert Äußerungen aus dem kirchlichen Raum sich auch ausnehmen können.

Von der Nachfolge zur »Kirche für andere«: Es nimmt der Stärke, die Bonhoeffer dieser zum Schlagwort gewordenen Aussage gibt, nichts, wenn man erwähnt: Das Thema hat sein frühes Präludium. Schon im 26. Abschnitt »Von der Freiheit eines Christenmenschen« ist es bei Luther angelegt: »Denn der Mensch lebt nicht allein in seinem Leibe, sondern auch unter anderen Menschen auf Erden ... Darum soll seine Absicht in allen Werken frei und nur dahin gerichtet sein, dass er anderen Leuten damit diene und nütze sei, nichts anderes sich vorstelle, als was den anderen not ist. Das heißt dann ein wahrhaftiges Christenleben …«[12]

Umso skandalöser also, dass Bonhoeffer dieses Argument zu seiner Zeit neuerlich betonen muss – gegen eine Kirche, die ihre Selbsterhaltung wichtiger nahm als ihren Auftrag gegenüber Deutschen, die nur noch für Deutsche da sein wollten. Das »Kirche für andere« ist uns heute scheinbar selbstverständlich geworden.

Um aber die Radikalität dieser Bestimmung im Bonhoefferschen Sinne recht zu erfassen und sie aus ihrer vermeintlichen Selbstverständlichkeit zu erwecken, müssen wir ihr heute zwei spezifische Betonungen verleihen: Zum einen: »Kirche für *alle* anderen« – nicht nur ganz für andere, nicht nur für ganz andere – sondern (und diese steigernde Einschränkung muss hier allerdings zum Schutz vor Selbstüberschätzung eingefügt werden) potentiell für alle anderen. Das ist keine idealistische Abstraktion, sondern das in der Person Jesu Christi freigesetzte konkrete Allgemeine. Dieses concretissimum universale führt zu einer sowohl qualitativ als auch räumlich anderen Bestimmung des einen Reiches zur Rechten – dem viele Reiche zur Linken, viele politische, also auch: legitimerweise partikulare Gemeinwesen gegenüberstehen; und innerhalb der Staaten wiederum partikulare Interessen. Und wie konkret diese aufeinander bezogene, in Grenzen auch sachgerechte Differenz zwischen den beiden Reichen werden kann, macht uns ja das Thema Kirchenasyl sehr anschaulich – um es, übrigens als Mit-Autor der Thesen des Rates der EKD, bei dieser Andeutung zu belassen. Nun die zweite erforderliche Betonung – sie lautet: *Kirche* für alle anderen. Mit einem wie immer gestimmten Einsatz für andere ist das Thema Kirche weder erfüllt noch erledigt, obschon es in den vergangenen Jahrzehnten mitunter so klang, als könne man mit dem selbst-verständlichen politischen Engagement für andere das schwer-verständliche theologische Thema Kirche wie eine Verlegenheit vergessen. Wir sind aber zu keinem – sozusagen – kenotischen Kirchenverständnis ermächtigt, keinem Verständnis, in dem sich die Kirche ihrer selbst begibt.

Ob es denn falsch sei, so lautete vorhin die Frage, dass jeder sein eigenes Leben zu leben und zu verantworten habe? Im Rückblick auf beide Topoi, sowohl auf die »Stellvertretung« als auch auf die »Kirche für andere« ist nun zu antworten: Der Christenmensch lebt, das ist seine befreite Nähe zu Christus, ganz für andere, aber er lebt keinesfalls an deren Stelle – das eben macht nun die kategoriale Differenz aus zu Christus als einem Stellvertreter, oder wie es im Calvin'schen Französisch – ohne jeden Anklang an die Amtsvertretung eines Höheren – richtig heißt: als dem Repräsentanten[13] aller Menschen coram deo. In Luthers Osterlied klingt diese Repräsentation des Niederen durch den Erniedrigten dann so: »Jesus Christus, Gottes Sohn, an unser Statt ist kommen …«[14]

Die Bestimmung »Kirche für andere« eröffnet also keine Flucht aus den grundlegenden Fragen nach Kirche und Theologie. Die Kirche hat sich gerade als Kirche den anderen zuzuwenden und zu erkennen zu geben. Sowenig die Kirche sich an die vermeintlichen Privilegien ihres weltlichen Status hängen darf, so entschieden hat sie die Identität ihres geistlichen Status zu wahren, zur Not auch im Kirchenkampf.

Wie ist unter dieser Perspektive das Ensemble der späten Äußerungen Bonhoeffers zu lesen, seine »Gefängnistheologie« – eine Bezeichnung, die die Periodisierung erleichtert, aber das Verständnis eher erschwert, indem sie einen Bruch andeutet und zugleich zu einer voreiligen Systematisierung ex post einlädt? Ein Teil der postumen Wahrnehmung macht den Eindruck, als sei man gewissermaßen dankbar für Stichworte zur Entlastung von überlieferter Theologie: »Religionsloses Christentum«, die »nicht-religiöse Interpretation biblischer Begriffe.« Fast, als könne man sich gerade unter Berufung auf einen christlichen Märtyrer aus den Fragen christlicher Theologie entfernen …

Ich lese aber Dietrich Bonhoeffers späte Fragen nicht im Sinne eines Bruches, weder mit seiner eigenen, noch mit der uns insgesamt überlieferten Theologie, sondern vielmehr im Sinne eines ursprünglichen Nach- und daher kühnen Weiterdenkens in der Kontinuität. Die Kraft seiner Herausforderung beruht für mich nicht in einer Verabschiedung aus, sondern in der tiefen Verwurzelung in der Tradition.[15] Man kann eben kaum den späten Bonhoeffer ohne den frühen Luther lesen – und umgekehrt. Ähnliches zeigt sich, um nur ein gewagtes Experiment anzudeuten, wenn man sich mit der Lektüre Bonhoeffers zum Beispiel auf Augustin einlässt. Wer könnte sich der Verwandtschaft der späten Fragen Bonhoeffers zu dem entziehen, was Henry Chadwick in Bezug auf einige Passagen Augustins dessen »stark relativistisches Reden über Gott« oder gar dessen »massiven Agnostizismus« nennt? Es sei besser, so Augustin, Gott zu finden, indem man ihn nicht findet (als jemanden, der jenseits unseres Verstehenskonzeptes ist, auf das wir uns alles einbilden), als ihn nicht zu finden, weil man ihn für verstehbar und aufzudecken für möglich hält[16]. Von hier dauert es sehr lange, ist es aber nur ein kurzer Weg bis zu dem Paradox: Einen Gott, den es gibt, gibt es nicht. Hier wie dort die Scheidung von Hoffnung und Illusion. Es würde sich sehr lohnen, der asymptotischen Spiegelung solcher Sätze in Bemerkungen Bonhoeffers nachzugehen wie jener: »Der Gott, der uns in der Welt leben lässt ohne die Arbeitshypothese Gott, ist der Gott, vor dem wir dauernd stehen. Vor und mit Gott leben wir ohne Gott.«[17] Faszinierend bleibt allemal die Kontinuität des Problembewusstseins.[18] Die »mündig gewordene Welt«, dieser Topos Bonhoeffers fällt gewissermaßen in den letzten Wochen des wissenschaftlich ungebrochenen Fortschritts, kurz vor dem Eintritt ins Atomzeitalter – vom Genzeitalter noch gar nicht zu sprechen. Auf die autonome Selbstentfaltung der Gattung Mensch folgt plötzlich die Fähigkeit, die Gattung autonom auszulöschen oder selbstherrlich um-zu-zeugen. Schon deshalb darf die Mündigkeit der Welt nicht ihrerseits zum Mythos werden – was freilich mit Bonhoeffer keineswegs heißen kann, dass sich für den alten »Lückenbüßer« namens Gott (in Wirklichkeit aber für den, weil aus der Ohnmacht der Menschen, also der anderen Seite ihrer Macht geschaffenen Götzen namens Gott) neue Spielräume ergäben. Das wäre nun in der Tat weder theologisch noch ästhetisch akzeptabel, sondern sinnlos, unvornehm, unchristlich.[19] Aber diese scharfe Religionskritik Bonhoeffers, die gerade in all der angeblich aktuellen Wiedergeburt von Religiosität ihr Recht behält und erst recht bekommt, setzt eben nicht erst in seiner »Gefängnistheologie« ein. Sie gehört vielmehr höchst legitim an den Anfang.

Womit aber könnte ordentliche Theologie je anders anfangen als mit dem ersten Gebot, der Unterscheidung zwischen Gott und Götzen, zwischen Hoffnung und Illusion? Deshalb dürfen wir auch gegenüber bestimmten illusionären Aneignungen Bonhoefferschen Denkens (als ob das Ende der Illusionen das Ende aller Hoffnungen wäre!) schließlich sagen: Dies ist wirklich nicht eine Theologie des gefangengesetzten letzten Aufgebotes, sondern in der Tat eine Theologie des ersten Gebotes – ein Anfang sonder Ende.

Anmerkungen

In Wahrheit frei

1 BVerfGE 93, 1 ff.

2 Siehe dazu das »Kopftuch-Urteil« des Bundesverfassungsgerichts vom 24. September 2003 (2 BvR 1436/02) mitsamt seinem Referat des verwaltungsrechtlichen Verfahrenszuges.

3 Immanuel Kant, Die Metaphysik der Sitten, zit. nach Kant, Werke, Hrg. W. Weischedel, Bd. IV, Wiesbaden 1956, S. 337.

4 Zit. nach Friedrich II., Wonach er sich zu richten hat, Urteile und Verfügungen, Berlin 1987, S. 72.

5 Derselbe aaO., S. 72.

6 Texte zur deutschen Verfassungsgeschichte, hg. Günter Dürig/Walter Rudolf, München 1966, S. 51 ff.

7 Artikel »Religionsfreiheit« in: Die Religion in Geschichte und Gegenwart, Bd. 5, 3. Auflage, Tübingen 1961, Sp. 984.

8 Zit. nach Artikel »Religionsfreiheit« in Evangelisches Staatslexikon, 2. Auflage, Stuttgart 1975, Sp. 2182.

9 Sogar die gewissenhafteste Prüfung einer persönlichen Entscheidung selbst an den existentiell »richtig« gewählten Maßstäben kann irrig ausfallen. Doch: Quis judicabit? Sub species aeternitatis jedenfalls nicht der Staat. Der Staat hat keinerlei Zuständigkeit für die Wahl des existentiell »richtigen« Maßstabes. Deshalb gewährt der freiheitliche Staat zumindest das Recht zur Kriegsdienstverweigerung, freilich ausschließlich aus Gewissensgründen, obwohl der »pouvoir constituant« und ihm folgend der Gesetzgeber seinerseits die Pflicht zum Militärdienst auch nach gewissenhafter Erwägung normiert hat.

10 Dieser Unterschied zwischen Staat und Kirche wird im deutschen Sprachgebrauch auch deutlich in ihrem unterschied-

lichen Publizitätsverständnis: Der Staat verkündet – die Kirche aber verkündigt.

11 Verlautbarungen des Apostolischen Stuhls 148 vom 6. August 2000.

12 Christlicher Glaube und nichtchristliche Religionen, Theologische Leitlinien, Ein Beitrag der Kammer für Theologie der Evangelischen Kirche in Deutschland, EKD-Texte Nr. 77, hg. Kirchenamt der EKD, Hannover 2003.

13 Und was die »partnerschaftlichen Beziehungen« zwischen Staat und Kirchen in der Bundesrepublik betrifft, so gilt: Nur was säuberlich getrennt ist, kann sauber in Beziehungen zueinander treten.

Dekalog und Politik

1 *Peter von Matt,* Verkommene Söhne, missratene Töchter, Familiendesaster in der Literatur, München 1995, S. 24.

Was leistet der Begriff Menschenwürde?

1 Wir kennen zwar die Vorstellung, dass selbst ein Toter eine »würdige« Bestattung verdient – obgleich man sich fragen könnte, was der Verstorbene davon »hat«. Doch geht es dabei nicht eher darum, dass die Hinterbliebenen sich »würdig« betragen sollen – würdig oder würdigend? Im alten Sprachgebrauch waren die Todesstrafe (und die Zuchthausstrafe) bewusst als »entwürdigende« Strafform konzipiert und intendiert. Heute bleibt die Achtung der Menschenwürde oberstes Gebot – deshalb darf man (außerhalb der Notwehr und Nothilfe) niemanden vom Leben zum Tod befördern. Aber kann man sagen, man habe einen Geiselnehmer vermittels eines »finalen Rettungsschusses« getötet, dabei aber seine Würde gewahrt – oder muss man nicht eher sagen (wie es der Begriff »Rettungsschuss« schon andeutet, denn gerettet wird ja evidentermaßen nicht der Erschossene): Um Leben

und Würde der auf verbrecherische Weise bedrohten Geisel zu retten, musste man beides in Kauf nehmen, die Läsion sowohl des Lebens als auch der Würde des Geiselnehmers. Wie auch immer: Die Ausdehnung des Würdeschutzes über den Bereich des Lebensschutzes ist – neben all den Wertungskonflikten auf der Ebene spontaner Plausibilität – mit der Gefahr behaftet, dass die Menschenwürde schließlich »in der Luft« hängt. Ohne dass dies an dieser Stelle weiter ausgeführt werden kann, sei zunächst nur das Desiderat bezeichnet, den Schutz aller Vorstufen menschlichen Lebens gegen funktionale Verzweckung (nur als Mittel, ohne Zweck an sich im Sinne Immanuel Kants) anders als durch einen zu vorschnellen Rekurs auf die Menschenwürde *pur et simple* zu denken und durchzusetzen.

Du sollst nicht falsch Zeugnis reden wider deinen Nächsten!

1 Wir überspringen hier den Bereich der Unterhaltungsindustrie dort, wo jemand aus wohlerwogenen Gründen und unter Kenntnis der Folgen selber zum »Dienstleister« der Unterhaltung wird, also gewissermaßen ausdrücklich und konkludent (sowie im Zustand der aufgeklärten Geschäftsfähigkeit und der Wahrung der guten Sitten) einen »Dienstleistungsvertrag« schließt. Wir wissen alle ziemlich genau und plausibel einzuschätzen, wann es an diesen Voraussetzungen fehlt – etwa wenn jemand zum Exhibitionismus (oder geistigen Herostratentum) geradezu verführt und darin verheizt wird – im Container oder anderswo. Was nicht ausschließt, das wir uns zum Voyeur der entsprechenden Produkte hergeben.

Christentum als Beruf

1 Allerdings, betrachtet man das Verhältnis von geistlichem Stand und weltlichen Beruf aus der Perspektive Dietrich Bonhoeffers, dann wäre die Lehre Luthers vom Beruf noch über die überlieferte Frömmigkeitsanforderung an den alten geistlichen Stand hinaus zu radikalisieren: »Der weltliche Beruf des Christen erfährt vielmehr seine Rechtfertigung für Luther allein dadurch, dass in ihm der Protest gegen die Welt in letzter Schärfe angemeldet wird. Nur sofern der weltliche Beruf des Christen in der Nachfolge Jesu ausgeübt wird, hat er vom Evangelium her neues Recht empfangen. » (DBW 4 ,Nachfolge, 35) Wie weit diese Interpretation Luthers mit Luther selbst im Blick auf die Zwei-Reiche-Lehre – u.a. – zu korrigieren wäre, soll hier dahinstehen; zu der späteren Selbstkorrektur Bonhoeffers s.u., Anm. 3.

2 Dies ist der Anknüpfungspunkt jener Anekdote aus einer württembergischen Gemeinde, in der sich zwei – natürlich: pietistische – Gemeindemitglieder nach einer Probepredigt über einen Kandidaten unterhalten und der eine von ihnen skeptisch zustimmend meint: »Ha, für einen studierten Theologen versteht er ganz schön viel vom Evangelium«. Über die Problematik einer wissenschaftlich gänzlich unaufgeklärten Frömmigkeit hingegen besagt diese mehr oder weniger erfundene Anekdote freilich nichts …«.

3 Doch dann wäre dagegen auch jene Passage aus Bonhoeffers Gefängnis-Brief vom 21. Juli 1944 zu lesen, in der er schreibt: »Ich dachte, ich könnte glauben lernen, indem ich selbst so etwas wie ein heiliges Leben zu führen versuchte. Als das Ende dieses Weges schrieb ich wohl die ›Nachfolge‹. Heute sehe ich die Gefahren dieses Buches, zu dem ich allerdings nach wie vor stehe, deutlich.«.

4 Wobei, wenn man sich diese Unsicherheit nur selbstbewusst eingestehen wollte, die außerliturgische Amtskleidung durchaus ein traditionelles und legitimes Mittel sein kann, sich in seiner Rolle zu bergen – so lange man sich darin nicht nur ver-

steckt. Ähnliches gilt ja auch von der Amtstracht des Richters, der ja in der Erscheinungsform einer Privatperson auch nicht ohne weiteres seines schweren Amtes zu walten sich zutrauen würde, jedenfalls zu Beginn seiner Dienstjahre. Man kann also durchaus in sein Amt hineinwachsen – im Laufe der Jahre und mit Hilfe der Amtstracht. Nur, dass eben die Tracht das Wachstum allenfalls fördern, nicht jedoch ersetzen kann.

5 Zu Beginn hatten wir aus Hesses Erzählung erfahren, von Pfarrern, *deren Predigten aus wohlbekannten Quellen geschöpft sind.* Meinem Freunde Hermann Barth verdanke ich den Hinweis auf eine vormals geübte Praxis, derzufolge Pfarrer – vielleicht in gerechter Einschätzung ihrer eigenen homiletischen Kapazitäten – durchaus häufig Predigten aus Vorlagen vortrugen. Was ist dagegen, richtig gemacht, zu sagen? Lieber eine gute Vorlage als eine schlechte Eigenproduktion! Die Predigt – als Auslegung des Textes im Glaubensvollzug – eröffnet jedenfalls keinen Jahrmarkt der Schein-Originalitäten und echten Eitelkeiten.

6 Übrigens wünschte ich mir – vorbereitend auf einen solchen Tag – Formen des Gottesdienstes, die Verkündigung auch ohne (professionelle) Predigt (und ohne präsenten Pfarrer) leisten, mit Evangelien- und Epistel-Lesungen, die so ausgewählt sind, dass nicht erst eine umständliche Homilie ein Minimum an Entschlüsselung bietet.

Hoffen ohne Illusionen

1 Mit dem schnell übertragenden Lernen aus wahrhaftigen »Grenzsituationen« hat es ohnedies seine eigene Bewandtnis: Stets steht man in der Gefahr, entweder jene Grenzsituation zu verharmlosen – oder die eigene Lage zu übertreiben. Die Forderung Bonhoeffers, jede Entscheidung über ein unmittelbar politisches Handeln der Kirche in statu confessionis einem evangelischen Konzil zu übertragen, ist auch so gesehene eine heilsame Mahnung (Die Kirche vor der Judenfrage, DBW 12, 349 ff.).

2 So *E. Jüngel*, Das Geheimnis der Stellvertretung, ursprünglich in: Die Zeichen der Zeit, 37/1983, S. 16–23, jetzt in: Wertlose Wahrheit, München 1990, S. 243 ff. (253). Ob eine Arbeit wie die von *Klaus-M. Kodalle*, Dietrich Bonhoeffer, Zur Kritik seiner Theologie, Gütersloh 1991, die sich – S. 19 – ausdrücklich auf Jüngel beruft, dem Karatgehalt des Kritisierten gleichkommt, muss hier offen bleiben. Im Übrigen zeugt die gelegentlich reflexhafte – oder polemisch ausgedrückt: inflationäre – Berufung auf Bonhoeffer eher von einem unzureichenden Bewusstsein von der ›Qualität‹. Jedenfalls ist sie eher dazu angetan, den »Nimbus« aufzureiben als ihn zu manifestieren.

3 Man muss sich nur einmal – als Beispiel – die Texte der Hofgeismarer Tagung »Verspieltes Erbe?« aus dem Jahr 1978 (Chr. Kaiser, München 1979) vornehmen, um zu spüren, wie groß die Distanz zu diesem Zwischenbericht schon wieder geworden ist, um nicht zu sagen: wie angestaubt diese Texte heute bereits wirken. Die Ordnungsvorstellungen Bonhoeffers – so damals *Rudolf von Thadden*, siehe S. 13 – passten »nur wenig in die Landschaft der kirchlichen und politischen Auseinandersetzungen der Nachkriegszeit hinein. » Ein Blick in die Ethik-Fragmente bekräftigen den Eindruck: »Im Sachkatalog machen die Probleme der modernen Industriegesellschaft den geringsten Teil aus; wer nach Orientierungshilfen für eine an Sozialreformen interessierte Zeit sucht, wird nicht auf seine Kosten kommen. » Obschon sie auf den ersten Blick richtig sind, wirken solche Sätze heute doch unfreiwillig komisch. Wir hätten ja inzwischen zwanzig weitere Jahre Zeit gehabt, die Probleme der post-industriellen Gesellschaft und der Kirche an der Jahrtausendschwelle selber zu lösen. Allerdings findet sich im Vorwort von Ernst Feil zu diesem Band eine Passage, die Jüngels im Jahr 1983 erstmals geäußerten »Nimbus«-Verdacht kräftige Nahrung gibt: »In seiner Tendenz, über Bonhoeffer hinauszugehen und ihn zugleich kritisch mit einzubeziehen, ist dieser Band ein Novum. Er könnte Kopfschütteln oder gar heftige Ablehnung auslösen.« Bei wem – und weshalb?

4 Also auch zu bejahen und zu kritisieren.

5 Und dass die politische Verantwortung nicht einige wenige trifft, sondern von den Regierten und den Regierenden zur gesamten Hand wahrzunehmen ist (wie es allerdings bereits die V. Barmer These sagte).

6 Die Kirche vor der Judenfrage, DBW 12, 349 ff., hier: 351.

7 DBW 13, 204.

8 In diesem Sinne wäre dann jene Passage aus Bonhoeffers Brief vom 21. Juli 1944 zu lesen, in der er schreibt: »Ich dachte, ich könnte glauben lernen, indem ich selbst so etwas wie ein heiliges Leben zu führen versuchte. Als das Ende dieses Weges schrieb ich wohl die ›Nachfolge‹. Heute sehe ich die Gefahren dieses Buches, zu dem ich allerdings nach wie vor stehe, deutlich.«.

9 Vgl. M. Luther, Von der Freiheit eines Christenmenschen, zit. nach: Luther Deutsch, Hrg. K. Aland, Bd. 2, S. 263. Dazu und zur Struktur der doppelten, also der vermittelten Konformität: *Eberhard Jüngel*, Zur Freiheit eines Christenmenschen, 1978, überdies zum Thema Bonhoeffer und die Nachfolge: *Reiner Strunk*, Nachfolge Christi, München 1981, S. 173 ff. (insb. 187 ff.).

10 Siehe: *E. Jüngel*, Anm. 2, S. 257.

11 Der finale Widerstand in Hitlers mordgieriger Diktatur, gezielt auf ihren Sturz, musste auf die Chance brüderlicher Konsultation aus schrecklich praktischen Gründen verzichten. Man sollte dieser brüderlichen Beratung aber unter anderen Umständen gewiss nicht aus einer Illusion über die eigenen Möglichkeiten entraten. – Im übrigen macht es den entscheidenden Unterschied aus, ob man gegen das Regime konspiriert, um es zu beseitigen, oder ob man mit dem Regime konspiriert, um gewisse seiner Härten zu mildern also gewissermaßen zu »beseitigen«.

12 AaO, S. 269, die lateinische Version der Freiheitsschrift radikalisiert das Argument bis zu dem Punkt: »ja, er lebt nur für andere und nicht für sich.« Vgl. hierzu auch die Herausgeberanmerkung 11 in DBW, 8, S. 538.

13 »Il es mort … pour representer nostre personne … au throne du Iuge celeste«, Catéchisme de l'Eglise de Genève 1542, zit. nach *Karl Barth*, Rechtfertigung und Recht, in Theologische Studien 104, Zürich 1989, S. 11. Das deutsche Wort »Stellvertreter« ist in diesem Zusammenhang deshalb mit der Gefahr des Missverständnisses behaftet, weil der Stellvertreter in aller Regel als Person niedrigeren Ranges einen Träger höheren Amtes vertritt – wohingegen hier auch theologisch sinnvoller von jemanden zu reden ist, der als Repräsentant Personen geringerer Dignität an höherer Stelle – dann wiederum: vertritt: Es gibt zwar einen Stellvertreter des Bundeskanzlers – aber keinen Volks(stell)vertreter.

14 EG 101 (Christ lag in Todesbanden), Strophe 3.

15 Insofern kann mich auch der vermeintliche Widerspruch zwischen dem angeblich so konservativen und dann doch so jäh modernen Bonhoeffer nicht befallen.

16 Vgl. *Henry Chadwick*, Augustine, OUP, Oxford 1986, S. 50. Die von Chadwick herangezogene Passage aus den Confessiones lautet in seiner eigenen kommentierten Übersetzung (Saint Augustine, Confessions, Oxford 1991): »So too let him rejoice and delight in finding you who are beyond discovery rather than fail to find you by supposing you to be discoverable.«.

17 Widerstand und Ergebung, DBW 8, S. 514, die Herausgeber des Bandes verweisen für diesen Gedanken zurück auf die Vorlesung »Schöpfung und Fall« aus dem Jahr 1932/33 – ein Grund mehr, mit der Bezeichnung »Gefängnistheologie« äußerst vorsichtig zu operieren.

18 Zur Interpretation des Zitates Bonhoeffers siehe *Eberhard Jüngel* zum Beitrag Bonhoeffers zur Heimkehr der Rede vom Tode Gottes in die Theologie: Gott als Geheimnis der Welt, 6. Aufl.,Tübingen 1992, S. 78.

19 Vgl. DBW 8, S. 460.

Nachweise

»Das Wort sie sollen lassen stahn ...« – oder: Was ich dem Wort heute noch zutraue

Vortrag beim Gemeindetag der Evangelisch-Lutherischen Kirchengemeinde Rom – veranstaltet zusammen mit dem Goethe-Institut – am 20.Oktober 2001

In Wahrheit frei. Der liberale Verfassungsstaat und die Religionen

Vortrag aus Anlass der Promotion zum Doktor der Theologie ehrenhalber vor der evangelisch-theologischen Fakultät der Westfälischen Wilhelms-Universität Münster am 23. Oktober 2003, zuerst in: ZThK I/2004, S. 86 ff.

Protestantismus und Demokratie

Festvortrag bei der Begegnungstagung für Politikerinnen und Politiker der Evangelischen Kirche von Westfalen,
Haus Ortlohn, Iserlohn, 30. Januar 2004

Säkularisierung und Selbstsäkularisierung – Stichworte für eine Diskussion

Vortrag auf den fünf Pfarrertagen der Ev.-Lutherischen Landeskirche Sachsens im Herbst 2003

Die Grammatik der Kirche. Die Aufgabe von Akademien: Kirche im Konjunktiv

Festvortrag zum 50jährigen Bestehen der Akademie der Diözese Rottenburg-Stuttgart am 15. Februar 2001

Dekalog und Politik. Die Zehn Gebote in der öffentlichen Religion

Vortrag auf der Tagung: »Du sollst nicht schweigen ...« Der Dekalog in der öffentlichen Religion, veranstaltet von der Evangelischen Akademie zu Berlin zusammen mit der Evangelischen Akademie Thüringen und dem Deutschen Hygiene-Museum, Dresden, 3. September 2004

Evangelium und Öffentlichkeit

Vortrag vor der Evangelischen Akademie Thüringen im Augustinerkloster Erfurt, 21. November 2002

Was ist der Mensch heute – noch? Glauben und Menschenbild – Zum Menschenbild im 21. Jahrhundert

Vortrag in der Neustädter Hof- und Stadtkirche zu Hannover, 21. Februar 2002, zuerst in: Hanns-Lilje-Forum, Protestantische Beiträge zu Fragen der Zeit, Bd.6, Hannover 2002, S. 29 ff.

Was leistet der Begriff Menschenwürde?

Vortrag am Max-Weber-Kolleg zu Erfurt, 19. Januar 2005

Weil aber nicht alle bleiben können

Festvortrag auf der 50-Jahr-Feier des Bundesamtes für die Anerkennung ausländischer Flüchtlinge in Nürnberg, 16. Dezember 2003, zuerst in: ZAR 2/2004, S. 43 ff.

Du sollst nicht falsch Zeugnis reden wider deinen Nächsten! – Zur Auslegung des achten Gebots

Zuerst in: Medienethik, Freiheit und Verantwortung, FS Manfred Kock, Stuttgart, Zürich 2001, S. 337 ff.

Ehre und Öffentlichkeit

Zuerst in: Evangelische Aspekte 14 (2004), S. 4 ff.

Christentum als Beruf

Vortrag auf den Studientagen der Theologischen Fakultät Erlangen, 17. Juni 2005

»Wozu und zu welchem Zweck betreiben wir Theologie?«

Vortrag zur Eröffnung des Wintersemesters 2004/2005 an der Evangelisch-Theologischen Fakultät der Friedrich-Schiller-Universität zu Jena, 12. Oktober 2004, zuerst in: Praktische Theologie 2-2005, S. 85 ff.

Hoffen ohne Illusionen. Über die Bedeutung Dietrich Bonhoeffers für den Protestantismus heute

Öffentlicher Vortrag zum Abschluss der Herausgabe der Werke Dietrich Bonhoeffers, Berlin, 5. April 1998